寂静的春天

SILENT SPRING

[美] 蕾切尔·卡逊 著

亦谐 译

民主与建设出版社
·北京·

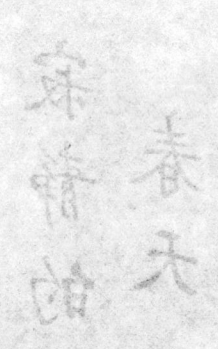

春天
寂静的
SILENT SPRING

目录
CONTENTS

第一章 明日寓言 / 001

第二章 忍耐的义务 / 004

第三章 死神的特效药 / 012

第四章 地表水和地下海 / 031

第五章 土壤的王国 / 042

第六章 地球的绿色斗篷 / 050

第七章 不必要的大破坏 / 069

第八章 再也没有鸟儿歌唱 / 083

第九章 死亡的河流 / 106

第十章 从天而降的灾难 / 127

第十一章 超过波吉亚家族的想象 / 143

第十二章 人类的代价 / 154

第十三章 通过一扇狭小的窗户 / 164

第十四章 每四个中就有一个 / 180

第十五章 大自然的反击 / 203

第十六章 雪崩的隆隆声 / 220

第十七章 另一条道路 / 232

#　第一章　明日寓言

从前，在美国的中部地区有一座小镇，这里所有的生物与环境之间十分和谐。以小镇为中心，周围整齐排列着许多农场，一派生机勃勃的景象。田地里种满了庄稼，山上果木成林。春天，百花盛开，仿佛是在绿原间飘过无数白色的云朵；秋天，在松林的映照下，橡树、枫树、白桦树闪烁着火焰般的颜色。狐狸在山间发出叫声，小鹿成群结队地穿过薄雾笼罩的原野，如此静谧。

小路两边生长着月桂、夹莲、桤木、茂盛的蕨草和五颜六色的野花。它们让这里一年四季都保持着怡人的风光。哪怕是在冬日，道路两边仍然是最美的地方，无数的鸟儿前来寻找食物，啄着地上的浆果和从雪中露出的穗头。这里正是因为有着种类繁多的鸟类而闻名于世。每年的春秋两季，无数的候鸟都会在此停下迁徙的脚步。很多人长途跋涉前来就是为了一睹这场鸟儿的聚会。还有一些人会在小溪边捕鱼。潺潺的溪水从山中汩汩流出，纯净而清凉，在绿荫环抱中聚成了鳟鱼的池塘乐园。野外一直是这个样子，直到许多年前的一天，第一批居民开始在这里修建房屋、打井、筑起仓库，情况才发生了巨大的变化。

　　从那之后，这个地区就始终被一个怪异的阴影所笼罩。一切也都不再是原来的样子了。一些不吉利的预兆落到了整个村子的头上。成群的小鸡被来历不名的疾病夺走了生命，牛羊逐渐病倒、死去。死亡的阴影侵袭着每个角落。农民到处向别人诉说着自己家人的病情，城里的医生也慢慢对病人中间出现的那些从未见过的症状而感到困惑不已。这种糟糕的情况从成人蔓延到了孩子。他们中出现了一种突然的无法解释的死亡现象：孩子在玩耍的过程中突然倒下并很快就不治身亡。

　　一种诡异的寂静笼罩了这个地方。比如说鸟儿到哪里去了？很多人谈论着它们，困惑而不安。园后鸟儿觅食的地方现在变得冷冷清清。偶然在一些地方看见的几只小鸟无不是奄奄一息，浑身战栗不止，根本无法飞起来。这个春天寂静无声。曾经回荡着乌鸦、鸫鸟、鸽子、樫鸟的大合唱以及其他鸟类啼叫的清晨一去不复返了。现在所有的声音都消失了，只剩下一片寂静覆盖着田野、树林和沼泽。

　　农场里的母鸡在孵蛋，却不见一只小鸡破壳而出。农民抱怨着他们以后再也不能养猪了。因为现在的猪仔个头太小，一旦得了病只能苟活几日而已。苹果树的花儿虽然照常盛开，但是花间再也没有飞舞的蜜蜂。没有授粉的花朵自然也不会结出果实。

　　小路两边的风光曾经是最迷人的，如今却枯立着好像在火灾中幸存下来的委顿、焦黄的植物。这些被抽去了生机的地方也是一片死寂。甚至连小溪也失去了往日的灵动，再也看不到前来垂钓的人。因为所有的鱼都死了。

　　一种白色的粉状颗粒在屋檐下排放雨水的管子中和屋顶瓦片的缝隙里都留下了细微的斑迹。几周之前，这些白色的粉状颗粒如雪片般落在屋顶、草坪、田野和溪流上。

无论是魔法,还是敌人的行为从来都不是令这个受伤的世界的生命无法复原的原因,是人类自己让自己受到伤害。

上面所描述的那个城镇是虚构出来的,但是在美国和世界其他地方,我们很容易找到数以千计的类似这样的城镇。据我所知,没有一个村庄经历了我上面列举的所有灾难,但是每一种灾难都确确实实正在一些地方发生,并且给很多村庄带来了非常严重的损害。不知不觉中,一个可怕的幽灵向我们扑来。这个原来只停留在想象中的悲剧想要成为众所周知的现实,简直太容易了。

本书想要回答的问题就是:究竟是什么让美国成千上万的城镇的春天笼罩在寂静之中呢?

第二章 忍耐的义务

　　地球上所有生物的历史都是生物与周围环境彼此影响的历史。换句话说，环境在相当程度上塑造了地球上动植物的形态和生活习惯。但是从整个地球生命的时间维度来看，生物对环境的影响作用其实不大。只有在人类——这个新的物种出现之后，生物才有能力对身边的自然环境进行改造。

　　在过往的四分之一世纪里，这种力量不仅日趋强大到了令人不安的地步，而且性质也发生了改变。人类对环境的攻击中最让人担忧的是空气、河流和海洋的污染，造成污染的物质甚至是致命的。绝大部分污染是不可恢复的。它在生物的生存环境以及生物组织内部所引发的邪恶链条在很大程度上是不可逆转的。目前，有毒的化学药品在这种遍地都是环境污染的环境里，与放射性物质一起改变了大自然以及自然生物的本质，但是却鲜有人注意到它的危害。锶90通过核爆炸释放出来，随着雨水进入土壤，或是变成原子尘寄居在土壤里，渗入生长于其上的草、玉米或小麦中，并长期存在于人类的骨骼里，直到人完全衰亡为止。同样，化学药品在被用于农田、森林、花园之后，会长期地留在土壤中，并侵入生物的组织，在一个会导致中毒和死亡的循环中不断流转。有些时候，地下水会携带着它们偷偷地流到别处，等它们再次出现的时候，就会通过空气和太阳光的作用成为完全不同的形式。这种新物质会对植物和家畜造成损害，让那些将井水作为主要饮用水的人们在不知不觉间受到伤害。正如阿伯特·斯切维泽所说："人们总是很难认出自己创造出的魔鬼。"

如今居住在地球上的生命的诞生花了千百万年的时间。期间，生命经过持续的发展、进化和演变，逐渐与周围的环境达到了一个和谐和平衡的状态。这个环境严苛地塑造和支配着生命，同时包括对生命有害和有益的元素。一些岩石会释放出危险的射线，甚至在所有生命都要汲取能量的太阳光中也有具有危害性的短波射线。当生命要调整它原有的平衡时，它需要的是以千年为单位而非以年为单位的时间。时间是最根本的因素，但是现在的世界已经没有那么多时间了。

新情况产生和变化的速度之快，完全是跟着人类急躁鲁莽的脚步，而非大自然从容的步伐。辐射已经远不是岩石的背景辐射、宇宙射线的轰击、太阳紫外线这些在地球存在之前就存在的东西了。辐射是当今人类通过支配原子而产生的一种非自然的创造物。生命被要求进行调整的化学物质不再仅仅是钙、硅、铜以及其他从岩石中冲刷出来并由江河带入大海的矿物质。它们是人们用极具创造性的头脑在实验室里所创造的化学合成物，它们在自然界是没有对应物的。

在大自然的维度上适应这些化学物质是需要时间的，它不是需要一个人的一生，而是需要几代人的一生。即使发生了奇迹，这种调整也可能是徒劳无益的，因为我们的实验室里会不断涌现出新的化学物质。仅仅是在美国，每年就有500种化学合成物被投入实际的使用中。这个数字是惊人的，但它的影响却不容易理解：人类和动物的身体每年都需要去适应500种新的化学品，这已经完全超出了生物经验的范畴。

这些化学物质中的绝大多数都被用于人类对自然的战争中，从19世纪40年代中期以来，人们创造出了200多种基本的化学物品，用以除去昆虫、野草、啮齿动物和其他一些在现代语言中被称为"害虫"的生物。而这些化学品又以几千种不同的品牌进行出售。

如今在农场、果园、森林和家庭的院子里几乎都能看到这些喷雾器、药粉和喷洒药水的身影。没有任何选择性的化学药品具有杀死全部昆虫的力量，无论是"好的"，还是"坏的"。它们让鸟儿的歌声与河水中鱼儿的欢跃渐渐停止，树叶的表面覆上了一层致命的薄膜，长时间地滞留在土壤里。这么做的目的仅仅是为了消灭少数杂草和昆虫。谁能相信在地球表面上洒放毒药不会给所有生命带来危害呢？这些东西不应该被叫作"杀虫剂"，而应称之为"杀生剂"。

使用药品的整个过程看来好像是一个无尽的漩涡。自从DDT（双对氯苯基三氯乙烷）进入民用领域以来，有毒物质的不断发明导致了一种毒性不断升级的过程。根据达尔文适者生存的原理，昆虫通过向高级进化，获得了对特定杀虫剂的抗药性，逼迫人们不得不再发明一种毒性更强的药品，昆虫再适应，于是再发明一种更毒的药。这种情况的发生也是因为害虫常常进行"报复"，或者复活，经过播洒农药之后，数目反而比以前更多——原因后面再说。因此，人类的化学药品之战永远无法取得胜利，而所有的生命都会被卷进这场激烈的交火中。

人类除了可能会被核战争所毁灭，这个时代还有一个中心议题就是，人类的生存环境已被潜伏的有害物质所污染。这些物质在植物和动物的组织里慢慢积累，甚至渗入生殖细胞，破坏或改变了决定未来形态的遗传物质。

一些自诩为人类未来设计师的人，乐观地估计总有一天能随意改变人类的遗传细胞。但是，我们现在就疏忽大意地做到了这一点。因为许多化学药物会像辐射一样可以造成基因的改变。比如，选择某种杀虫剂这样看似微不足道的小事竟能决定人们的未来，想来真是对人类绝大的讽刺。

冒了如此之大的风险所做的这一切究竟为的是什么呢？将来的历史学家可能震惊于我们此刻在判断得失时所表现的能力之低下：为什么富有理性的人想要以污染整个环境，对自己造成疾病与死亡的威胁为代价，去控制一些自己不想要的物种呢？然而，这正是我们的所作所为。很多时候，我们甚至连原因也没有弄清楚，就采取了这样的行动。我们听说大规模使用杀虫剂对维持农场的生产是必需的。但是，我们的问题难道不是"生产过剩"吗？即使我们的农场想办法减少农作物的面积，并付给农民钱让他们停止生产，我们的农场仍然生产出了极度过剩的产品。1962年，美国的纳税人在这一年中至少付出了十亿美元作为过剩粮食的仓储费用。农业部的一个分局企图减少产量，但其他部门就像在1958年所宣称的那样："通常，在土地银行的规定下，减少农作物的面积将刺激对化学药品使用的兴趣，以达到在现有的土地上取得最高的产量。"如果情况是这样，对我们所担忧的情况又有什么用呢？

这并不是说不需要处理害虫问题，不需要进行控制了。我的意思是，控制一定要以现实为依据，而不是建基于主观幻想。同时，使用的方法也不能将我们自己与昆虫一同毁掉。

试图解决这个问题而带来的一系列灾难，是我们现代文明生活的伴随物。在人类存在前很久,昆虫就是地球的居民——它们种类繁多,适应性极强。自从人类出现后,50多万种昆虫中的一小部分以两种方式与人类的福祉发生了冲突:一是与人类争夺食物,二是传播人类疾病。

在人口较为拥挤的地方,尤其是卫生状况恶劣的环境,例如自然灾害、战争期间或是极度贫困的情况,传播疾病的昆虫就成为一个非常重要的问题。因此,就有必要对一些昆虫进行控制。这是一个我们过不了多久就会十分清楚的事实。但是,使用大量的化学药物进行控制的方法所取得的战果有限,并给试图控制的状况带来了更大威胁。

在原始的农业时期,农民们几乎不会遇到昆虫问题。这些问题是随着农业的发展——大规模地耕种单一的农作物而出现的。这种种植方法为某些昆虫的数量暴增提供了十分便利的条件。耕种单一的农作物是存在于工程师想象中的农业,违背了自然本身的发展规律。大自然赋予了大地成千上万的物种,但人们却一心只想简化它们。人们就这样毁掉了自然界的制约和平衡,而这正是自然界赖以保持一定数目的生物种类之所在。一个重要的制约就是每一种生物都有适宜的生存面积。显然,一种以麦子为食物的昆虫在一块专门种植麦子的农田里繁殖要比在混合种着麦子和这种昆虫无法适应的其他谷物的农田里快得多。

类似的事情也会发生在其他的情况下。在一代或更久以前,美国的大城镇的道路两旁都栽种着高大的榆树。但是现在,他们憧憬建设的美景遭受着彻底毁灭的威胁。因为一种由甲虫带来的疾病在榆树间肆意传播。如果那些榆树是和其他种类的树木混种在一起,那么甲虫繁殖和蔓延的可能性必然大大降低。

现代昆虫问题中的另一个因素是站在地质史和人类历史的背景下进行研究:成千上万种不同的生物从它们的原生长地侵入新的区域。英国的生物学家查尔斯·埃尔顿在他新近出版的著作《动植物入侵生态学》中对这种世界范围内的迁徙活动进行了研究和生动的描述。早在几百万年以前的白垩纪，海水肆虐切断了大陆之间的陆桥，导致很多生物滞留于埃尔顿所说的"巨大的独立的自然保留区"中。它们与同类的其他伙伴相互隔绝，并发展出很多新的种类。大约在一千五百年以前，陆块被重新连接起来，这些物种开始迁徙到其他地区。如今，这个运动仍然没有停止，而且得到了人类的很多帮助。

当代昆虫种类传播的主要途径就是植物的进口。因为动物几乎永远是跟植物一起迁移的，相对而言，检疫只是一个新的并不完全有效的措施。仅仅是美国植物引进署就从世界各地引入了将近 20 万种植物。美国的 180 种植物害虫中有一半是从国外进口的，其中大部分是搭乘着植物而来的，就像徒步时搭乘别人汽车的人一样。

在新的地区，由于缺乏自然界的天敌，也没有有效的防治手段，侵入到此的植物或动物很可能会很快地繁衍开来。因此，我们最讨厌的昆虫都是通过引进传入的。

无论是自然发生的，还是通过人为发生的，这些入侵都好像会持续不断地进行下去。检疫和大量地使用化学药物只不过是昂贵的拖延时间的方法。我们面临的情况，正如埃尔顿博士所说的："不仅仅需要寻找压制这种或那种动植物肆虐的方法，我们更需要关于动物繁殖与其周围环境关系的知识。只有这样，才能建立稳定的平衡，并且抑制虫灾和新物种入侵的强大力量。"

有很多必要的知识是可以运用的，但是遭到了我们的忽视。我们的大学培养了优秀的生态学家，有些甚至受雇于我们的政府，但我们很少听取他们的建议。我们听凭致命的化学药剂像雨水一般洒遍大地，装作好像束手无策,事实上,仍然有许多办法。只要有机会,我们的聪明才智就能发现更多的办法。

我们是否陷入了一种迷茫的境地——让我们丧失了判断好坏的意志与能力,从而被迫接受低劣、有害的命运?用生态学家保罗·斯帕特的话来说,这种想法就是:"理想化的生活就像是只将脑袋露出水面的鱼一样,在自己对环境恶化的容忍阈限中缓慢向前……为什么我们要容忍有毒的食物?为什么我们要容忍将一个家庭置于一片死寂的环境中?为什么我们要与完全不是我们敌人的事物开战?为什么我们一面怀着对防止发疯的关切,一面容忍着汽车的噪音?谁愿意生活在一个仅仅算得上是活着的世界中呢?"

但是,我们面对的正是这样一个世界。许多专家和大部分所谓环境保护管理机构那里,涌动着一股巨大的热忱——建立一个既没有化学毒害也没有虫害的世界。各个方面都认为,存在着证据表明那些正在喷洒化学药品的工作实际上在滥用一种残忍的力量。康莱尤卡特的昆虫学家尼勒·特诺说过:"居中调停的昆虫学家在执行使命的时候,身兼检察官、法官、陪审团、估税员、征税官和司法官多职。"不管在州政府还是在联邦政府中,对农药的滥用都没有受到任何约束。

我并不是说化学杀虫剂完全不能用。我想说的是,我们不加区分地把大量有毒的、对生物有作用的化学药品交到人们手中,而他们对潜在的危害却全然不知。我们在没有征得同意的情况下,让数目巨大的人接触了这些毒物,甚至常常不让他们知道。《权利法案》中没有提到一个公民有保证自己不受私人或公共机关散播毒药危害的权利,那是因为我们的先辈即使拥有智慧和预见能力,也无法想象这种问题。

我进一步要强调的是:我们虽然允许使用化学药物,然而很少或完全没有调查它们在土壤、水、野生动物和人类自己身上的效果。对于我们在滋养了全部生命的自然界中所犯下的错误,我们未必能得到后代的原谅。

　　直到今天为止,人们对自然界所受的潜在威胁的了解仍很有限。这是一个专家的时代,每个人的眼中都只有他自己的问题,而意识不到这个小问题有着更大的层面。这又是一个被工业统治的时代,不惜代价地赚钱是不会受到谴责的首要原则。当人们知道了一些应用杀虫剂的害处的明显证据,提出抗议时,一些小小的半真半假的镇定丸就会使他们获得满足。我们急需结束这些虚假的保证,停止在令人厌恶的事实外面裹上糖衣。民众被要求去承担由昆虫管理人员所造成的危险。民众必须决定,究竟是沿着现在的路继续走下去呢,还是等了解了足够的事实时再去做决定。金·路斯坦德说:"忍耐的义务赋予了我们了解真相的权利。"

第三章 死神的特效药

现在,每个人从尚在母亲的腹中到离开这个世界,都要接触危险的化学药品,这在世界历史上还是第一次出现。人造的杀虫剂投入使用才不到 20 年时间,就已经在世界各地处处可见。大部分主要水系甚至平常很难见到的地下水中都检测到了化学药物的成分。十几年前用过化学药物的土壤里仍有残留物。它们会入侵鱼类、鸟类、爬行类以及家畜和野生动物的体内。科学家进行动物实验时,发现不大可能有未受污染的动物。在荒僻的山中湖泊的鱼类体内,在泥土中钻来钻去的蚯蚓体内,在鸟蛋里,甚至在人类自己的体内都发现了化学物残留。现在,无论年纪大小,这些药物留在了绝大多数人的体内。它们还会出现在母亲的奶水里,而且可能出现在尚未出世的婴儿的机体组织中。

所有这些现象出现的原因是生产具有杀虫效果的人造化学药物的工业突然兴起与快速发展。第二次世界大战催生了这种工业。在制造化学武器的过程中,人们发现实验室造出的一些药物在消灭昆虫方面有奇效。这一发现不是偶然事件。作为人类的"替罪羊",昆虫普遍被用来试验化学武器。

这种行为的结果汇成了一股好像持续不断的合成杀虫剂的潮流。在制造的过程中,科学家在实验室里巧妙地操控分子,替代原子,改变排列,让它们与战前的那种比较简单的无机物杀虫剂有着很大不同。以前的药物来自天然的矿物质和植物生成物——砷、铜、铝、锰、锌及其他矿物质的化合物;除虫粉来自干菊花、硫酸烟碱来自烟草,鱼藤酮来自东印度群岛的豆科植物。

这些新的合成杀虫剂不同于其他药物的是它们巨大的生物效用。它们不仅能毒害生物,而且可以进入体内最重要的生理过程中,并常使这些过程产生恶劣的变化。正如我们所知,它们毁坏了保护身体免于受害的酶,妨碍了身体获得能量的氧化过程;破坏器官发挥正常的作用;还会引起细胞产生缓慢的、无法逆转的变化,最终导致状况恶化。

但是,每年都会有威力更强的新化学药物出现,并有新的用途。因此,与这些物质的接触实际上在全世界蔓延开来。美国生产的合成杀虫剂从1947年的124259000磅猛增至1960年的637666000磅,比原来增长了五倍多。这些产品的批发总价值超过了2.5亿美元。但是从化学工业的计划及愿景来看,这只是开了个头。

因此,了解各种杀虫剂对我们大家来说很有意义。如果我们要和这些化学药物亲密地生活在一起(吃喝中都有它们,连我们的骨髓里也有),那我们最好对它们的性质和药力有一些了解。

尽管第二次世界大战标志着杀虫剂由无机化学药物慢慢转为碳分子的奇观世界,但仍留下了一些旧原料。其中主要的物质有砷,它还是多种除草剂与杀虫剂的基本成分。砷是一种具有很强毒性的矿物质,它普遍分布在各种金属矿中,在火山内、海洋内、泉水内也发现了很少的含量。历史上，砷与人有着千丝万缕的联系。由于许多砷化物毫无味道，所以从波吉亚家族（15 和 16 世纪影响整个欧洲的西班牙裔意大利贵族家庭）到现在，它一直被人们用来杀人。近两世纪之前，一位英国医师从烟囱的烟灰里鉴定出砷为基本致癌物。长期以来，导致全人类陷入慢性砷中毒的流行病也是有案可查的。日常环境中，砷污染会造成马、牛、羊、猪、鹿、鱼、蜂这些动物死亡。即使有这样的记录，含有砷的喷雾剂、粉剂仍然在普遍地使用。在美国南部用砷喷雾剂的产棉地区，作为一种专业的蜜蜂养殖几近消失。长期使用砷粉剂的农民一直忍受着慢性砷中毒。牲畜也因含砷的田禾喷剂和除草剂而中毒。从蓝莓地里飘来的砷粉剂散落在邻近的农场里，染污了溪流，导致蜜蜂、奶牛遭受致命的毒害，并使人自己身染疾病。一位环境癌病方面的权威人士，全国防癌协会的 W·C·休伯博士说："……在处理含砷物方面，几乎没有比我国近年来的实际做法还冷漠的了——完全漠视民众的健康。任何人只要目睹了砷杀虫剂撒粉器、喷雾器怎样工作，就一定不会忘记那种马虎随意地施用毒性物质的态度。"

现代的杀虫剂更为致命。其中大多数可以划分为两个化学品种类：一类是 DDT 所代表的"氯化烃"；另一类是各种有机磷杀虫剂，以略为熟悉的马拉硫磷和对硫磷为代表。如上所述，它们都有一个共同点：主要都是由碳原子构成。碳原子也是生命世界必不可少的组成部分——因为被划为有机物。为了了解它们，我们必须弄明白它们是如何制成的，以及它们是如何转化成致命药剂的（这与生物的基础化学有关）。

碳，作为一种基本元素，它的原子能随意地以链状、环状及各种别的形状组合在一起，还能与其他物质的原子结合。从细菌到蓝色的大鲸，自然界之所以拥有如此难以置信的多样性，也是因为碳的这种能力。与脂肪、碳水化合物、酶、维生素的分子一样，复杂的蛋白质分子的基本成分也是碳原子。很多非生物同样如此，因为碳并非是生命的象征。

某些有机化合物只是碳与氢的化合物。其中最简单的是甲烷，又被称为沼气，它是自然界中水下的有机物的细菌分解而成的。甲烷以一定的比例与空气混合，就变成了煤矿中可怕的"瓦斯"。它结构简洁美观：由一个碳原子和四个氢原子组成。科学家们发现，可以取掉一个或全部的氢原子，用其他元素来代替。例如，以一个氯原子替换一个氧原子便制出了氯化甲烷；将三个氢原子用氯来取代，我们便得到麻醉剂氯仿；用氯原子取代所有的氢原子，结果得到的是四氯化碳，即人们最熟悉的清洁剂。

简单来说，环绕着基本甲烷分子的变化清楚地说明了氯化烃的构成。然而，这种简单的说明远远不能解释真正复杂的烃的化学世界，或是有机化学家造出的变幻莫测的物质。他们可不会只依赖一个碳原子的简单甲烷分子，还要借助由许多碳原子组成的烃分子。它们排列成环状或链状，而紧附着侧链、支链的化学键不仅是简单的氢原子或氯原子，还有多种多样的原子团。只要有些许轻微的变化，就可以改变本物质的整个特性。例如，碳原子附着什么元素十分重要，附着的位置同样重要。这样的精妙操控已经制成了很多具有巨大威力的毒药。

1874年，一位德国化学家合成了DDT。但直到1939年，它作为一种杀虫剂的特性才为人发现。很快，DDT就被誉为可以根除害虫传染的疾病，帮农民在一夜之间战胜虫害。DDT杀虫效用的发现者瑞士的保罗·穆勒还因此获得了诺贝尔奖奖金。

如今，DDT仍然应用广泛。在大多数人眼中，DDT更像是一种无害的家常用物。"DDT是无害"的神话可能归结于它的最早的用法之一：战时为了灭虱子，将DDT喷洒在成千上万的士兵、难民、俘虏身上。人们都认为既然这么多人如此亲密地接触过DDT，且并未遭受直接的危害，那么这种药物一定是没有危害的。这种误会的产生是可以理解的：不同于别的氯化烃药物——呈粉状的DDT很难通过皮肤被吸收。DDT在油中溶解之后肯定是有毒的。如果DDT被吞下去，它就会被食道慢慢吸收，还会通过肺部被吸收。它一旦进入体内，就大量留在富含脂肪的器官内（因DDT本身是脂溶性的可以溶解于油脂），如肾上腺、睾丸、甲状腺。相当部分的DDT会留存在肝、肾及包裹着内脏的肥大的、保护性的肠系膜的脂肪里。

DDT在体内的存量是从可以理解的最小摄入量开始的（残留在多数食物中），一直达到相当高的水平才停止。含脂的贮存可以发挥生物学放大器的作用，即使摄入了食物的千万分之一，也会在体内积累到约百万分之十到十五，增加了一百多倍。这些数字对化学家或药物学家来说是稀松平常，但却是我们多数人不大了解的。百万分之一，听起来是非常小的数量——但是，物质的作用竟然如此之大，用极小的药量就能在体内造成巨大变化。动物实验发现百万分之三的药量能抑制心肌里一个主要的酶的作用；仅百万分之五就引起了肝细胞的坏死和衰变；仅百万分之二点五的与DDT极为相似的药物狄氏剂和氯丹也有同样的效果。

其实这并不令人惊诧。在正常人体中就存在着这种因小摄入量引起严重后果的情况。比如，少到一克的万分之二的碘就会成为健康与疾病的关键所在。由于这些小量的杀虫剂可以逐步地贮存起来，排泄的速度十分缓慢，所以肝脏与其他器官的慢性中毒及退化病变的威胁是非常真切地存在着。

科学界对于人体内可以存储多少DDT的意见还不统一。食品与药物管理局药物学主任阿诺德·莱曼博士说:"不存在一个最低标准——低于它DDT就无法被吸收了,也不存在一个最高标准——超过它DDT的吸收和存储就停止了。"另一方面,美国公共卫生署的威兰德·海斯博士坚持认为:每个人的体内都存在一个平衡点,DDT的含量超过此数值,就会被排泄出来。其实,这两个观点谁对谁错并不是特别重要。我们通过对DDT在人体内的存留进行详细调查,知道一般人体内的存量已经到达了潜在危害的程度。各种研究结果表明,没有直接接触过的人(除了不可避免的饮食),平均残留量是百万分之五点三到百万分之七点四;从事农业的人为百万分之十七点一;而在杀虫剂工厂工作的工人的数值高达648%!可见残留量之间的差距很大。但最为关键的是,即使是最小的数据也超过了损害肝脏以及其他器官或组织的标准。

DDT和同类化学药剂的最危险的一个特征是:它们可以通过食物链由一个机体传递到另一个机体。例如,在苜蓿地喷洒DDT,然后让鸡吃苜蓿,最终母鸡产下的鸡蛋中也会含有DDT。再以含有百万分之七至八的DDT的干草为例,将它们喂给奶牛,牛奶中的DDT含量就会达到大约百万分之三。但是,在用这种牛奶制成的奶油里,DDT的浓度就会一下暴涨至65%。通过这样的传播进程,原本含量很低的DDT,经过浓缩逐渐增长到一个很高的浓度。食品与药物管理局不允许州际商贸的牛奶含有杀虫剂残留,但现在的农民已经很难给奶牛找到没有受到污染的草料。有毒物质还有可能从母亲传到子女体内。食品与药物管理局的科学家们从人奶的取样中检测出了残留的杀虫剂。这就意味着母乳哺育的婴儿,除了体内原本已经积聚的毒性药物外,还在吸收有毒的化学品。然而，这并不是这个婴儿第一次接触有毒的化学品。存在充分的理由让我们相信，这种过程当婴儿处于胚胎时期就已经开始了。在以动物为目标的实验中，氯化烃杀虫剂可以轻松通过胎盘。胎盘一直以来都是使胚胎免受母体内的有害物质侵害的防护层。尽管通过这种方式，婴儿吸收的药量不大，但也不容轻视。因为婴儿比成人对有毒物质的感受更加敏感。同时，这意味着：现在的正常人几乎从其生命一开始就背着有毒物质的重负，并在其后不断累积。

早在1950年，食品与药物管理局的专家基于所有的事实——有毒物质的少量残留，不断的积聚，以及正常饮食中出现的程度不一的肝脏受损，宣布很可能低估了DDT的潜在危险。医学史上还没有出现过类似的情况。但结果究竟如何，目前还没有人知道。

另一种氯化烃——氯丹，同样具有DDT所有令人生厌的属性，还具备了一些它独有的属性。它残留的有毒物质能够在土里、在食物中，或在可能使用它的东西的表面一直留存。它可以通过肌肤被吸收，也可以作为喷雾或者粉屑被吸入。当然，如果将氯丹残留物吃进体内，还可以从消化道吸收。与其他氯化烃一样，氯丹会在体内日积月累。在动物实验中，一种食物含有百万分之二点五的氯丹，使得实验对象脂肪内的氯丹含量最终增至百万分之七十五。

像李赫曼博士这样经验如此丰富的药物学家，曾经在1950年对氯丹做出如下的描述："氯丹是杀虫剂中毒性最强的药物，任何接触了它的人都会中毒。"但是，郊区居民没有重视这个警告。他们无所顾忌地在治理自家草坪的粉剂中使用氯丹。尽管当时这些居民并没有立刻发病，一切如常。毒素可以在人体内潜藏很长时间，直到几个月甚至几年以后才毫无征兆地发病。但那个时候想查出病因就不太可能了。不过，死神有时也会很快现身。一位受害者一不小心把一种氯丹浓度为25%的工业溶液洒到皮肤上,四十分钟内就出现了中毒症状,没有来得及进行医药救护就死去了。这种病症是不可能在提前没有发觉的情况下,通知人员进行及时抢救的。

作为氯丹的成分之一,七氯已经在市场上成为一种单独售卖的药剂。它具有在脂肪里贮存的能力。如果食物中的七氯含量降至千万分之一,体内就会出现大量的七氯。它还有一种十分神奇的本事,能转变为一种化学性质不同的物质——环氧七氯。七氯的这种转变在土壤里、动植物的组织里都存在。通过对鸟类的试验证明,这种转化而来的环氧化物,比原来的药物毒性更强,几乎是原来氯丹的四倍。

早在20世纪30年代中期,人们发现了一种特殊的烃——氯化萘。它会使工作中直接接触到的人患上肝炎和一种十分少见、且几乎无法医治的肝病。它已经造成了电工的患病与死亡。最近,在农业方面,氯化萘被农民认为是一种牛畜患的神秘、致命的病症的根本原因。从这些先例中,我们可以明白为什么与这组烃有关的三种杀虫剂均被列入烃类药物中毒性最强之列。这三种药分别是狄氏剂、艾氏剂以及安德萘。

为纪念一位德国化学家狄尔斯而得名的狄氏剂,其毒性约是DDT的五倍,但当狄氏剂溶液被皮肤吸收之后,毒性就是DDT的四十倍了。狄氏剂之所以臭名昭著,乃是因为其发病快,并对受害者的神经系统进行可怕的攻击,使患者发生惊厥。中狄氏剂之毒的人恢复起来非常缓慢,表明它具有慢性危害。像其他的氯化烃一样,这些长期药效对肝脏有着十分严重的损害。有毒物质的残留持续期漫长以及十分明显的杀虫效果,让它成为目前应用最广的一种杀虫剂,却从不考虑其会对野生动物造成大规模伤害,在对鹌鹑和野鸡做试验时,证明了它的毒性大约是 DDT 的四十至五十倍。

我们关于狄氏剂如何在体内储蓄、分布，排泄所知还有很多空白。科学家们在发明杀虫药方面的创造才能早就超过了我们对这些有毒物质如何伤害生物肌体的知识。然而，很多迹象表明这些药物会在人类体内长期积累，如同一座正在休眠蛰伏的火山，等到人体吸收了足够的脂肪，在生理上不堪重负的时候才会突然爆发出来。我们真正明白的东西大都是从世界卫生组织开展的抗疟运动的艰难经历中得来的。当狄氏剂在疟疾防治中取代了 DDT（疟蚊已经对 DDT 产生了抗药性），喷药人员陆续出现了很多中毒病例。病症的发作是剧烈的，从一半乃至全部受害的人（工作任务不同，病状也不一样）发生痉挛，一些人甚至因此死去。有些人在接触有毒物质以后四个月才出现痉挛现象。

作为一种多少有些神秘的物质，尽管艾氏剂作为一种独立个体存在，但它与狄氏剂却有着十分紧密的关系。当你在一片施用过艾氏剂的胡萝卜地中取出一根萝卜之后，就会发现它们残留了狄氏剂的毒素。这种转化不仅发生在活的机体组织内，也发生在土壤里。这种神奇的转变导致了许多错误的报道。因为一个化学师知道自己化验的目标为是否有艾氏剂残留，他将会误认为全部的艾氏剂残毒已经被清除了。但实际上，残留物还在，只不过是变成了狄氏剂，因为这需要另一种检测方式。

像狄氏剂一样，艾氏剂也富含剧毒，会引起肝脏和肾脏的衰退性病变。一片阿司匹林那么大小的药就足够杀死四百多只鹌鹑。很多人中毒的病例都有据可查，其中大多数与工业管理有关。

与很多同类杀虫剂的药物一样，艾氏剂给未来投下一层威胁的阴影——不孕症。只要给野鸡喂进极少的剂量，虽然不会被毒死，但下蛋率却大大降低；而且从这些蛋中孵出的小鸡很快就死去了。这种影响的范围并不局限于飞禽。受到艾氏剂毒害的老鼠，受孕率也大幅降低，而且幼鼠也往往多病，寿命不长。经过艾氏剂处理过的母狗所产的小狗不到三天就死了。新一代总是因为这样或那样的原因，因为父母的中毒而受到伤害。没人知道同样的悲剧是否会在人类重演。但是，这一药物已经由飞机在城郊地区和田野喷洒了个遍。

安德萘是所有氯化烃药物中毒性最强的。虽然其化学作用与狄氏剂关系十分紧密，但其分子结构只要略加变化就会导致它的毒性变成狄氏剂的五倍。与安德萘相比，所有杀虫剂的鼻祖DDT几乎算得上是无害的了。它的毒性对于哺乳动物是DDT的十五倍；对于鱼类是二十倍；而对于一些鸟类，则大约是三百倍。

安德萘付诸使用十年后，它已经毒杀了成千上万的鱼类，毒死了进入用药果园的牛，污染了井水。至少有一个州的卫生部发出了严厉的警告：草率使用安德萘正在危害人类的健康。

在一起最为悲惨的安德萘中毒事件中，因为采取了一些表面上看起来十分稳妥的预防措施，所以并没有什么一望可知的疏忽之处。一位一岁的美国小孩跟着父母搬到了委内瑞拉。在他们的新家里发现了蟑螂的踪迹，几天后他们使用含有安德萘的喷剂。上午九点左右开始喷药之前，小孩与小狗都被带到屋外。喷药之后，他们又将地板清洗了一遍。下午，小孩及小狗回到了房间里。一个钟头之后，小狗发生了呕吐、惊厥最终死去。当天晚上十点，小孩也出现了同样的症状，并失去了知觉。与安德萘灾难般的接触让这个健康强壮的孩子变成了植物人——看不见，听不着，肌肉经常痉挛；完全隔绝于周围环境。在纽约一家医院里经历了几个月的治疗，病情也未能得到改善，没有带来什么好转的希望。负责治疗的医生在报告中称:"很难预料会出现什么有效的恢复了。"

第二大类杀虫剂——烷基和有机磷酸盐,被归为世界上毒性最强的药物行列。当其投入使用时,随之而来的最主要的危险是,使用喷雾药剂的人无意中接触风中偶尔扬起的药雾、用过此类药剂的植物,或跟已经丢弃的容器接触都会造成急性中毒。在佛罗里达州,两个小孩发现了一个空袋子,就用它来修补秋千。不久之后,他们先后都死去了,另外的三个小伙伴也患病了。那个袋子原本装的是一种叫作对硫磷的杀虫药——实验证实了正是这种有机磷酸酯导致了惨剧的发生。还有一次,威斯康星州的两个小孩(堂兄弟)在同一天晚上死去。一个是在自己家的院子里玩耍,他的父亲正在附近的田地里给马铃薯喷射对硫磷药剂,药雾飘来;另一个小孩跟着他父亲进谷仓玩耍,手接触了喷雾器具的喷嘴一会儿。

这些杀虫药的来历都具有某种讽刺的意味。虽然一些诸如磷酸的有机酯的化学药物本身已经为人所知多年。但是,直到20世纪30年代晚期,它们的杀虫特性才被一位德国化学家格哈德·施雷德尔发现。德国政府当时就认识到这些同类化学药物可以在人类自己的战争中充当新的、毁灭性的武器。研制这些药物的工作很快就被宣布为秘密。一些化学药物就成了致命的神经毒气,另外一些具有相同结构的药物则变成了杀虫剂。

有机磷杀虫剂以一种奇特的方式在活的生物体内发挥作用。它们可以破坏在人体内起着重要功能的酶类。不管它的目标是一只昆虫,还是温血动物,这种杀虫剂的目标都是神经系统。正常情况之下,一个神经脉冲会借助叫作乙酰胆碱的"化学传导物"在一条条神经之间传递着。

乙酰胆碱在完成必要的功能作用后就消失了。实际上，这种物质的生存是非常短暂的，即使是医学研究人员只有使用特殊处置办法才能在人体毁掉它之前完成取样实验。这种传导的短暂性是身体的正常机能所必需的。当一次神经脉冲通过时，这种乙酰胆碱不立即被毁掉，脉冲就会继续在神经之间掠过。如今，这种物质以比之前更强大的方式尽力发挥作用，使整个身体的运动变得不协调——先后出现震颤、肌肉痉挛、抽搐直到死亡。

我们的身体已经对这种偶发性进行了充分的应对。当身体不再需要传导物质的时候，一种叫胆碱酯酶的保护性酶就会消灭它。通过这种手段求得身体精确的平衡，身体累积的乙酰胆碱不会达到危险的数值。可一旦接触了有机磷杀虫剂，保护酶就被破坏。当这种酶的含量减少时，传导物质的含量就累积起来。从这个角度来看，有机磷化合物同在一种有毒的蘑菇——蝇蕈里面发现的生物碱毒物蝇蕈碱相类似。

频繁接触有危害的药物会降低胆碱酯酶的含量，直降到一个人急性中毒之边缘。再多一次十分轻微的危害，就可能真的会急性中毒。因此，人们认为操控喷药人员及其他经常接触有中毒危险的人，有必要做定期的血液检查。

对硫磷是应用最普遍的有机磷酸酯之一，同时，药性也是最强、最危险的。蜜蜂一旦接触了，就变得狂躁不安，非常好斗，会做出十分疯狂的动作，半小时之内就会死去。一位化学家尝试用最直接的方式获得导致人类急性中毒的剂量。他吞服了药量很小的对硫磷，约等于0.00424盎司。结果，他很快就发生了浑身瘫痪，甚至连他之前在手边准备的解毒剂也未来得及使用就死去了。据说，对硫磷现在是芬兰人最喜爱的自杀药物。这些年来，加利福尼亚每年平均发生200例意外对硫磷中毒事故。在世界上其他许多地方，对硫磷造成的死亡率也是高得吓人：1958年在印度有100例致命的病例；叙利亚有67例；在日本，每年平均有336人中毒死亡。

可是，通过由手工操作的喷雾器、电动鼓风机、洒粉机，还有飞机，美国的农田与菜园中会使用七百万磅左右的对硫磷。根据一位医学界权威的说法，只是在加利福尼亚的农场里所用的药量，就能"足够让全世界人口五至十倍的人中毒而死。"

只有在极少数情况下，我们才得以避免这种药物的毒害。原因之一就是对硫磷及其他类似的药物的分解速度十分快。因此，与氯化烃相比，它们在庄稼上残留的时间也相对较短。然而，即使持续了很短的时间，也能够造成严重中毒甚至致命的后果。在加利福尼亚的里弗赛德，30个采摘柑橘的人中有11个患上重病，除一人外都被迫住院治疗。他们的症状都属于典型的对硫磷中毒。大约两周半前，果园曾喷洒过对硫磷。这些有毒的残留物在持续了16至19天之后，仍然能让采橘的工人陷入干呕、半瞎、半昏迷的痛苦中。不过，这也并不是其持续时间的最长纪录。一个月之前喷过的果园也发生过相似的悲剧。在使用了标准剂量六个月后，柑橘的果皮里还发现有残留物。

因为在田野、果园、葡萄园里施用有机磷杀虫剂的工人们工作时要冒着极大的危险，所以，在使用这些药物的一些州里建立起了实验室——在那里可以得到医师们的诊断和治疗的帮助。如果在治疗中毒患者的时候不戴橡皮手套，那么，医生们自己也会处在某些危险之中。就连为患者洗衣服的洗衣女工也会有危险——这些衣物上可能吸附有足够危害她们的对硫磷。

马拉硫磷是另一种有机磷酸酯，差不多与DDT一样为人所熟悉。

它被普遍应用于园艺、私人家庭灭虫、消灭蚊子方面以及对昆虫进行大规模地攻击,例如:为了消灭一种地中海果蝇,佛罗里达州的居民在近百万英亩的土地上喷洒马拉硫磷。有人认为马拉硫磷是同类药物中毒性最小的;许多人就觉得他们不考虑危险,可以随意使用。商业广告也在鼓励这种态度。

对马拉硫磷的"安全性"下判断的依据是非常危险的,不过这一点是在这种药物已应用数年之后才发现的(很多情况都是如此)。马拉硫磷之所以"安全",是因为哺乳动物的肝脏拥有非常强大的保护能力,消除了威胁。肝脏的一种酶具备解毒作用。但是,如果这样的酶遭到了破坏或是干涉,那么,受到马拉硫磷危害的人就将面对有毒物质的全部危害。

不幸的是,这种事经常发生。几年前,食品和药物管理局的科学家小组发现:当马拉硫磷与一些其他的有机磷酸酯混合使用时,就会产生十分强大的毒性,大致相当于这两种药物的毒性加在一起的五十倍。换言之,在这两种药物混合起来时,各取致死剂量的1%,就足够产生致命的效果。

这一发现鼓励了人们进行其他化合作用的试验。我们现在已经知道的是许多对磷酸酯杀虫剂是非常危险的,因为混合起来,毒性会大大增强。一种化合物破坏了可以解另一化合物之毒性的肝脏酶时,毒性强化了。因此,没有必要同时使用两种化合物。这周喷洒一种虫药,下周喷洒另一种的人有着中毒的危险。使用喷雾药品的用户同样也存在危险。普通的一碗沙拉中就可能存在混合在一起的两种磷酸酯杀虫剂。法定许可限量之内的残留有毒物质在一起会发生反应。

虽然,我们对化学药物之间的这种危险作用所知甚少,可是实验室中总是传出这些令人忧虑的新发现。其中一项发现就是一种磷酸酯的毒性并不一定由杀虫剂来增强。比如,用一种增塑剂在增强马拉硫磷产生的作用可能要比另一种杀虫剂还要大。当然,这也是因为它抑制了肝脏酶的功能——这种酶在正常情况下能拔除杀虫剂的"毒牙"。

在人类环境中,其他的化学制品又是什么样的呢?特别是药物又是怎么样的呢?关于这方面的研究只不过刚刚起步。但是人们已经知道某些有机磷酸酯(对硫磷和马拉硫磷)会使得某些肌肉松弛剂的毒性增强,还有几种其他的磷酸酯(还是包括马拉硫磷)使得巴比妥酸盐的安眠时间明显延长。

古希腊神话中的女巫美狄亚,因为自己的丈夫伊阿宋爱上了别人而大怒,就送给伊阿宋的新爱人一件施了魔咒的长袍。她穿上这件长袍立刻暴毙而亡。现在,这个间接致死法找到了它的对应物——被称为"内吸杀虫剂"的药物。这些化工药物具备特别的功效,可以把动植物转变为一种类似美狄亚长袍的东西——使它们产生剧毒。这样做的目的就是杀死那些可能与它们接触的昆虫,尤其是那些吮吸植物汁液或动物血液的昆虫。

内吸杀虫剂世界是一个连格林兄弟都无法想象的奇幻世界——也许类似于查理·亚当斯的漫画世界。在这样一个世界中,极富童话魅力的森林变成了有毒的森林:昆虫咀嚼一片树叶或吮吸一株植物的汁液都会死亡。在这样一个世界中,跳蚤叮咬了狗,就会死去,因为狗的血液中充满了毒素;昆虫也会因为接触了它从未接触过的植物所散发出来的蒸气而死亡;蜜蜂把有毒的花蜜带回蜂房,就会酿出有毒的蜂蜜。

应用昆虫学领域的工人们从大自然获得了灵感:他们发现在含有硒酸钠的土壤里生长的麦子能够免受蚜虫及红蜘蛛的侵袭。昆虫学家们关于内部自生杀虫剂的想法终于得到了证明：作为一种自然生成的元素，在世界许多地方的岩石及土壤里均发现了少量的硒。它顺理成章地成了第一种内吸杀虫剂。

能让一种杀虫剂成为内吸杀虫剂药物的决定性因素在于它们能渗透到动植物的组织内并使之有毒。一些氯化烃类化学药物以及其他一些有机磷类药物就具备这种属性。它们大部分都是通过人工合成产生出来的，也有一些自然生成物具备相同的属性。但在实际应用中，因为药物残留的问题不会过于严重，大多数内吸杀虫药物都是从有机磷类物质中提取出来的。

内吸杀虫药还以别的迂回方式发挥作用。这种药如果通过浸泡或与碳混合而涂抹的方式用于种子，它们的效果就会延展到植物的后代体内，长出的幼苗会毒死蚜虫及其他吮吸类昆虫。诸如豌豆、菜豆、甜菜的蔬菜就是受到这样的保护。覆盖了一层内吸杀虫剂的棉花种子已在加利福尼亚州种植了一段时间。1959年，曾有25个农场工人在加州圣华金河谷种植棉花的时候接触了装有处理过的种子口袋突然发病。

在英格兰，曾经有人想知道蜜蜂采了内吸药剂处理过的植物上的花蜜后会出现什么样的情况。人们在喷洒过一种名为八甲磷的药物的地区做了调查。尽管那些植物是在还没有开花时就喷过了药，但后来产生的花蜜内仍然含有有毒物质。与估计的情况一致，这些蜜蜂生产的蜂蜜也受到了八甲磷的污染。

动物的内吸毒剂的主要目的是对付牛蛆——牲畜身上的一种破坏性寄生虫。为了在宿主的血液及组织里发挥杀虫作用而又不会产生致命的有毒物质，必须倍加小心才可以。这是一种很微妙的平衡关系，政府的兽医们已经发现：反复使用小剂量药也能慢慢耗尽动物体内的保护性酶胆碱酯酶。因此，如果没有事先的警告，即使是一点儿微小的剂量也会导致中毒。

许多迹象表明，与我们的日常生活联系非常密切的新领域正在出现。现在，你可以给你的狗喂一粒药丸，这种药会使得狗的血液渗入毒素，除去身上的跳蚤。在牲畜身上发现的危险情况也可能会出现在狗的身上。目前看来，还没有人建议进行人的内吸杀虫试验，使得我们能毒死蚊子。也许下一步我们就要进行这样的工作了。

目前为止，我们在本章中一直讨论的人类在与昆虫的战争中使用的致命的化学药物。那么，我们与杂草之间进行的战争又怎样呢？

人们想要快速简单地清除不需要的植物的愿望，导致了一大批化学药物的产生。它们一般称为除莠剂，通俗点的叫法是除草药。我会在第六章中讲述这些药物是怎样使用及怎样误用的。我们现在要讨论的问题是，这些除草剂是否是毒药，它们的使用是否加剧了环境污染。

除草剂只对植物有害、不会对动物造成什么威胁的说法已经尽人皆知了，遗憾的是这并不是真的。这些除草剂包括了各种化学药物，它们对动植物的组织都起了作用。这些药物在对生物体的作用上截然不同。有些是一般的毒药，有些是新陈代谢的强效刺激物，会导致体温升到一个致命的数值，有的药物单独或与其他药物一起都会导致恶性肿瘤，有些则会摧毁生物的遗传物质、引起基因变种。因此，除草剂与杀虫剂一样，含有一些非常危险的药物。因为它们是"安全的"就错误地投入使用，有可能招致灾难性的后果。

尽管实验室内不断地出现新的化学药物，含有砷的化合物仍然广泛地用作杀虫剂（如前文提到的），也常以亚砷酸钠的化学形式充当除草剂。使用亚砷酸钠的历史是不能令人安心的。作为在路边使用的喷雾剂，它们已经不知道让多少个农民失去了自己的奶牛，让不知道多少个野生动物丧失了生命。作为湖泊、水库的水中除草剂，它们让公共水域的水不宜饮用，甚至不适合游泳了。在马铃薯田里用以毁掉藤蔓的喷雾药剂，它们已经让人类和动物出现了很多死亡的案例。

1951年，英格兰的人们因为缺少硫酸，像以前一样烧掉土豆蔓，开始在马铃薯田里使用含有砷的农药。农业部曾认为有必要对进入喷过含砷剂的农田之危险进行警告，可是牲畜是听不懂这种警告的。（我们也必须假设野兽及鸟类也听不懂。）经常传出有关牛畜的含砷喷剂中毒的报道。直到1959年，一位农妇喝了被砷染污的水身亡之后，一家主要的英国化学公司才停止了生产含砷的农药，并收回了已经卖给商贩的药物。不久，农业部宣布：因为对人和牛畜造成了极大的威胁，将要限制亚砷酸盐的使用。1961年，澳大利亚政府也颁布了类似的禁令。但是，在美国还没有规定来阻止继续使用这些有毒的药物。

某些二硝基化合物也被用作除草剂。它们被列为美国目前使用的该类型最危险的物质之一。二硝基酚是一种强烈的新陈代谢兴奋剂。因此，它曾一度被用作减肥药来使用。可是减重的剂量与中毒或致死的剂量之间的界限是极其微小的，以致在这种减重药物完全停用之前，已经有几位病人死亡，还有许多人受到了永久性的伤害。

有一种类似的药物——五氯苯酚，有时称为五氯酚，既可以用作杀虫剂，也用作除草剂，它常常喷洒在铁路沿线及荒凉的地区。五氯酚的毒性对于从细菌到人类多种多样的生物都是极强的。它就像二硝基药物一样，它干扰着体内的能量来源，这种干扰往往是致命的。受害的机体几乎消耗了自己的全部生命。在加利福尼亚州卫生局最近报告的致命事故中具体证明了其可怕的毒性。一位油罐车司机混合了柴油与五氯苯酚，配制了一种棉花落叶剂。当他正从油桶内抽出浓缩的化学品之后，桶塞意外地掉了下来。他徒手把塞子拿了回来，立刻把手洗干净了，但还是得了急病，第二天就死去了。

诸如亚砷酸钠或者酚类药物的除草剂造成的后果大部分都十分明显，而其他除草剂的效用却是隐藏得很深。例如，现在人所尽知的红莓除草药——氨基三唑，被定性为毒性相对较轻的药物。但是，从长远来看，它引起甲状腺恶性肿瘤的可能与野生动物，恐怕也与人类都有着十分密切的联系。

除草剂中的一些药物被归类为"致变物"，或者说可以改变遗传基因。辐射造成的遗传性影响，引得我们十分震惊。那么，对于在周围环境中散播的化学药物的同样作用，我们怎么能不多加注意呢？

第四章 地表水和地下海

在我们所有的自然资源中,水已经成为其中最宝贵的一种。地球绝大部分的表面都被无边无际的大海覆盖,但是,置身于汪洋之中,我们却感到了水的匮乏。吊诡的是,因为海的盐含量太高,地球上丰富的水资源不适用于农业、工业及人类的消耗。正因如此,世界上有如此之多的人正面临着淡水严重短缺的困境。人类忘记了自己是从何而来的,也不重视生存最低的需要。水和其他资源就这样成为了人类态度漠然的受害者。

我们将其作为人类整体环境污染的组成部分,才能理解杀虫剂所造成的水污染问题。渗进水中的污染物有很多来源:从核反应堆、实验室和医院排出的放射性废物,核爆炸遗留的尘埃,城镇家庭排出的废物,工厂排出的化学废物等。现在,一种新的散落物——在农田、果园、森林和原野里喷洒的化学药物,也加入了这些污染物的行列。在混杂起来的令人震惊的污染物中,有许多化学药物再现并超越了辐射的危害。在这些化学药物之间还存在着一些危险的,很少有人知道的互相作用,毒性的转化以及累积。

自从化学家们开始制造自然界从未出现过的化学物质，水质的净化就逐渐变成了一个十分复杂的问题：对使用水的人来说，面对的危险正在不断增长。如我们所知，早在20世纪40年代，这些合成化学药物的大批量生产就开始了。今天，这种生产的规模越来越大，导致每天都有大量的化学污染物排入我国的各条江河溪流。当这些化学污染物裹挟着家庭生活废弃物以及其他废物流入同一条河流时，那些针对化学药物污水的净化工厂惯常使用的分析方法很多时候就失效了。大多数化学药物的性状非常稳定，普通的处理根本无法对其进行分解，甚至都无法辨认出来。更令人讶异的是各种污染物在水中相互作用、反应，最终竟然产生了新物质。就连卫生工程师也只能失望地用"开玩笑"来解释这种新化合物的产生。麻省理工学院的罗尔夫·伊莱亚森教授在一次国民议会委员会上说过，现在根本不可能预测这些化学药物彼此作用的效果或是识别由此混合的有机物。伊莱亚森教授说："我们还没有认识到那究竟是些什么东西。我们也不知道它们对人会有什么影响。"

现在，各种旨在控制昆虫、啮齿类动物或杂草的化学药物的使用正不断加剧这些有机污染物的产生。其中有些是故意用于水体以达到消灭植物、昆虫幼虫或不想要的鱼类的目的。有些有机污染物来源于在森林中使用的化学药物。为了保护一个州的二三百英亩土地免受虫灾，不惜在森林中喷药。有些喷洒物直接进入河水中，有些穿过茂密的树冠滴落在森林覆盖的土壤中。在那儿，它们随着渗流水踏上面向大海的缓慢旅程。这些污染物的大部分可能是几百万磅原本用于对付昆虫和啮齿类动物的农药残留下来的有毒物质，通过雨水离开了地面而变成世界水体运动的组成部分。

在我们的河流和公共用水的地方，这些化学药物随处可见。例如，在实验室里，用从宾夕法尼亚州的果园中取用的饮用水样在鱼身上做实验后，含有杀虫剂的水在四个小时就毒死了所有做实验的鱼。流经一片施用过化学药物的棉田的溪水在通过净化工厂之后，仍然对鱼类有着致命的伤害。在亚拉巴马州田纳西河的 15 条河流中的鱼类，因为水流曾接触过氯化烃毒物而全部死亡。其中两条支流是用以供给城市的。在使用杀虫剂一周之后，水依然含有剧毒，放在河流下游的铁笼里的金鱼每天都有死去的。

这种污染在绝大部分情况下是踪影诡秘，无法觉察的。只有当数以千计的鱼死去的时候，人们才会知道它们的存在。然而在更多的情况下，这种污染几乎不会被发现。检查水质的化学家们至今尚未对这些有机污染物进行过定期检测，也没有办法对它们进行清除。无论是否检查到了，客观上杀虫剂确实存在着。与地面上普遍使用的其他药物一样，它们进入了国内的几乎全部主要河系。

杀虫剂对我们的水体造成了普遍污染，假如有人还怀疑这一点的话，他应该读读 1960 年由美国渔业及野生动物管理处发布的一篇报告。这个管理处进行了一项研究，想知道鱼是否会像温血动物那样在体内的组织中储藏杀虫剂。第一批样品取自西部森林地区。在这些地区，为了控制云杉蚜虫，大面积地喷洒了 DDT。不出所料，所有的鱼体内都含有 DDT。当调查人员在对距此约三十里的一个小河湾进行对比调查时，有了一个十分有意思的发现。这个河湾处于采集第一批样品的地区的上游，且中间隔着一个高高的瀑布。这个地方并没有喷过药物，但这里的鱼体内仍含有 DDT。这些化学药物是通过地下河到达遥远的小溪吗？还是通过空气传播落入了这个河湾的表面呢？在另一次对比调查中，在一个产卵区的鱼体组织里仍然发现有DDT，当地的水来自一口深井。同样，那里也没有使用过化学药品。如此看来，污染的唯一可能途径就是通过地下水。

在所有水污染的问题中，没有什么能比地下水的污染所带来的威胁更令人不安的。在任何地方，都不可能在水里添加杀虫剂而不危及水的纯净。大自然很难封闭和隔绝地下水域，况且它也从未在水源供给上如此分配过。雨水降落在地面，通过土壤的细孔和岩石里的裂隙不断地渗入地下，越来越深。直到最终抵达一个岩石的所有细孔里都充满水的地方。那是一个始于山脚、到山谷底沉没的黑暗的地下海洋。那里的地下水总是不停地在流动，有时候速度很慢，一年移动的距离也不超过五十英尺；有时候速度很快，每天几乎都能流过十分之一英里。它流动于一条看不见的水流中，直到在某处地面以泉水形式露出地面，或者被引流到一口井里。但是大部分情况下，它都会成为小溪或河流的来源。除了直接进入河流的雨水和地表流水外，所有现在地球表面流动的水都曾经是地下水。由此得出一个真实而有些夸张的结论：地下水的污染就等于全世界的水污染。

由科罗拉多州某家制造工厂排出的有毒化学物质一定会通过这样黑暗的地下海洋，向几里以外的农田流去，污染了那里的井水，让人和牲畜患病，使庄稼毁坏。这只是日后很多同类情况中的一个典型案例。简而言之，它的经过是这样的：1943年，丹佛附近的一个军用化工集团落基山兵工厂开始生产军用物资。八年后，这个兵工厂的设备被租借给了一个私人石油公司生产杀虫剂。但是，还未来得及生产，离奇的报告就纷纷传来。距离工厂几里地的农民不断地报告牲畜患上了莫名其妙的怪病。他们抱怨这么大面积的庄稼被毁坏了，树叶变得枯黄，植物也没法生长。许多庄稼在一夜之间就完全死亡。另外还传出了一些人类患病的报告，或是与兵工厂有关的报告。

这些农场的灌溉水源都来自很浅的井。有些机构对井水化验时(1959年，由许多州和联邦机构联合参加的一次研究中)，发现水中含有很多化学药物。在落基山兵工厂生产期间往池塘中排放了包括氯化物、氯酸盐、磷酸盐、氟化物和砷在内的化学物品。很明显，在兵工厂和农场之间的地下水已经被污染了，经过了七八年的时间，有毒物质通过地下水移动了大约三英里的路程达到最近的一个农场。这种渗透继续扩展，并造成了进一步的污染，但是人们尚未查清。调查人员没有任何办法去消除这种污染或阻止它们继续前进。

这一切已经足够糟糕了，但是整个事件中最令人感到惊奇和最有意义的是，在兵工厂的池塘和井水里发现了可以充当除草剂的2.4-D。当然，发现了它的存在就足以说明用这种水灌溉农田后会造成庄稼死亡。但是令人感到奇怪的是，这个兵工厂从未生产过这种2.4-D。

经过长期认真的研究，工厂的化学家们认为2.4-D是在开放的池塘里自然合成的。在化学家没有起到任何作用的情况下，它是由兵工厂排出的其他物质在空气、水和阳光的相互反应下合成的。这个池塘已变成了生产一种新药物的化学实验室，这种化学药物会对它所接触到的所有植物的生命产生致命的威胁。

科罗拉多农场及其庄稼受灾的案例超出了具体的地域范围，从而拥有了更为广泛的意义。不仅仅是在科罗拉多，类似的情况是否可能出现在所有受到化学污染的公共用水区域？在各处河流与湖泊中，在空气和阳光的催化作用下，还有哪些贴着"无害"标签的化学药物所产生的有毒物质呢？

实际上，水的化学污染最令人震惊的地方来自以下的事实：不管是在河流、湖泊或水库里，还是在你饭桌上的一杯水里都混入了化学药物。而这些药物往往是负责任的化学家们在实验室里不会想到要合成的。这些自由混合在一起的化学物之间可能产生的作用让美国公共卫生署的官员们陷入了巨大的恐慌之中，他们害怕那些广泛存在的无毒化学药物纷纷向有毒物质进行转化。这种转化可能存在于两个化学药物之间，也可能存在于更多的化学物之间，更可能存在于化学药物和数量不断增长的放射性废物之间。在游离射线的影响下，很容易通过一个能够预测且可控的途径改变化学药物的性质，重新排列原子。

当然，不仅仅是地下水受到了污染，包括小溪、河流、灌溉农田在内的地表水也都遭受了污染。在加利福尼亚州图利湖和南克拉玛斯湖的国家野生物保护区发生的事情令人同样感到担忧。这些保护区与跨越俄勒冈州的北克拉玛斯湖一样都是整个生物保护区体系的组成部分，可能因为需要共享水源的缘故，保护区内一切都相互连接着。它们像汪洋大海中的一些孤岛，四周都是广阔如海洋般的农田。这些农田原先都是水鸟的乐园——沼泽地和开放的水域，后来经过排水渠和小河疏通的改造才变成了农田。

现在，生物保护区附近的农田主要的灌溉水源来自北克拉玛斯湖。这些水从它们浇灌过的农田里汇合到一处，然后被抽进图利湖，再从那里流入南克拉玛斯湖。因此，在这两个水域的基础上建立起来的野生物保护区的所有水流都是从农田里排出的水。清楚这个事实对明白当前所发生的事情是至关重要的。

1960年夏天，保护区的工作人员在图利湖和南克拉玛斯湖，发现了数百只已经死去或正在残喘的鸟。其中大部分是以鱼为食物的种类：

苍鹭、鹈鹕和鸥。人们发现它们体内含有杀虫剂的有毒残留物，与毒杀芬、DDD 和 DDE 属于同一种类。湖里的鱼体内也发现了杀虫剂的存在，浮游生物的体内也是一样。保护区管理员在农田里喷洒大量的农药，来往灌溉的水流把这些杀虫剂的残留物带入保护区。正是因此，保护区河水里残留杀虫剂有毒物质的现象越来越多。

水质受到了严重的污染，试图恢复水质的努力也没有取得应有的成果。每个要去西部打鸭的猎人，每个欣赏成群水鸟如飘带般飞过夜空的景色和声音的人都应该能感觉到这种成果。这些生物保护区在保护西部水鸟方面起到了至关重要的作用。在一个漏斗形状的细脖焦点处，所有的迁徙路线都在这里交会，就像人们知道的太平洋候鸟路径交会区。秋天，每当迁徙的日子来临，便有成百万只鸭子和鹅由哈德逊湾东部到白令海峡的栖息地飞出，其中的四分之三会飞向太平洋沿岸的国家。夏天，生物保护区为水鸟，特别是两种濒临绝灭的鸟类——红头鸭和红鸭提供了栖息地。如果这些保护区的湖和水塘受到了严重的污染，那么西部水鸟所遭到的毁灭将是无法挽回的。

一整条生物链都受水的滋养，这个环链从像尘土一样微小的浮游生物绿色细胞开始，到很小的水蚤，再到吞食浮游生物的鱼，而鱼又被其他的鱼、鸟、貂、浣熊所吃掉。这是一个无穷无尽的生命物质转化循环的过程。我们知道，水中含有的生命必需的矿物质也是通过食物链在各个环节中传递的。由此，我们是否可以估计由我们投入水里的有毒物质进入这样的自然循环了？

在加利福尼亚州清湖的惊人历史中可以找到答案。清湖位于旧金山市北面九十里的山区，并一直是垂钓者向往的地方。清湖这个名字与实际情况并不相称，由于黑色的软泥覆盖了整个湖的浅底。湖水实际很混油。不幸的是，对于渔夫和居住在沿岸的居民来说，清湖为一种很小的蚋虫提供了十分理想的繁殖地。虽然与蚊子关系密切，但这种蚋虫不是血吸虫而且几乎不吃任何东西。但是，居住附近的人们由于数量惊人的虫子而倍感烦恼。为了控制蚋虫，人们采取了各种努力，但大多都失败了。直到20世纪40年代末期，新武器氯化烃杀虫剂出现。为发动新的进攻率先投入使用的化学药物是和DDT有密切联系的DDD，但其对鱼的生命威胁要小很多。

1949年采用的全新的措施无不是经过详细的筹划的，并且没什么人估计到其会产生什么恶果。这个湖的情况经过了勘测，容积也确定了，所用杀虫剂的比例是一比七千万。对蚋虫的控制情况最开始是不错的，但到了1954年不得不再进行一次这种处理的时候，所用的浓度比例被调换成了一比五千万。当时的人们认为蚋虫的消灭工作已经取得了成功。

之后到来的冬季里的几个月中，其他生命受到影响的迹象也开始出现了：湖上的北美䴙䴘死亡了，而且很快就有报告说死亡数量达到了一百多只。因为湖里的鱼类丰富，清湖的北美䴙䴘选择在此做窝过冬。在美国和加拿大西部的浅湖中建立起漂流巢穴的䴙䴘外表美丽，习性优雅，被誉为"天鹅䴙䴘"。当它从湖面滑过，荡起微微涟漪的时候，它扬起白色的颈，昂起黑亮的头。刚刚孵出来的小鸟身上是灰色的软毛，几个小时之后，它们就跳进了水里，乘在父母的背上，在双亲的翅膀羽毛的庇护下舒服地向前。

1957年，对死灰复燃的蚋虫进行了第三次攻击后，更多的䴙䴘死掉了。与在1954年所验证的一样，在死鸟的尸体上没有检验出传染病的证据。但是，当有人建议应该对䴙䴘的脂肪组织进行检查时，才发现鸟体内含有达百万分之一千六百的大量DDD。

　　DDD应用到水里的最大浓度是百万分之零点零二，化学药物为什么能在䴙䴘身上累积到这样高的含量？这些鸟的主要食物是鱼。对清湖的鱼也进行化验之后，我们的眼前就呈现了一个这样的画面：最小的生物吞食有毒物质，浓缩后又传递给更大的捕食生物。浮游生物的组织中检验出含量百万分之五的杀虫剂（其最大浓度达到水体本身的25倍）；以水藻为食的鱼类体内的杀虫剂含量为百万分之四十到三百。食肉类的鱼蓄积的量最大。一种褐色的鲶鱼体内的含量达到了令人吃惊的百万分之二千五百。这是一个类似民间传说中的"杰克小屋"故事的重演，在这个食物链中，大的肉食动物吃小的肉食动物，小的肉食动物吃草食动物，草食动物吃浮游生物，浮游生物摄入了水中的有毒物质。

　　以后，人们甚至有了更为离奇的发现。在刚刚使用过化学药物后，水中再也找不到DDD的痕迹了。但是，这个湖中并非已经没有了有毒物质。它只不过转移到了生活在湖中的生物的组织中。停止使用化学药物后的第二十三个月时，浮游植物体内仍含有浓度高达百万分之五点三的有毒的DDD。浮游植物在接近两年的时间里不停地开花、枯萎，虽然水中已经没有了毒素，但是却不知道为什么它依然在浮游植物中一代一代地传下去。有毒物质也会存在于湖中的动物体内。在人们停止使用化学药物的时间满一年后，全部的鱼、鸟和青蛙体内都被检查出了DDD。其中DDD含量的数值超过了最初水体浓度的许多倍。这些带毒的生命包括使用DDD九个月以后孵化出的鱼、䴙䴘和体内累积了浓度超过百万分之二千的毒物的加利福尼亚海鸥。同时，䴙䴘鸟群从第一次使用杀虫剂时的一千多对大幅锐减至1960年时的大约三十对。而这三十对搭建巢穴也是徒劳无益，因为自从之前使用DDD之后，湖面上就再没有发现过小䴙䴘的踪迹。

由此看来，整个致毒的环链都是开始于十分微小的植物，这些植物一直是最开始的浓缩者。这个食物链的终端在哪里？对这些事件的过程还不了解的人们准备好了钓鱼的用具，从清湖的水里捕到了几条鱼，然后带回家作为晚饭。用量极大的 DDD 或重复多次的小剂量会对人产生什么影响呢？

尽管，加利福尼亚州公共卫生署宣称检查结果无害，但是 1959 年该局还是禁止了 DDD 在该湖里的使用。由于已经有科学证据证明了这种化学药物具有巨大生物学效能，这一行动只能算得上最低限度的安全措施。DDD 的生理影响在杀虫剂中可能是独一无二的，因为它毁坏肾上腺的一部分——分泌荷尔蒙激素的肾上腺外部皮层细胞。1948 年，这种毁坏性就为人所知，但影响只局限于狗身上。因为这种影响在猴子、老鼠、兔子等实验动物的身上还没有表现出来。DDD 在狗身上所产生的症状与人类患的艾迪森病的情况非常相似。最近的研究证明，DDD 对人的肾上腺有很强的抑制作用。现在，它的这种对细胞的毁坏能力被应用于处理一种罕见的肾上腺癌症。

清湖的情况向公众指出了一个十分现实的问题：为了防治昆虫，使用对生理过程具有如此之大影响的化学物质，特别是将化学药物直接投入水体中的措施，这样做是否有效又是否必要呢？杀虫剂在湖体自然生物链中爆发性增长已经说明了，只是规定使用低浓度杀虫剂意义并不大。现在，为了解决一个明显且微小的问题，引发了更多更严峻、更疑难的大问题。这种情况十分频繁，出现的频率也越来越高。清湖就是这样一个典型。蚋虫问题的解决虽然对备受困扰的人有益，但却给所有从湖里捕鱼用水的人带来了更为严重的难以查明的危险。

一个惊人的事实是,人们对肆无忌惮地将有毒物质投入水库习以为常。其目的常常是为了增加娱乐的效果,甚至需要花钱恢复水原本饮用的作用也在所不惜。某地区的渔猎爱好者想在一个水库里"发展"渔业,他们说服政府把大量的有毒物质倾倒在水库里以杀死那些自己不想要的鱼,然后为孵化出那些符合这些爱好者口味的鱼创造有利条件。整个过程具有仿佛爱丽丝在仙境般的荒诞性质。建立水库原先的目的就是为了公共饮水,然而附近的居民很可能在还没有对渔猎爱好者的这个计划来得及了解的情况下,就不得不在饮用含有有毒残留物的水的同时,额外支付税钱作为净化水中毒素的费用。这种净化往往是非常困难的。

目前,存在着一种危险:既然地下水和地表水都已经受到了杀虫剂和其他化学药物的污染,那么,有毒物质与致癌物质可能也正在进入公共用水系统。国家癌症研究所的 W·C·休伯教授警告说:"在不久的将来,可以预见饮用被污染的水源而导致的癌症的可能性将大大增加。"实际上,早在 20 世纪 50 年代初,在荷兰进行的一项研究表明污染的水可能会引起癌症。饮用水源为河水的城市的癌症死亡率比那些饮用水源为不易受污染的井水的城市的癌症死亡率要高一些。已经确认的致癌物质——砷,曾经两次历史性的事件中出现了其身影。在这两次事件中,饮用已污染的水导致了大面积的癌症。一次,砷是来自开采矿山的矿渣堆,另一次,砷是来自天然含有高含量砷的岩石。大量使用含砷杀虫剂很容易让历史的悲剧重新上演。土壤受到污染,也变得有毒了。雨水裹挟着一部分砷进入小溪、河流和水库,进入无边无际的地下海洋。

在此,我们再一次得到警示:在自然界不存在任何孤立的事物。为了更清楚地了解世界是如何正在被污染的,我们现在必须看一看地球的另一个基本资源——土壤。

第五章 土壤的王国

　　我们人类和大地上各种动物的生存由大陆上覆盖着的一层薄薄的土壤决定。正如我们所知，缺少土壤，陆地植物就无法生长；缺少植物，动物也无法生活。

　　假如说，我们建基于农业的生活完全依赖于土壤的话，那么同样的是，土壤也要依赖生命。土壤的起源及其所保持的天然特性都与动植物关系密切。因为，土壤在某种程度上是生命的创造物，它产生于很久以前生物与非生物之间的互相作用。当火山爆发，喷射出炽热的岩浆，河水流过地上光秃秃的岩石，最坚硬的花岗岩甚至都被其磨平，岩石也被冰霜劈碎了，最原始的土壤物质就开始形成。接着，生物开始施展它们奇迹般的魔法，让这些了无生气的物质慢慢地变成了土壤。岩石的第一层覆盖物——地衣，利用它们的酸性分泌物促进了岩石的分解，为其他生命创造了栖息地。地衣的碎屑、微小昆虫的外壳和起源于大海的一系列动物的碎片形成了原始的土壤，藓类在其细小的空隙中顽强地生长着。

　　生命不仅创造了土壤，而且创造了丰富多彩的生命物质。否则，土壤就会成为一副贫瘠颓败的样子了。正因为土壤中存在着无数活动的生命，才使土壤中丰富的生物给大地披上绿色的外衣。

土壤总是处于不断变化的状态中，因此，其也总是置身于无休无止的循环中。当岩石遭受分解的时候，当有机物质腐烂的时候，当氮和其他气体随雨水从天而降的时候，土壤中就会不断地增加新物质。同时，另外有一些物质被生物因为某些暂时的需求从土壤中借走了。同时，微妙而重要的化学变化无时无刻不在发生。在此过程中，来自空气和水中的元素被转变为可被植物利用的物质。在所有这些变化中，生物体总是起着活体剂的作用。

研究黑暗的土壤王国中生存的无数生物是最有意思的事情，也是最易于被忽视的事情。我们对于土壤生物中相互连接的情况以及它们与土壤与地下环境、地上环境相制约的情况都知道得不多。

那些肉眼不可见的细菌和丝状真菌可能是土壤中最小的可能也是最重要的有机体。它们的数量之庞大几乎是个天文数字。一勺子的表层土可能含有亿万个细菌。尽管这些细菌形体微小，但在一英亩肥沃土壤的厚度为一英尺的表土中，其细菌总量可以重达一千磅。长长的丝状的放线菌的数目比细菌略少一些，但是因为它们的体积比较大，所以在一定数量土壤中所含有放线菌的总重仍和细菌差不多。那些微小绿色细胞体——被称为"藻类"，组成了土壤中微小的植物生命。

细菌、真菌和藻类是导致腐烂的主要原因，会将动植物的残骸还原为构成它们自己的无机物。假若没有这些微小的生物。碳、氮这些化学元素在土壤、空气和生物组织中构成的巨大的循环运动就不得不停止。例如，若没有固氮细菌，即使植物被含氮的空气团团包围，它们也仍然很难得到氮素而死去。其他有机体产生了二氧化碳，二氧化碳会形成碳酸从而加速岩石的分解。土壤中还有其他微生物在发挥氧化和还原作用，类似铁、锰和硫的矿物质通过这样的反应进行了转移，变成了可供植物吸收的状态。

此外，土壤中还存在着无数微小的螨类，以及被称为跃尾虫的原始无翅昆虫。尽管它们很小，但它们在分解枯枝败叶和把森林地面的物质慢慢转化为土壤方面发挥着重要的作用。这些微小生物在发挥作用的过程中具备了一些令人难以置信的特征。例如，一些螨类只有在落下的云杉树叶中才能生存。它们隐蔽在那里，消化掉树叶的内部组织。当螨虫完成了它们的任务之后，树叶就只剩下了一个空壳。真正令人惊异的是，处理落叶植物的大量落叶的工作的是土壤中和森林地面上的一些小昆虫。它们会把树叶浸软、消化，从而加快分解物与表层土壤混合起来。

除了这一群非常微小，不停工作的生物外，当然还有许多大型的生物，土壤中孕育了包括从细菌到哺乳动物的全部生物。有些一直生活在黑暗的地层中，有些则是在自己生命的某一阶段住在地下洞穴里，或是在其中冬眠，还有一些则是只会在它们的洞穴和地表的世界之间来来去去。总的来说，土壤里的这些居民活动给土壤通了气，并促进了水分在植物生长层的疏排和渗透。

在所有生活在土壤里体型较大的生物中，蚯蚓可能是最为重要的一种。75年前，查尔斯·达尔文出版了名为《蚯蚓习性观察及经由蚯蚓作用的腐殖土形成》的著作。在这本书里，达尔文让全世界第一次了解到蚯蚓在运输土壤方面发挥的基本作用。地表的岩石正逐渐地由蚯蚓从地下搬运出来的肥沃土壤所覆盖。在条件最为优良的地区，每年被搬运出多达数吨重的土壤。同时，在叶子和草中包含了大量的有机物质（六个月中每平方米会产生20磅之多的土壤)被拖入洞穴,并和土壤混合在一起。达尔文的计算表明,蚯蚓的劳动可以一寸一寸地加厚土壤层,十年后就能让原来的土层增加一半。但是,这并不是它们所做工作的全部。它们的洞穴使得大量的空气充满了土壤,使土壤保持良好的排水作用,并促进植物的根系的生长。通过蚯蚓的消化,土壤细菌的消化作用会大大增强,土壤的腐败会逐渐变少。有机体通过蚯蚓的消化而被分解,其排泄物会使得土壤变得更加肥沃。

这个土壤综合体是由一个彼此之间相互交织的生命组成的,每一个事物与另一事物通过某种方式相互联系——生物依赖着土壤,反过来,当土壤这个生命综合体保持繁荣时,其才能成为地球上一个重要的组成部分。

在此,我们担忧的是这样一个问题,一个从未引起足够重视的问题:无论是作为"消毒剂"直接进入土壤,还是雨水穿过森林、果园和农田上茂密的枝叶时已经遭受了致命的污染,当有毒的化学药物进入土壤的世界时,这些数量巨大且非常重要的土壤生物将会产生什么影响呢?我们能够使用一种广泛普及的广谱杀虫剂,在杀死破坏庄稼的穴居害虫的幼体的同时不会杀死那些对于分解有机质十分必要的虫子吗?或者,我们能够使用一种非特殊性的杀菌剂而不会杀死一些以共生形式存在于许多树根上、从土壤中吸收养分的真菌吗?

其实,科学家们在很大程度上忽视了土壤生态学这样一个极为重要的科研课题,而管理人员却几乎完全对此不理不睬。对昆虫的化学控制一直是建立在这样一个假定的基础上,即土壤能够承受任何有毒物质的攻击而不进行反抗。土壤世界的本质属性已经被人所遗忘了。

根据现有的少量研究,关于杀虫剂对土壤影响的画面正在慢慢展开。这些研究结果并非总是一致的，这也不奇怪，因为土壤类型丰富，能在这种类型土壤中进行破坏的因素在另一种土壤中可能没有什么影响。轻质沙土遭受的损害就比腐殖土更为严重。看起来，化学药剂同时使用的危害比单独使用更大。不谈这些结果之间的不同，有关化学药物存在危害的可靠证据正在逐步出现，并在这方面引起许多科学家的担忧。

在某些特定的条件下，在生命世界起到核心作用的化学转化过程已经受到影响。将大气中的氮转化为可供植物利用形态的硝化作用就是一个例子。除莠剂2.4-D会让硝化作用受到暂时的中断。最近在佛罗里达的几次实验结果表明，在土壤中使用高丙体六六六、七氯和BHC（六氯化苯）仅仅两周之后，就减弱了土壤的硝化作用。使用六六六和DDT一年后，仍然存在着危险。在其他实验中，六六六、艾氏剂、高丙体六六六、七氯和DDD全都妨碍了固氮细菌形成豆科植物必需的根部结瘤。在菌类和高等植物根系之间那种奇妙而又有益的关系已经遭受了严重的破坏。

自然界通过巧妙的平衡生物数量实现其深远的目标，但问题是这种巧妙的平衡有时会被打破。当某些生活在土壤中的生物的数量因为施用杀虫剂减少时，另一些生物的数量就会出现暴涨，从而打乱整个捕食关系。这样的变化很可能会改变土壤的新陈代谢活动，并对它的生产力产生影响。同时，这些变化意味着，从前受到压抑的潜在有害生物会摆脱自然的控制力，成为所谓的"害虫"。

在土壤中使用杀虫剂时，必须记住的一个非常值得注意的事情：它们盘踞在土壤中的时间并非只是几个月，而是以年为单位的。艾氏剂在使用了四年以后仍被发现，一部分为微量残留物，更多的则变成了狄氏剂。在使用毒杀芬杀死白蚁十年后，沙土中仍然有大量的毒杀芬残留。六氯化合物在土壤中存在的时间至少能持续十一年。七氯或某种毒性更强的衍生化学物至少可以存在九年。在使用氯丹十二年后，仍然可以发现土壤中含有大约开始重量的百分之十五的残留物。

只要经过几年时间，当初看起来是对杀虫剂的有节制的使用在土壤中累积的速度都会达到一个惊人的程度。由于氯化烃持久不变，所以每一次新的施用都是基于原有累积的量的叠加。如果是反复进行喷药的话，那么关于"一英亩地使用一磅DDT是无害的"的老观点就将变得毫无意义。科学家在种植马铃薯的土壤中发现了每英亩DDT的含量高达15磅，种植玉米的土壤中的含量是19磅。研究中，蔓越橘沼泽地每亩DDT的含量为34.5磅，苹果园里的土壤污染的程度达到了峰值。在这里，DDT积累的速度几乎与每年的使用量呈同步增长的趋势。甚至在一些一个季节就喷洒了四次DDT乃至更多的果园中，残留的DDT有毒物质就可以高达每英亩30—50磅。如果连续喷洒多年，那么在果树之间的区域的DDT含量会达到26—60磅，树下的土壤中则会高达113磅。

砷就是一个造成土壤长期中毒的经典案例。尽管从20世纪40年代中期开始，作为一种烟草植物喷剂，砷已经被大部分人为有机合成杀虫剂所替代，但是1932年至1952年期间，在由美国烟草制作的香烟中，砷含量仍然增长了300%以上。最近的研究得出结论：含量已经增加为600%。砷毒物学权威亨利·萨特利博士说，尽管砷已在大规模的范围内被有机杀虫剂取代，但是烟草植物仍然会不断积累砷，这是因为栽种烟草的土壤中残留了一种数量巨大且不易溶解的有毒物质——砷酸铅。这种砷酸铅将持续地释放出可溶态的砷。萨特利博士认为，种植烟草的土壤中有很大一部分已遭受"叠加的是永久性的污染"。生长在未曾使用过砷杀虫剂的东地中海国家的烟草中，就没有发现含量如此之高的砷。

这样，我们就面临着第二个问题。我们不仅要关心在土壤中发生的情况，而且还要了解植物组织内从污染的土壤中吸收了多少杀虫剂。这在很大程度上取决于土壤与农作物的类型，还有杀虫剂的特点与浓度。有机物含量比较高的土壤中的有毒物质比其他土壤中要少一些。与其他作物相比，萝卜会吸收更多的杀虫剂。如果，使用的化学物是林丹，那么萝卜累积有毒物质的浓度比在土壤中更高。在种植某种粮食作物之前，有必要分析一下土壤中的杀虫剂。否则，即使从来没有用过药的农作物也可能从土壤里汲取足够的杀虫剂，而使其并不适合供应给市场。

这种污染引发的问题层出不穷，影响很大，就连一个儿童食品厂也一直不愿意去使用喷过杀虫剂的水果和蔬菜。最会给人制造麻烦的化学药物是六氯化苯，它被植物的根系和块茎吸收之后，产生了一种霉味。在加利福尼亚州，两年前曾经使用过六氯化苯的土地上产出的甜薯被检测出了残留的有毒物质，因而全部不得用于加工生产。

有一年，该公司与南加州地区签订了购买全部甜薯的合同，结果却发现土地大规模受到了污染，该公司不得不承受巨大的经济损失，在公开市场上重新购买甜薯。在这几年的时间里，许多州种植的许多种水果和蔬菜都被迫放弃了。一些最令人头疼的问题都与花生有关。在南部的各个州里，花生常常与棉花轮种，而在棉花中普遍施用六氯化苯。之后，生长在这些土壤上的花生会吸收数量相当巨大的杀虫剂。实际上，只需要少量的六氯化苯就会产生霉臭和怪味。化学药物渗进了花生的内部，没有办法消除。处理过程不仅不能除去霉臭味，有时反而会使之加重。对于一个决心排除残留的有毒的六氯化苯的经营者来说，摆在他面前的只有一种方法：扔掉所有使用过化学药物或在被化学药物污染的土壤上长出来的农作物。

　　有时候，威胁的对象是农作物本身——只要土壤中存在杀虫剂的污染，这种威胁就会持续不断。一些杀虫剂会影响那些敏感的植物，妨碍它们的根系发育，抑制幼苗发芽，诸如豆子、小麦、大麦、裸麦。华盛顿州和艾奥瓦州种植啤酒花的经验就是一个很好的例子。1955年春天，许多啤酒花的种植者开展了一个大规模治理草莓根部的象鼻虫的计划。在草莓根部存在着数量巨大的象鼻虫幼虫。在农业专家及杀虫剂厂商的建议下，他们选择了七氯作为防治的药剂。在使用七氯后不到一年的时间内，园地里喷洒过农药的葡萄藤蔓都枯萎并死去了。在没有用七氯处理过的田地里则没有任何问题。在用药和未用药的田地相邻的地方就是农作物受损的边界。因此，人们不得不花很多钱重新在山上种植啤酒花。但第二年，新长出的根芽就死掉了。四年后，土壤中依然含有七氯，而科学家也无法预测土壤中的有毒物质将会持续存在多久，也没有任何改善这种状况的办法。直到1959年，农业部才发现宣布七氯适合啤酒花种植施用的错误，但收回这一表态仍然太迟了。同时，啤酒花的种植者们只能在法庭上寻求一些赔偿。

　　杀虫剂仍然在继续使用，顽固残留的有毒物质在土壤中积累起来。毫无疑义的是：我们正面临着极大的危险。1960年，在恩尔卡思大学讨论土壤生态学时，一群专家达成了一致的意见。这些专家总结了使用化学药物和辐射"强效、但却不被人所知的工具"时所带来的危害：人类采取的一些错误行为可能毁灭了土壤生产力，随后，各种昆虫就会成为地球的主人。

第六章 地球的绿色斗篷

水、土壤和由各种各样的植物组成的绿色斗篷，构建了一个滋养着地球上所有动物的世界，即使现代很少有人记得这个事实，如果没有能够利用太阳能制造出人类生存所必需的基本食物，人类将无法存活于世。其实，我们对待植物的态度是十分狭隘的。如果我们知道某种植物具有一些用途，我们就会去种植它。假如，因为一些理由，我们认为一种植物已经不符合我们的需要了，我们就可能立刻毁掉它。除了各种对人及牲畜有毒的，或是抑制农作物生长的植物外，很多植物都会因为我们偏狭地认为其在一个错误的时间，出现在一个错误的地方，而注定逃不过毁灭的命运。还有许多植物被毁灭的原因只不过是因为其碰巧和一些要毁灭的植物有关。

地球的植物是生命之网的一个组成部分。其中，植物和大地之间，不同种类的植物之间，植物和动物之间存在着密切且重要的关系。有时，我们在被逼无奈之下，必须破坏这些关系。但是我们应该要谨慎一些，要充分认识我们的行为在未来或是不同的空间里所产生的后果。但是，销量正盛的灭草剂却一点儿没有收敛的迹象，只看到化学药物的产量与日俱增，应用的范围也越来越普遍。

我们在不自觉的情况下对风景造成巨大损害的例子很多。西部地带的山艾就是典型的悲剧。人们在那里正在大规模进行改山艾为牧场的工程。这个例子要求我们从历史观点和对风景的认知意义来理解。因为这里迷人的自然景色是由各种力量相互作用而形成的。在我们面前，它就如同一本打开的书，我们可以从中读到这片土地是如何演变成现在的样子，并了解我们保持其完整性的原因。但是，书本摊开在那儿，却没有人去读。

几百万年以前，这片生长山艾的土地就位于西部高原和高原上山脉的低坡地带，是由落基山脉巨大隆起所形成的。这里的气候异常恶劣，漫长的冬天里，暴风雪直接从山上压下来，平原积满了厚厚的雪；夏天缺少雨水，气候炎热，土地干涸，干燥的风吹走了植物树叶中的水分。

在自然演进的过程中，在这片大风呼啸的高原上移植植物需要不断地试验与失败的过程才能成功。在一次又一次的尝试都失败之后，终于有一种植物进化了，具备了生存所需要的全部特性。山艾是一种低矮灌木，能在山坡和平原上生长，它灰色的小叶子才能保持住水分来抵住风。这不是偶然的事件，而是大自然经过长期选择的结果。就这样，广阔的西部平原变成了生长山艾的土地。

动物与植物一起随着土地迫切地进化。后来，有两种动物恰巧像山艾那样非常完美地适应了它们的栖息地。一种是哺乳动物——敏捷优雅的叉角羚；另一种是鸟类——艾草松鸡，被称为"路易斯和克拉克地区的平原鸡。"

山艾和松鸡看来是天然地依赖彼此。松鸡生存的空间和山艾的完一致。随着山艾生长的范围的缩小。松鸡的数目也相应地减少了。在这片平原上，山艾为松鸡的生存提供了一切。山脚下低矮的山艾为松鸡的巢及幼鸟提供了遮蔽，草木更为茂盛的地方是鸟儿游荡和休息的地方。山艾是松鸡的主要食物。然而，这种关系并不是单向的。松鸡帮助疏松了山艾下边和周围的土壤，使得山艾草丛庇护下生长的杂草更为繁盛。

叉角羚羊适应了山艾。它们成为这个平原上最主要的动物。当冬天的第一场大雪落下的时候，那些在山间消夏的羚羊都会迁移到更低的地方。在那里，山艾为羚羊提供了赖以过冬的食物。其他所有植物的叶子纷纷落光，只有山艾能够保持常青，苦味的灰叶子散发着青草的香气，含有丰富的蛋白质、脂肪以及其他动物需要的有益的矿物质，紧紧地生长于浓密的灌木枝干之间。虽然地上已经积了厚厚的雪，但山艾的顶端仍然露在外面，叉角羚羊用它尖锐的蹄子刨开就能看到它。这时，同样以山艾作为食物的松鸡在赤裸的北风肆虐的凸起的岩石上发现了它们，或者就跟在羚羊的身后，到它们刨开积雪的地方寻找食物。

其他的动物也都在寻找山艾。长耳鹿就经常以其为食。山艾可以说是那些食草牲畜顺利度过冬天的保证。在羊群过冬的牧场，那里几乎只生长着高大的山艾。在足足半年的时间中，山艾所含有的能量是比紫苜蓿干草都要高的，因此，它也成为绵羊的主要饲料。

就这样，寒冷的高原，紫色的山艾，矫健灵敏的羚羊以及松鸡，所有的一切达成了一个完美的自然平衡。可真的是这样吗？至少在人类试图改变山艾生长地区的自然环境时，情况就远远不是这样。如今，类似这样的地区有很多，并日益增多。在发展进步的旗号下，土地管理机构要满足放牧者无休无止的对于草场的贪婪要求。他们想要的草场是一种清除掉山艾的草场。但是，草与山艾混杂着生长在一起或是生长在山艾的遮掩下是因为这里的自然条件适合如此。现在，人们妄图铲除所有的山艾，制造出一种纯粹的草地。然而，几乎没有人去问，这片草地在这个区域内是不是稳定的和符合需求的产物。当然，大自然自己给出了否定的回答。这个地区的雨水稀少，每年的降雨量不足以供养一块优质的草场；反而更为适合那些生长在山艾遮蔽下的丛生禾草。

但是，大规模清除山艾的行动持续了很多年。对此，一些政府机关表现出了十分积极的态度；工业部门也满怀热情成为其中的一分子并对这个事业的发展表示鼓励。因为这项事业不仅增加了草种的销量，而且为大型的收割、耕作及播种机器提供了很大的市场。最新装备的武器是化学药剂。现在，人们每年都会对几百万英亩的山艾喷洒农药。

这么做的结果是什么呢？清除山艾、种植牧草的效果基本上都可以被预测出来。对于熟悉这片土地特性的人，牧草在山艾之间或生长在山艾下面的情况可能比牧草失去了保持水分的山艾，单独生长的情况更好。

但是，这个计划只是实现了短期的目标，紧密联系在一起的生命之网已经被撕裂了。随着山艾的消失，羚羊和松鸡也将一同绝迹。鹿群将会遭受巨大的损失；野生动植物的毁灭让整片土地变得更加贫瘠。即使是原本计划中将会得到精心饲养的牲畜也将遭难。没有了山艾、灌木以及其他野生植物，羊群仅仅靠着夏天的青草是无法安全度过寒冷的冬季的。

这些只是首要的、明显的影响。其次则是与在自然界中使用的那杆喷洒农药的枪有关：喷洒农药毁掉了许多原定目标之外的植物。法官威廉·道格拉斯在他最近的著作《我的荒野：东至卡塔丁》中提到了怀俄明州的布里杰－提顿国家森林中由美国林务局导致的一个生态破坏的惊人例子。因为牧民们想要更多草地，林务局对一万多亩山艾喷洒了农药。如计划中的一样，山艾统统被杀死了。然而，生长在平原上的弯弯曲曲的小河旁边的绿意盎然的柳树也遭到同样命运。一直生活在这些柳树丛中的麋鹿，就像是那些生活在山艾中的叉角羚羊一样。海狸也生活在那里，它们以柳树为食。它们折断柳枝，在小溪上建造了一个牢固的横跨小河的水堤。通过海狸的不懈努力，一个小湖泊形成了。生活于山溪之间的鳟鱼很少长于六英寸。但是，在这样的湖水中，它们中的许多竟然已长到了5磅重。水鸟也被它吸引到湖边。仅仅因为有柳树和依靠柳树生存下来的海狸，这片地方已经成为一个迷人的以钓鱼和打猎为乐的地区。

但是，因为林务局所制定的改良政策所致，柳树也遭到与山艾相同的命运——被农药不由分说地杀死。1959年——喷洒农药的那一年，道格拉斯法官来这个地区调研时，被面前枯萎垂死的柳树震惊了，这简直就是"巨大的难以置信的创伤。"那么，麋鹿的命运会是怎么样的？海狸以及它所创造的小小世界的命运又将会是怎样呢？一年后，他重新回到这里，想要在这幅残破的景象中寻找原因。麋鹿和海狸都不见了。那个牢固的水闸因为没有了建筑师的维护早就不知道去哪儿了。湖水已经枯竭了，个头稍微大一点儿的鳟鱼一条都没了。这个硕果仅存的小河湾里不适合大鳟鱼生存，因为裸露炎热的土地上已经没有了一丝树荫。这个生命世界已经遭到了破坏。

每年除了四百多万英亩的牧场被喷洒农药之外，其他类型的大片土地被打着清除杂草的旗号直接或间接地施用了化学药物。比如，一片比整个新英格兰地区还大的土地——大约五千万英亩，正处于公用事业公司的管理下。每年，大部分的土地都要按例接受"灌木防治"。在美国西南部，估计有七千五百万英亩的豆科植物的土地需要处理，而其中应用最普遍的方法就是喷洒化学药物。现在，一片具体数目不定、但面积很大的生产木材的土地正遭受来自空中的喷药，这样做的目的就是为了给喷药的松柏树林"清除"杂木。自1949年之后的十年中，农业土地中使用除草剂的面积翻了一番，1959年已达到五千三百万英亩。其中，私人草坪、花园和高尔夫球场的总面积加在一起，必将会是一个天文数字。

化学灭草剂是一种新型工具。它们能够发挥的效用是惊人的，在那些使用者的面前，它们显示出一种令人眼花缭乱的超自然力量。但是，这种长远的不大明显的影响很容易被当作是一种悲观主义者的臆想而被忽视。"农业工程师"兴奋地宣扬着"化学耕种"，认为犁头将会被喷雾器所取代。数以千计的社区的市政官员对那些化学药物销售人员和热情的承包商的话言听计从。他们声称可以有偿清理路边的灌木丛。他们反复强调的卖点就是这种方法的所耗比割草要少。也许，在官方的表格中，它只会以几排数字的面貌出现，然而花费的真正成本将不仅仅是以美元为单位，而是我们不久就会考虑到的许多不可避免的损失。化学药物的批发广告也会产生十分巨大的费用，还有对环境及与环境有关的各种生物所遭受的长久的损失。

例如，游客们对每一个商会重视的产品有着什么样的评价？今天，因为曾经风景秀丽的路边被喷洒的化学药物而毁坏，人们对化学喷剂的抗议声越来越激烈。这种喷药把蕨类植物、野花和浆果生长于其中的灌木丛变成了一片枯萎的灰色荒野。一个新英格兰地区的妇女气愤地向报社投稿说："我们正在把沿着道路两旁的美景变成一种肮脏的、灰色的、了无生气的混乱。但这种状况可不是游客们想看到的，我们为了宣传美景耗资巨大。"

1960年夏天，从许多州来的环保人士聚集在缅因州的一个平静的岛屿，一起见证了国家奥杜邦协会主席米利森特·宾汉的演讲。那天的中心议题是保护自然景观，保护从微生物到人类所组成的错综复杂的生命之网。但是，造访这个岛屿的人们谈论中潜藏着对沿路风景遭到的破坏的愤怒。

以前，沿着在常青的森林中穿过的道路散步，一直是一件十分愉悦的事情。道路两旁是杨梅、香蕨木、赤杨和越橘。现在只剩下一片灰色的荒芜样子。一位环保人士写下了他在八月份游览缅因州岛屿的情景："我回来后，为缅因州道路两旁被毁坏的景观而感到愤怒。前几年，高速公路两旁布满了野花和漂亮的灌木，而现在只有一些死去的植物的残骸……从经济的角度来看，缅因州能够承受失去游客的惨重损失吗？"

以治理路旁灌木丛为名的一项无意识的破坏正在全国范围内进行。缅因州仅仅是其中的一个例子。对于我们这些深爱缅因州美丽景色的人，这无疑是一个非常痛苦的事实。

康涅狄格果树园里的植物学家宣称，对美丽的灌木丛和野花的破坏已达到了"危机"的程度。杜鹃花、月桂树、紫越橘、越橘、荚蒾、山茱萸、杨梅、羊齿植物、低灌木、冬浆果、苦樱桃以及野李子在化学药物的攻击之前凋落。曾给这个地方带来迷人魅力及景色的雏菊、苏珊、安女王花带、秋麒麟草以及秋紫菀也纷纷枯萎了。

农药的喷洒不但没有一个周密的计划，而且还被大肆滥用。在新英格兰南部的一个小镇里，一个承包商完成他的工作后，桶里还剩下了一些农药粉末。他就沿着这片不允许喷洒农药的道路两边使用了化学药物。路边那些美丽的紫菀和秋麒麟草本来是很值得人们来此观赏的，但是，这个小镇早已失去了秋天时蓝色和金色交织的美景。在新英格兰地区的另一个城镇，一个承包商在公路局毫不知情的情况下，擅自更改了喷洒的标准——他喷洒农药的高度达到八英尺，远远超过了四英尺的最高限度，导致留下了一片宽阔残破的样子。在马萨诸塞州的一个小镇，官员们从一个十分热情的化学药品推销人员那里购买了除草剂，却不知道里面竟然含有砷。在道路两边喷洒农药引发的恶果之一就是十二头母牛因砷中毒而死。

1957，沃特福德镇的道路两旁使用了化学除草剂之后，康涅狄格林自然保护园的树木受到了严重伤害。而且，没有直接喷药的大树也受到了影响。虽然正值春天生长的季节，橡树的叶子却开始卷曲并枯萎。然后，新芽开始长出来，并且生长的速度快得异常。树木呈现出了一片凄惨的景象。两个季节以后，树上较大的一些枝干都枯死了，其他树上的叶子都掉光了。整片树林颓败萧索的样子将一直这样下去。我很清楚在道路覆盖的地方，大自然在路边点缀了很多赤杨、荚蒾、羊齿植物和杜松。随着季节的变换，那里有时会盛开鲜艳的花朵，有时挂着一串串宝石似的累累硕果。这条道路没有繁忙的交通压力，也没有可能妨碍司机及时看到急转弯和交叉口的灌木丛。但是自从喷洒化学药物的人控制了这条路之后，人们就再也不愿意在这条路多逗留片刻了。人们心中懊恼着我们的技术怎么制造出了这么个贫瘠、丑陋的世界———幅需要忍耐的景象。但是不知道什么缘故，各处的政府总是迟疑不决。由于某种监管失职，在被严令要喷洒化学药品的地区中意外地留下了一些美丽的绿洲。正是在这些绿洲的映衬下，毁坏严重的道路就更加难以令人容忍。在这里，随处可见的是火焰般的百合花、飘动的白色三叶草和紫野豌豆花。这些景色让我们的精神感到异常振奋。

但在贩卖和使用化学药物的人的眼中，这些植物都是"杂草"。在一个目前已经成为常规机制的野草防治会议的某一期记录中，我看到了一篇关于除草哲学的奇怪言论。那篇文章的作者坚持为杀死有益植物进行辩解，"就是因为它们和不需要的植物长在一起"。那些为路旁野花受到的损害打抱不平的人让我想起了历史上活体解剖论的反对者。他说："如果按照那些活体解剖论的反对者的观点，那么一条流浪狗的生命将比孩子们的生命更加神圣。"

不可否认的是，这篇文章的作者一定怀疑我们中的很多人性格扭曲了。我们不喜欢仿佛被大火烧焦了的路边，灰色的灌木丛，易折、脆弱、曾经高昂着头的花朵枯萎地耷拉下头，而是更喜爱野豌豆、三叶草和百合花。我们真是够懦弱的了，因为我们竟能容忍这样的"杂草"，清除它们也不会令我们感到高兴，也没有对人类又一次征服了这个混乱的自然界感到欢欣鼓舞。

法官道格拉斯谈到他参加的一个联邦专家的会议，他们在会上讨论了本章之前提到的居民们反对给山艾喷洒农药的计划。参加会议的这些人认为一位老太太因毁坏野花而反对这个计划是件极其可笑的事情。这位文雅且有洞察力的法官问道："难道她不应该有像牧人寻找一片草地，或者伐木者寻求一棵树一样，拥有寻找一株萼草或虎百合的权利吗？对于我们而言，旷野的美学价值就像我们山中的铜矿、金矿以及山上的森林一样多。"

当然，很多东西已经远远超出了审美的范畴，保护路边的植物还有其他更多的意义。在大自然的建构中，自然植物发挥了非常重要的作用。乡村公路旁边的树篱和绿化带为多种鸟类提供了食物、隐蔽和筑巢的地方，同时也为许多小动物提供了生存之地。仅仅在美国东部的许多地区，就存活着 70 多种典型的灌木和有蔓植物，其中有 65 种是野生生物的重要食物。

这样的植物也是很多野蜂和其他授粉昆虫的栖息地。人类往往不清楚自己有多么的需要这些天然授粉者。就连农民也对这些野蜂的价值一无所知。他们还常常采取各种消灭野蜂的措施。一些农作物和许多野生植物都是部分或完全依赖于天然授粉昆虫的帮助。有几百种野蜂为农作物授粉——光为紫苜蓿花服务的野蜂就有一百余种。假如没有昆虫授粉，在那些尚未耕耘的土地上，绝大部分具有保持土壤并使其肥沃的植物都注定要灭亡，从而对整个地区的生态产生深远的影响。森林和牧场中的许多野草、灌木和树木都要依靠昆虫进行繁殖。假若没有这些植物，许多野生动物和牧场牲畜就将没有什么东西可吃了。现在，清理的耕作方法和化学药物毁灭树篱和野草就是彻底摧毁这些授粉昆虫最后的避难所，并割断了联结生命的链条。

据我们所知，这些昆虫对我们的农业和田野至关重要，它们需要我们的保护，而不是对它们的栖息地的随意破坏。蜜蜂和野蜂主要依靠像秋麒麟草、芥菜和蒲公英这样的"野草"来获取花粉并作为其幼虫的食料。在紫苜蓿开花之前，野豌豆花为蜜蜂提供了十分必要的春季饲料，帮助它们顺利度过春荒，从而为紫苜蓿花授粉做好准备。秋天，它们除了依靠储藏起来的秋麒麟草过冬，再没有其他的食物了。因为大自然具备的精确而巧妙的时间控制能力，野蜂会在柳树开花的那一天准时到来。明白这个道理的人并不少，但是这些人并不是那些用化学药水大规模地浸透了整个大地的人。

然而，那些被认为应该懂得保护野生生物栖息地的价值所在的人现在又在哪里呢？他们中间有很多人都为除草剂辩护，说它们的毒性比杀虫剂要小一些，因此对野生生物是无害的。

这就是说无害即可用。但是，当除草剂随着雨水落在森林、田野、沼泽和牧场的时候，它们给野生动物的栖息地带来了十分明显的变化，甚至是永久性的破坏。从长远来看，破坏了野生生物的栖息地和食物——也许比直接杀死它们更加糟糕。对道路两旁及公路的大规模化学袭击有着双重的讽刺。已经有经验清楚地表明，这种措施使得原本计划要解决的问题仍然存在着。全面使用除草剂并不能持久地控制路旁的灌木丛，而且需要年复一年地不断喷洒农药。更有讽刺意味的是：我们本来完全可以采取更加妥善的方式，此方法能够长期控制植物生长，而不不需要在大多数植物中反复喷洒，但是我们仍然固执己见。

防控道路以及路边的灌木丛的目的，并不是要清除掉除了青草以外的所有东西，而是要清除那些高大的植物，免得其阻挡驾驶员的视线或干扰公路电缆。通常来说，这些高大的植物指的就是树。大多数低矮的灌木植物并没有危险，当然，蕨类植物与野花自然也是这样。

弗兰克·艾格勒博士在美国自然历史博物馆任公路灌木丛防治建议委员会主任时，提出了选择性喷药。这种方法建立在以下这个基本的事实上，即大多数灌木植物能够坚决抵抗住乔木的侵入。选择性喷药利用的就是这种自然界内在的稳定性。相比较而言，草地更容易受到树苗的入侵。选择性喷洒的目的不是为在道路两旁和公路种植青草，而是通过直接清除那些高大植物，进而保留其他植物。这种方式基本一次就够了，但对于那些抵抗药性很强的植物，还需要再多进行几次。就这样，灌木一直维持着这种状况，树木也不会复生。因此，在植物防治方面最好、性价比最高的方法不是使用化学药物，而是依靠其他植物。

这个方法已经在美国东部的一些地区进行了试验。结果表明如果情况得到了妥善的处理,一个区域的植物就会保持稳定,至少20年内无须再喷洒药物。通常,这种由人们背着喷雾器步行完成的喷洒行为,有利于对喷雾器进行严格的控制。有时候压缩泵和喷药器械也会架在卡车的底盘上,但是绝不会进行地毯式的喷洒,而仅仅是直接处理树木,还有那些必须清除的非常高的灌木。如此一来,就保护了整个环境的完整性。野生生物栖息的巨大价值也就得到了完整的保护。灌木丛、蕨木和野花组成的美丽景色也没有受到损害。

在很多地方,选择性喷药来处理植物的方法都得到了通过。总的来说,这些习惯已经根深蒂固,很难消除,又恢复了那种地毯式的喷洒。这种方式每年都会让纳税人付出沉重的经济代价,并对生命系统造成巨大的损害。可以肯定的是,地毯式喷洒之所以得到恢复仅仅是因为很少有人了解真正的事实。如果纳税人认识到为城镇道路喷药消耗的金钱应该是一代人付出一次,而不是一年一次的时候,纳税人肯定会抗议,要求改变方法。

选择性喷洒有很多优点,其中一点就是它可以把施用在某个地区土壤中的化学药物总量减到最低。不需要毫无节制地滥用药物,而是有的放矢地针对树木。这样,对野生生物的潜在危害也就降到了最低限度。

应用最普遍的除草剂是 2,4-D、2,4,5-T 以及有关的化合物。这些除草剂是否真的含有有毒物质,目前尚有争议。在私人草坪上喷洒 2,4-D 时,直接接触药物的人,有时会患严重的急性神经炎,甚至全身麻痹。虽然这样的案例不多,但是已经有医学权威发出警告,在使用这些化合物时要谨慎。使用 2,4-D 的过程中还会存在一些潜藏的危险。实验证明它们破坏细胞内呼吸的基本生理过程,并能够像 X 射线一样破坏染色体。最近的一些研究显示,即使是远远低于那些致死的剂量,

2,4-D 和除草剂仍会对鸟类的繁殖产生不良的影响。

除了直接的毒性作用之外，使用除草剂还会伴随出现一些奇怪的间接后果。不论是野生食草动物还是牲畜，人们已经发现了有一些动物有时会被一种曾被喷洒过药物的植物所吸引，尽管这种植物并不是它们天然的食物。如果一直使用一种像砷那样的强毒性灭草剂，这种植物对动物的强烈吸引力将会造成难以估量的严重后果。如果正巧某些植物本身就有毒或者长有荆棘和芒刺，那么只是一些毒性较小的除草剂也会引起致命的结果。例如：牧场上有毒的野草在喷洒农药后突然变得对牲畜有吸引力了，牲畜就因这种异常的"欲壑难填"而丧命。兽医药物文献中记载了很多这样的例子：猪吃了喷过药的苍耳子，羊吃了喷过药的蓟草都会患上严重的疾病。开花时，蜜蜂在喷过药的芥菜上采蜜就会中毒。野生樱桃的叶子本身就含有很强的毒性。一旦被 2,4-D 喷洒后，野樱桃就会对牛产生致命的诱惑。很明显，喷过药后（或割下来后）枯萎的植物更具有吸引力。狗舌草的例子更为不同。除非在深冬和早春极度缺乏其他饲料的时候，牲畜才会不得不去吃这种草。但是，在被 2,4-D 喷洒后的狗舌草，动物会对其食欲大开。

这种奇怪现象的出现，是因为化学药物改变了植物本身的新陈代谢。内部糖含量短时间的明显增加，使得这种植物对动物具有更大的吸引力。

2,4-D 另外一个奇怪的作用对牲畜、野生生物以及人类都具有极为重要的影响。大约十年前的实验表明，经过这种化学药物的处理后，玉米和甜菜的硝酸盐含量会骤然增高。高粱、向日葵、紫露草、羊腿草、藜以及荨麻都可能有同样的效果。其中有很多是牛本不愿吃的，但是经过 2,4-D 处理后，牛的胃口却出奇得好。根据农业专家的意见，很多家畜的死亡与喷过药的野草有关。硝酸盐的增长会因为反刍动物所特有的生理机能，立刻会变成一个极大的威胁。大多数这样的动物都具有十分复杂的消化系统——它们的胃分为四个腔室。纤维素的消化是在其中的一个腔室中的微生物（瘤胃细菌）的作用下完成的。如果动物吃了硝酸盐含量异常高的植物后，瘤胃内的微生物会把硝酸盐变成毒性极强的亚硝酸盐。由此，组成死亡链条的一系列事件相继发生了：亚硝酸盐作用于血液色素，产生了一种巧克力色的物质。氧气被禁锢于该种物质中，无法参与呼吸过程，因此，氧气无法通过肺传送到各个机体组织中。因为氧气不足，死亡会在几小时内发生。对于很多牲畜吃了2.4-D处理过的草而丧命的各种各样的报告终于有了合乎逻辑的解释。反刍类的野生动物面临着同样的危险，比如：鹿、羚羊、绵羊和山羊。

虽然存在各种因素（如：异常干燥的气候）导致了硝酸盐含量的上升，但是对2.4-D销量暴增与广泛应用的作用再也不能被忽视了。这种状况曾引起威斯康星州大学农业实验站的重视，他们在1957年提出了警告：被2.4-D杀死的植物中可能含有大量的硝酸盐。人类和动物面临着相同的危险。这一危险有助于解释最近不断发生的"粮仓死亡"的神秘现象。当含有大量硝酸盐的玉米、燕麦或高粱入库后，它们释放出有毒的氧化氮气体，对进入粮仓的任何人都会产生致命的危险。只需要吸几口这样的气体就会引发一种化学肺炎。在由明尼苏达大学医学院研究的一系列类似病例中，除一人外，全部死亡。

一位对这一切了如指掌的荷兰科学家C. J. 布列吉总结了我们对除草剂的使用："我们在大自然里行走，就同大象在摆满瓷器的小房子里散步一样。"他还说："我的意见是，我们对很多事情的态度都太理所当然了。而我们并不知道长在田地中的那些草是否全部都有害，更不知道其中是否还有一部分是有益的。"

野草和土壤之间的关系究竟如何？很少有人会问这个问题。纵使从人类自己的切身利益考虑，它们的关系也是有价值的。正如我们看到的，土壤与生活在土壤中与地面上的生物之间存在着一种彼此依赖、互惠互利的关系。野草从土壤中获取一些东西，它也可能对土壤有一定的好处。

最近，荷兰一座城市的公园就提供了一个很好的例证。那里的玫瑰花生长的状况并不好。土壤样品显示出存在严重的线虫入侵。荷兰植物保护局的科学家并没有建议使用化学喷药或土壤处理；而是建议在玫瑰花中间种植金盏花。毫无疑问，那些顽固的人肯定把它看作玫瑰花中的一种野草。实际上，金盏花的根部可以分泌出一种可以杀死线虫的物质。这一建议得到了通过。人们在一些花坛上种植了金盏花，另外一些花坛则没有种植金盏花。经过对比，结果很明显。在金盏花的帮助下，玫瑰长势繁盛。但是，在没有种金盏花的花坛上，玫瑰花却呈现出了一副病态。现在，许多地方都在用金盏花来消灭线虫。

也许还有很多我们并不了解的植物正对土壤发挥着有益的作用，可是我们过去却无情地将它们根除。现在，通常污名化为"野草"的自然植物群落的一种重要作用可以对土壤状况进行指示。但是，这种有益的作用在长期使用化学除草剂的地方已经消失了。

那些希望用喷药来解决问题的人们忽略了一个具有重要科学意义的事实——我们需要保护一些自然植物群落。我们需要这些植物作为人类活动变化的衡量标准。同时，我们也需要这些植物群落作为各种昆虫与其他有机物的自然栖息地。这些情况将在第十六章中叙述到。对杀虫剂日渐增长的耐药性正在改变着昆虫和其他生物的遗传因素。一位科学家甚至建议：在昆虫的基因组合被进一步改变之前，应当建立一种特殊的"动物园"，以保护昆虫、螨类及同类的生物。

一些专家已经提出了警告说，除草剂不断增长的使用量，将会引起植物发生难以捉摸的变化。化学药物2.4-D可以杀死阔叶植物，使得草类在毫无竞争的环境中长势繁盛。现在，其中的一些草又变成了"杂草"，成为新的防治问题。一个向另外方向转化的循环由此诞生了。这种奇怪的情况已经在最近一期的关于农作物问题的杂志上得到了证实："因为大规模使用2.4-D清除阔叶杂草，导致野草生长的速度过快，成为对玉米与大豆的一种威胁。"

花粉病患者的病原——豚草的防治表明，有时人们控制自然的努力像澳洲土著扔出的"飞去来器"，最终还是会飞回原地。道路两旁已经排出了数万加仑的化学药物以防治豚草。但不幸的是，地毯式喷洒的结果却让豚草的数量反而大大增加。豚草是一年生植物，它的幼苗生长需要开阔的土地。因此，我们治理这种植物最好的办法是维持茂密的灌木、蕨类植物和其他多年生植物的生长。反复喷洒化学药品会消灭这种保护性植物，并为豚草的生长创造一个开阔、荒芜的区域。此外，空气中的花粉含量可能与路边的豚草无关，而可能与城市地块和休耕地上的豚草有关。

另一个例子是尽管清理马唐草的化学药品的使用不合理，但还是销量很好。与每年都会使用化学药物相比，有一种性价比更高、效果更好的除去马唐草的方法，即让它与其他的牧草竞争。但是这种竞争使马唐草只能生长在状况不佳的草坪上。这是它的特性，而不是其本身的疾病。提供一块肥沃土壤，使我们需要的草类很好地生长起来，这会创造一个不适合马唐草生长的环境，因为只有在开阔的空间，它的种子才会发芽。

　　花场的工作人员采纳了化学药品生产商的意见，而郊区居民又听了花场的工作人员的意见，因此，他们每年都会在草坪上使用大量的除草剂。从这些除草剂的名字上根本看不出它们的特征，但是，很多化学药品中含有很多像汞、砷和氯丹这样的有毒物质。根据商品上的使用说明建议，人们让这类化学药物大量地渗入草坪中。如果按照药品的使用指南，一个用户会在一英亩地中使用60磅氯丹产品。如果他使用另外一种产品，那么他们就将在一英亩地中使用175磅的砷。我们将在第八章看到，鸟类死亡的数量令人震惊。这些草坪对人类的毒害究竟怎样还是不得而知。

　　通过实验，我们发现为道旁和公路的植物施行选择性喷药的成功提供了希望，即可以用正确的生态方法应用在对农场、森林和牧场的植物的防治上。这种方法的目的并不是为了消灭某个特定种类的植物，而是要把植被当成一个活的社群来管理。

　　这种方法实际取得的一些成绩证明了什么事情是我们可以做得到的。在防治那些我们不需要的植物方面，生物控制的方法所取得的成绩是令人惊艳的。大自然本身已遇到了一些正使我们感到困扰的问题，但它通常可以通过自己的办法成功解决这些问题。如果一个人有足够的知识去观察自然和模仿自然，他经常会获得成功。

　　在加利福尼亚州对克拉玛斯草的防治是一个处理多余植物的成功案例。克拉玛斯草，又被称为山羊草，最早生长于欧洲（在那里被叫作"圣约翰草"）。它跟着西行的迁移者，于1793年首先出现在美国宾夕法尼亚州兰开斯特市附近的地区。到1900年，克拉玛斯草扩展到了加利福尼亚州的克拉玛斯河附近，也用这个地方的名字作为自己的名字。1929年，它占据了几乎十万英亩的牧地。1952年，它侵占的牧地约250万英亩。克拉玛斯草与山艾那样的当地植物不同，它在原本的生态体系中没有自己的位置，也没有动植物需要它。相反，克拉玛斯草在哪里出现，哪里的牲畜吃了这种有毒的草就会变成"满身疥癣，口腔溃疡，死气沉沉"的样子。土地的价值也就因此大为降低，因为克拉玛斯草被认为是折价的。

在欧洲，克拉玛斯草——圣约翰草，从来都不是什么问题，因为与它同时出现了很多种昆虫。这些昆虫的主要食物是克拉玛斯草，从而导致这种草的生长规模受到了限制。尤其是在法国南部的两种甲虫，体型如同豌豆，外壳闪着金属光泽，它们已经对这种草十分适应了，可以完全靠这种草为食物，并进行繁殖。

1944年，这种甲虫第一次被运载到美国算是一次具有历史意义的事件，因为这是北美首次尝试使用草食性昆虫来控制某种植物。1948年，这两种甲虫都已经得到了很好的繁殖，不需要再继续进口了。通过把甲虫从原来的繁殖地收集起来，再把它们以每年百万的数量撒出去。在一些很小的地区内，甲虫会进行自主地扩散。只要克拉玛斯草一枯萎，甲虫就会马上开始转移，并非常准确地到达新营地。当克拉玛斯草被甲虫大量消耗之后，那些人们所需要的牧场植物的生长就会重新繁盛起来。

1959年完成的一项10年的调查显示，对克拉玛斯草的防治让其"取得了比那些热情高涨者的预期还要更好的效果"，它们的数量已经减少到了原本的百分之一。这种甲虫的大量繁殖是不会产生危害的。实际上，人们需要将甲虫的数量维持在一定的数量上，对付克拉玛斯草的反复增长。

另外一个成功而经济的防治野草的例子发生在澳大利亚。当时的殖民者经常会习惯性地将一些动植物带到一个新国家。大概在1787年,一个名叫亚瑟·菲利浦的船长将多种仙人掌带到了澳大利亚,试图培育它们用作染料的胭脂虫。但是,一些仙人掌从他的果园中逃了出来,直到1925年,人们发现了近20种野生仙人掌。由于在新的区域内,没有任何控制这些植物的天然因素,它们得以快速地进行扩张,最终占据了六千万英亩左右的土地。这块土地至少有一半都被仙人掌覆盖住了,再没什么用处。

1920年,一些澳大利亚昆虫学家前往北美和南美,研究这些仙人掌原本产地的昆虫天敌。经过对几种昆虫进行多次的试用后,他们把一种阿根廷的飞蛾带回了澳大利亚。1930年,这些飞蛾在澳大利亚产了30亿颗卵。7年以后,最后一批被仙人掌覆盖的地区也被清理干净了。原本不适合人类居住的地区又可以居住和放牧了。整个计划所消耗的成本是每亩不到一个便士。相反,最初采用的那些无法令人满意的化学控制办法在每英亩地上的成本为10英磅。

这两个例子都证明为了对不需要的植物进行有效控制,应该密切研究食草性的昆虫的作用。虽然这些昆虫可能是所有食草动物中最为挑剔的。它们高度专一的饮食习惯很容易为人类做贡献;可是牧场管理科学却一直没有对这种可能性给予应有的重视。

第七章 不必要的大破坏

当人类向征服大自然的目标继续前进时,他们已经写下了一部令人痛心的自然毁灭史。这种破坏不仅仅给人们居住的地球造成了直接的危险,而且也威胁了与人类共享大自然的其他生物。最近的几个世纪就是人类历史中黑暗的一章:在西部平原对野牛的屠杀,猎人对海鸟的猎杀,为了得到白鹭羽毛几乎灭绝了白鹭。现在,我们正在为这黑暗的篇章书写着崭新的内容。一场全新的大破坏正在上演:在土地上肆无忌惮地使用化学杀虫剂,直接对鸟类、哺乳动物、鱼类以及所有类型的野生动物造成伤害。

按照当前对我们命运起着指导作用的哲学来看,仿佛一切都不能阻止人们使用喷雾器。在人们喷洒化学药物的战争中被连累的被害者根本不值一提;如果知更鸟、野鸡、浣熊、猫或者牲畜正好与计划被消灭的昆虫处于同一地点,就会被杀虫剂杀死,人们不应该为此提出抗议。

现在,那些希望对野生动植物受到危害的问题做出一个公正判断的居民们正陷入一种左右为难的境地。主要有两种声音,一个是以环保人士和许多研究野生物的生物学家为代表的声音,他们坚持认为喷洒杀虫剂所造成的损失一直都很严重,有时甚至会带来很大的灾难。另一个以防治害虫机关为代表的声音则企图断然否认杀虫剂会造成损失,或者认为即使出现一些损害也没有什么。那么,我们应该接受哪种观点呢?

目击者的说法就显得无比重要了。因此,身处现场的野生动物学家是最有资格发现和解释野生动物受到危害的人了。然而,专门的昆虫学家从心理上却不希望看到他们提出的控制计划所导致的有害一面。在州和联邦政府中的控制人员,当然还有那些化学药物的制造商——他们都坚决否认生物学家报告中提到的危害,只是宣称对野生动物的伤害是非常轻微的。就像圣经故事中的牧师和利未人一样,他们选择了老死不相往来。即使我们愿意把他们的这种否认当成专家与利益相关者目光短浅来考虑,但这并不意味着我们承认他们有明确的证据。

自己做出判断的最好方法就是查阅一些主要的控制计划,并向那些熟悉野生动物生活方式以及能够客观看待使用化学药物的人请教,当有毒物质如雨水一般从空中进入野生动物的世界后的后果究竟是什么。

对于玩赏鸟儿的人,对那些为自己花园的鸟儿感到高兴的郊区居民、猎人、渔夫以及荒野探险者来说,任何会破坏一个地区的野生动物的因素都一定会剥夺他们享受欢乐的合法权利,哪怕时间是短短的一年。这个观点令人信服。有时,虽然一些鸟类、哺乳动物和鱼类在一次喷药之后仍然能重新恢复,但已经造成了真正严重而真实的危害。

不过,这样的重新恢复其实十分困难。喷药通常都不会只进行一次。在这种活动中,野生动物即使只接触了一次,也很难得到恢复的机会。喷药的结果就是创造了一个有毒的环境,一个致死的陷阱。不仅仅原来的动物会在这个陷阱中死去,那些新迁徙进来的动物也会遭到同样的命运。喷洒的面积越大，造成的危害就越严重。因为安全的绿洲已经不存在了。现在，在纳入昆虫防治计划的 10 年中，有几千英亩甚至几百万英亩土地被喷洒了药物。在这 10 年中，私人及社区喷洒化学药物越来越频繁。记录美国野生动物遭到危害和死亡的文件早已累积成堆。让我们来了解一下这些计划，并看看发生了些什么情况吧。

1959 年的秋天，密歇根州南部，人们从高空对包括底特律郊区的两万七千多英亩的土地喷洒了大剂量的艾氏剂。它是最危险的氯化烃。这个计划由密歇根州农业部和美国国家农业部联合进行，控制日本甲虫是他们对外公布的目的。

并没有证据显示出采取如此激烈危险的行动的必要。相反，美国最著名的、最有学识的博物学家沃特·尼克尔发表了不同的意见。每年夏天，他都会在密歇根州南部待很长的时间，其中有很多时间都会在田野里度过。他宣布："30 多年来，根据我自己的直接经验看，日本甲虫在底特律城的数量并不多。在过去的几年中，甲虫的数量并未表现出什么明显的增加。1959 年，除了在政府设置在底特律的粘虫卡片上的几只日本甲虫之外，我在自然环境中仅看到了一只……所有事情都是这样秘密进行的，我没有得到任何关于昆虫数目增加的情报。"

州政府的官方消息宣布，在原先计划进行空中袭击的指定区域已经"出现"了这种甲虫。尽管找不到什么说得过去的理由，但因为密歇根州愿意提供人力并对执行情况进行监督，联邦政府愿意提供设备和候补人员，乡镇愿意出钱购买杀虫剂，这个计划还是开始了。

日本甲虫是一种意外来到美国的昆虫。1916 年，它们首先在新泽西州被发现。当时在里夫顿市附近的一个苗圃中发现了外壳闪着金属绿色的甲虫。一开始，这些甲虫没有被辨认出来，后来才确认它们来自日本主岛。很明显，这些甲虫是在 1912 年限制规定宣布之前，随着苗木进口被带到美国的。

进入美国后，日本甲虫从最初在密西西比河东部地区的许多州扩散开来。这些地方的温度和降雨量都十分符合甲虫的生活条件。每年，往外扩张的甲虫都会越过原先分布的边界；人们在甲虫生存时间最长的东部地区，一直努力尝试着自然控制。正如许多证据表明的那样，凡是采取了自然防治的地方，甲虫的数量都被控制在一个较低的数值。

尽管东部地区有合理防治甲虫的经验，但面对甲虫扩张的中西部各州却发动了一场猛烈的攻势，足够消灭最致命的敌人，而不仅仅是普通的害虫。为了消灭甲虫，他们使用了最危险的化学药物，但却使大量的人、家畜以及所有野生物都受到了毒害。最终，这些消灭日本甲虫的计划导致了大量动物死亡，并且使人类陷入了无法否认的危险。在控制甲虫的名义下，密歇根州、肯塔基州、艾奥瓦州、印第安纳州、伊利诺伊州以及密苏里州的许多地区都处于化学药物的污染中。

密歇根州的喷洒行动是第一次以日本甲虫为目标发起的大规模空袭。选用艾氏剂——所有化学药物中毒性最强的一种，并不是因为它特别适用于防治日本甲虫，而仅仅是为了省钱——艾氏剂是当时使用的化合物中最便宜的一种。尽管，州政府在向媒体传出的官方消息中承认艾氏剂是一种"毒物"，但他们同时又暗示在人口稠密的地区使用艾氏剂不会带来什么危害。(对于"我应该采取什么样的预防措施？"的疑问，官方回答是："没有什么关系。")联邦航空局的一位官员向公众保证："这次的行动是安全的。"一名底特律公园及娱乐部门的代表进一步保证说："对于人来说，喷洒药物是无害的，也不会伤害植物和宠物。"据此，人们可以想象到，没有一个政府人员查阅过美国公共卫生署、鱼类及野生动物管理局发布的报告，也没有查阅关于艾氏剂剧毒性的资料。

密歇根州害虫防治法允许本州可以在无须通知个人或取得土地所有者的同意的情况下进行喷药。低空飞机飞到底特律区域开始喷洒。居民们担忧的呼声立刻包围了市政府和联邦航空局。据底特律的新闻报道，因为在一个小时内就收到了近800个质疑电话，警察请求广播电台、电视台和报纸"告诉市民：他们看到的是怎么回事，并称他们这项行动是安全的。"联邦航空局的安全官员向公众保证："这些飞机都经过了非常仔细的检查"，并且"已经被允许进行低空飞行"。这个安全官员为了缓解公众的恐慌情绪，又做了一次错误的尝试。他解释说：这些飞机安装了紧急阀门，它们可以使飞机立刻倾倒出全部药品。幸好这样的事情没有发生。但是，当这些飞机喷洒药物的时候，杀虫剂的颗粒不加区分地落在了甲虫和人的身上，"无害的"毒粉如雨水般落到正在购物或上班的人身上，落在那些从学校回家吃午饭的孩子的身上。家庭主妇们忙着将被称为"看上去像雪一样"的小颗粒从门廊和人行道上清扫出去。正如事后密歇根州奥杜邦学会所指出的："艾氏剂和黏土混合的白色颗粒——比一个针尖大不了多少，落入了屋顶的天花板空隙里、房沿的水槽中、树皮和小树枝的裂缝中……一旦下雪或下雨，每个水坑都成为可以致命的药水。"

在喷药运动进行的几天后，底特律奥杜邦学会就接到了很多关于鸟类的呼吁。据奥杜邦学会的秘书长安妮·博伊斯夫人所说："我在星期天早上接到一个妇女的电话，她说当自己从教堂回家时，一路上看到了许多已经死亡的和奄奄一息的鸟儿。这正是人们开始忧虑喷洒行动的表现。喷洒药品的行动是在周三完成的。她说，当地根本看不到飞鸟的踪迹了，还在她家后院发现了十几只死鸟，她的邻居们也发现了田鼠的尸体。"那天博伊斯夫人收到的所有电话都在说:"大量的鸟类死亡,根本看不到活着的鸟儿……家里有专门喂鸟的器皿的人说,根本没有鸟儿可养了。"那些奄奄一息的鸟儿显然是杀虫剂典型的中毒症状:战栗,失去了飞行能力,瘫痪,抽搐。

鸟类并不是唯一遭受直接影响的动物。当地的一个兽医报告说,他的办公室里挤满了各种带着突然病倒的小狗和小猫的求医者。因为,猫会仔细地整理自己的皮毛和舔舐自己的爪子,所以它们受到的伤害也是最大的。它们表现出的病症是严重的腹泻、呕吐和抽搐。兽医面对这些人,所能提出的唯一意见就是:如果没有必要,就不要让宠物出去了,假若出去了,要立刻把它的爪子清洗干净。但是水果和蔬菜上的氯化烃都洗不掉了,所以这种措施根本提供不了什么保护。

尽管城镇的卫生委员坚持认为,这些鸟儿是被"某种喷洒药物"杀害的,尽管他们坚持认为使用艾氏剂引起的喉咙发炎和胸部刺激也一定是"其他原因"导致的,但投诉仍然像雪片般向当地卫生部门飞来。底特律一位著名的内科医生在一小时内被请去为四位病人看病,他们都是在观看飞机洒药时接触了有毒物质。所有的病人都有着同样的症状:恶心、呕吐、发冷、发烧、极度疲惫和咳嗽。

其他城镇反复应用这种底特律经验,正是因为很多人呼吁用化学药物来消灭日本甲虫。人们在伊利诺伊州的蓝岛捡到了成百上千的鸟类尸体以及垂死的鸟。从制作鸟类标本的人那里收集的数据证明,这里面百分之八十的鸣禽已经死亡。1959年,使用七氯对伊利诺伊州朱丽叶市三千英亩左右的土地进行了处理。根据一个当地的猎人俱乐部的报告,凡在喷洒过药物的地方的鸟儿"几乎全部被消灭了"。同时被消灭的还有大量的兔子、麝香鼠、袋鼠和鱼。当地一个学校甚至将收集被杀虫剂毒死的鸟儿作为一项科研活动。

为了造就一个没有甲虫的世界，可能再没有任何地方比伊利诺伊州东部的谢尔顿市和易洛魁地区的遭遇更惨了。1954年，美国农业部和伊利诺伊州农业部沿着日本甲虫入侵的路线，开展了大规模的清除运动。他们希望并保证通过高密度的药物喷洒消灭所有入侵的甲虫。第一次清除活动就发生在了那一年。狄氏剂从空中被喷洒到一千四百英亩的土地上。同样在1955年，另外的两千六百英亩土地也以同样的方法处理过。这一问题本以为得到了圆满的解决。然后，越来越多的地方请求使用化学处理，到1961年底已经有十三万一千英亩的土地被喷洒了化学药物。即使在执行喷药计划的第一年，就已经有野生动物及家禽遭到了十分严重的毒害。但是，在没有同美国鱼类及野生动物管理局商量，也未同伊利诺伊州狩猎管理部门商量的情况下，化学处理仍然在执行。（然而，在1960年春天，农业部的官员们在一次国会委员会对一项需要事前商议的议案表示反对。他们委婉地宣布，这项议案没有任何的必要，因为合作与商议是"经常的"。这些官员根本不知道在"华盛顿等级"上的合作是否发生过。在当天的听证会上，他们清楚地表示不愿与州立渔猎部门进行协商。）

虽然，用于化学控制的资金源源不断，但是那些希望调查化学防治对野生动物所带来危害的伊利诺伊州自然历史调查所的生物学家们都被迫在身无分文的情况下开始工作。1954年，他们雇用野外助手的资金只有1100美元，而在1955年，甚至没有这方面的专款。尽管有很大的困难，生物学家们还是收集了很多事实，得以描画出了一幅野生动物遭受毁坏的完整图景。计划开始实施的时候，这种毁灭就变得明显起来。

吃昆虫的鸟类的中毒情况不仅取决于所使用的毒药，还与使用毒药的方式有关。在谢尔顿市的早期计划中,狄氏剂的使用比例是每英亩3磅。人们通过在实验室里对鹌鹑所做的实验,证明了狄氏剂的毒性为DDT的50倍。因此,在谢尔顿地区每英亩的土地上所喷洒的狄氏剂大约相当于150磅的DDT。而且这仅仅是一个最小值,因为在沿着农田的边沿和角落都会重复喷洒化学药物。

当化学药物渗入土壤后,中毒甲虫的幼虫爬到了地面上,生存一段时间后就死去了。它们对于鸟儿有着极大的诱惑。在喷洒药物后的两周内,出现了大量死亡和奄奄一息的昆虫。这让人很容易联想到鸟类所受到的影响。褐色长尾莺、燕八哥、野云雀、白头翁和野雉基本都被清除干净了。根据生物学家的报告,知更鸟已经"几乎绝灭了"。一场细雨过后,蚯蚓的尸体随处可见,可能知更鸟就吃了这些有毒的蚯蚓。其他的鸟类也遭受了相同的命运,有毒物质的邪恶力量把曾经是有益的雨水变成了一种致命的药剂。在喷药几天后,在雨水坑里喝过水和洗过澡的鸟儿都死去了,无一幸免。幸存的鸟儿都失去了繁殖能力。虽然在用药物处理过的地方仍然发现了一些鸟窝,几个鸟蛋,但蛋里面连一只小鸟都没有。

在哺乳动物中,松鼠其实已经灭绝了。人们发现它们的尸体是一副中毒暴毙的样子。在喷洒过药物的地方发现了麝香鼠的尸体,在田野里发现了兔子的尸体。在这个地方,曾经常常出现黑狐鼠的身影,但在喷洒药物后,它们再也不见了。

对甲虫发动战争以后,谢尔顿地区的全部农场中如果能有一只猫存活下来,真是上帝的恩赐。在喷洒药物后的一个季度里,农场里百分之九十的猫都变成了狄氏剂的受害者。因为这些毒物在其他地方已经有了十分悲惨的记载,所以这样的悲剧是可以预见的。猫对于所有的杀虫剂都非常敏感，尤其是狄氏剂。在爪哇西部，由世界卫生组织开展的抗疟行动中，又传出了许多猫死亡的消息。在爪哇的中部，有很多猫被杀死，以致一只猫的价格相当于原来的两倍。同样，在委内瑞拉世界卫生组织进行的喷药计划中，也有报告称那里的猫已经成为一种稀有动物。

在谢尔顿地区，清除昆虫运动的受害者不仅是野生动物，还包括了家禽。对于一些牛羊所做的观察表明它们已经中毒和死亡。自然历史调查所的报告对其中一件事实进行了描述：羊群横穿过一条砂砾路，从一片5月6日被洒过狄氏剂的田野被赶到另一片没有处理过的小牧场。很显然，一些药粉已经穿越了道路飘到了这片牧场。因为羊群几乎立刻就表现出了中毒的症状……它们没有食欲，显得烦躁不安。它们围绕着篱笆转来转去，想要找一个出口……它们不愿意被驱赶，低着头，不停地叫着。最终，它们还是被带出了牧场……羊群渴望喝水。在穿过牧场的小溪中发现了两只羊的尸体，留下的羊被多次从那条水溪赶走，有几只羊甚至是被从水里生拉硬拽拉出来的。最终，有三只羊死了，留下来的羊慢慢地恢复了过来。

这就是1955年年底的状况。尽管这场化学战争又进行了好几年，但是研究工作的经费已经彻底耗尽了。在一笔年度预算里，自然历史调查所向伊利诺伊州立法机关提交了野生动物与昆虫杀虫剂的研究经费申请，但是这笔预算申请被早早地排除了。直到1960年，一个野外助手才拿到了自己的工资，而他的工作量相当于四个人的。

1955年，当生物学家重新开始中断的研究时，野生动物遭受毁灭的荒芜画面几乎没有丝毫改变。这时使用的化学药物变成了毒性更强的艾氏剂，鹌鹑实验表明，艾氏剂的毒性是DDT的100到300倍。到1960年，这个区域中的全部野生哺乳动物均遭受了巨大的损失。鸟儿的情况更加糟糕。在唐纳文小镇里,知更鸟已经灭绝了,白头翁、燕八哥、长尾莺也遭遇相同的命运。在其他地方,这些鸟和其他许多鸟的数量骤减。打野鸡的猎人强烈地感到了清除甲虫运动的后果。在使用药粉处理过的土地上,鸟窝的数目减少了几乎一半,孵出的小鸟数量也大量减少。前几年,这些地方是打野鸡的好地方,现在因为一只野鸡也找不到了。

尽管以扑灭日本甲虫为借口,在易洛魁县八年多时间内对十万多英亩土地使用了化学药物,其结果看来只是暂时延缓了这种昆虫的传播。日本甲虫仍然在向西移动。可是这个没有效果的计划所耗费的金钱总数是永远也无法估量的。伊利诺伊州的生物学家所测定的结果仅是一个最小值。假若给研究计划进行全面深入的调查提供充足的研究经费,那么所揭露出来的真相就会更加骇人听闻。但是,在计划执行的八年时间中,生物学野外研究所获得的资金仅仅只有 6000 美元。联邦政府在控制工作花费了差不多 735000 美元。州政府也提供了几千美元。因此,研究费用只不过是化学喷洒计划费用的百分之一。

中西部的防治计划一直笼罩在恐慌的情绪中,就好像甲虫的蔓延引发了一种极端危险。为了对付它们,甚至可以不择手段。这当然违反了实际情况。如果这些忍受着化学药物危害的村镇对日本甲虫在美国的早期历史多了解的话,他们肯定不会对这种行为保持默许的态度。

东部各州的运气很好,在合成杀虫剂发明之前,就受到了甲虫的入侵,它们不仅避免了虫灾,而且使用了不会对其他生物产生危害的手段高效地控制住了日本甲虫的数量。与底特律和谢尔顿地区不同,东部地区几乎没有发生类似的事故。在东部所采用的有效方法充分发挥了自然的控制力量,不仅效果明显,还保护了环境的安全。

在甲虫进入美国最开始的十多年时间中,甲虫失去了原栖息地抑制增长的限制因素,数量不断暴涨。但是到1945年,在甲虫生存的大部分地区,它们已成为一种不大重要的害虫了。主要的原因是从远东进口的寄生虫和使甲虫产生致命的病原体。

1920到1933年间,在对日本甲虫原来的栖息地进行了细致的调查后,进口了34种捕食性昆虫和寄生性昆虫,希望实现对日本甲虫的自然控制。其中有五种已在美国东部安家落户了。最有效、分布最广的是来自朝鲜和中国的一种寄生黄蜂。当雌蜂在土壤中找到一只日本甲虫幼虫时,会向它注射令其麻痹的液体,同时将一个卵产在幼虫的表皮下。蜂卵孵化的幼虫就会将麻痹了的甲虫幼虫作为自己的食物,并把它吃光。在大约25年的时间中,按照各州政府与联邦机构的联合进行的计划,东部14个州先后引进了这种黄蜂。它们在这些区域已经定居下来,并因其在控制甲虫方面发挥的重要作用,受到了昆虫学家们的普遍信任。

一种细菌性疾病发挥了更为重要的作用。这种疾病影响到了日本甲虫所属的金龟子科。它是一种非常特殊的生物,不会侵害其他类型的昆虫,对于蚯蚓、温血动物和植物均无害。这种疾病的孢子生长于土壤中。当孢子被甲虫幼虫吞了之后,它们就会在其血液进行惊人的繁殖,甚至使血液变成了白色,因此又被称为"牛奶病"。

"牛奶病"是1933年在新泽西发现的。到1938年,这种病在日本甲虫广泛繁殖的地区已经十分普遍。1939年,为了使得该病更快地传播,政府进行了一个控制计划。当时,还没有能发现一种人造媒介来增加生长速度,但是人们却找到了一种满意的代替物:将被细菌感染的幼虫磨碎、晾干,并与白灰混合在一起。按标准,一克混合物中应含有一亿个孢子。1939年至1953年期间，在联邦与州政府的合作计划下，东部14个州大约94000英亩土地得到了处理；联邦的其他区域也得到了处理；另外一些被组织与个人进行处理的区域虽然不知道具体面积，但确实很广阔。1945年，牛奶病孢子已在康涅狄格州、纽约州、新泽西州、达拉华州和马里兰州的甲虫中迅速地扩散开来。在一些实验区域，幼虫受污染率已高达94%。1953年，作为一项政府事业的扩散计划停止了。私人实验室继续供给个人、公园俱乐部、居民协会以及其他需要控制甲虫的人们。

东部各区域通过开展这样的计划，实现了对甲虫的自然控制。这种牛奶病细菌能在土壤中存活好多年，由于效力的增加，并通过自然媒介继续传播。

那么，东部地区这些给人留下深刻印象的成功经验，为什么不能在伊利诺伊州和其他中西部地区使用同样的方法呢，而是对甲虫发动了化学之战？有人告诉我们，用牛奶病孢子进行接种的代价"太昂贵"了。但在20世纪40年代，东部14个州并没有人持有这样的观点。但"太昂贵"的评价是根据什么计算方法得出的呢？很明显，不是根据谢尔顿地区的喷洒计划所造成的真正代价估计的。这样的判断同样忽略了这样的事实——孢子接种只需要一次就可以，第一次费用就是全部的费用。

也有人告诉我们，牛奶病孢子不能在甲虫较少的边缘区域使用，因为只有在有大量甲虫幼虫存在的土壤中，牛奶病孢子才能发挥其作用。像那些支持喷药的声明一样，这种观点同样也值得怀疑。引起牛奶病的细菌至少可以对其他40种甲虫起到相同的作用。这些甲虫分布广泛，即使在日本甲虫很少或根本不存在的地方也完全可能传播牛奶病。因为孢子在土壤中拥有长期生存的能力，它们甚至可以像在甲虫蔓延的边缘地区那样，在幼虫完全不存在的情况下独立存在，等待入侵的甲虫大军的到来。

那些不惜一切代价，希望立即见效的人将会继续使用化学药物来消灭甲虫。那些对现代社会快速消费表示艳羡的人，需要反复的耗费巨大的操作来维持化学药物控制昆虫的长期计划。

另一方面，那些为了一个圆满的结果，愿意等待一两个季度的人选择了牛奶病的方法。他们得到的回报是对甲虫的彻底控制，随着时间的流逝，这个控制效果会变得更好。

位于伊利诺伊州皮奥瑞亚的美国农业部实验室中正在进行一项全面的研究项目，目的是找出一种人工培养牛奶病细菌的方法。这将极大地降低它的制造成本，促进它能够应用到更广大的地方。经过多年的努力，已经有了一些成果。当这个"突破"实现的时候，我们对日本甲虫的处理方式可能变得更为理智和具有远见。之前，我们在中西部地区进行的计划所造成的破坏简直就是一场噩梦。

像在伊利诺伊州东部喷洒农药这样的事情不仅仅是科学的，而是道德的问题。任何文明是否都能够对生命发动一场战争而不会毁掉自己，也不失却"文明"的资格。

这些杀虫剂的毒性不具有选择性，即它们不能选择杀死那种我们希望除去的某个特定种类的昆虫。使用这些杀虫剂的原因很简单，即它们是致死的毒物。因此，它们会杀死所有与之接触的生命：家庭驯养的可爱的宠物猫、农民的耕牛、田野里的兔子和翱翔天空的云雀。这些生物对人构不成任何害处。相反，正是因为它们的存在，才给人类的生活增添了丰富的色彩。但是人们酬谢它们的方式却是突然而恐怖的死亡。一位谢尔顿市的科学观察者描述了一只百灵鸟奄奄一息的症状："它侧躺着,显然已经失去肌肉协调能力,不能飞甚至连站立也做不到,但它仍在不停地拍打翅膀,并紧紧握紧了爪子。它的嘴张开着,吃力地呼吸着。"更为可怜的是那些快要死去的田鼠的情况,它呈现出"快要死的特征,背部是弯曲的,握紧的前爪缩在胸前……头和脖子往外伸展,它的嘴里常含有泥土,这个奄奄一息的小动物让人们脑中浮现出了它曾经怎样的啃着地面。"

我们竟然默默地接受了对活生生的生命采取这样的折磨行动。我们所有人有哪一个不曾降低我们作为人的品格标准呢?

第八章 再也没有鸟儿歌唱

现在，美国越来越多的地方都没有报春的鸟儿了；以往的清晨，鸟儿的美妙歌声随处可闻，如今只剩下一片死寂。鸟儿的歌声突然消失了，它们为我们这个世界增添的色彩、美丽也随之突然消失了。它们消失的速度是如此之快，竟然让一些没有受到影响的居民没有丝毫的觉察。

伊利诺伊州的欣斯代尔镇的一名家庭主妇在绝望中，给美国自然历史博物馆鸟类名誉馆长、世界著名的鸟类学者罗伯特·墨菲写了一封信："近几年来，我们村子里一直在给榆树喷药。（这封信的时间是1958年）我们六年前刚刚搬到这里的时候，鸟儿多极了，于是我放了一个投食鸟类的器皿。每年冬天，红雀、山雀、绒毛鸟和五子雀不断地飞到这里来寻找食物。夏天的时候，红雀和山雀又会带着它们的小鸟飞回来。

"在喷了几年DDT后，整个小镇已经看不到知更鸟和燕八哥的踪影了。我的架子上也已有两年不见山雀了，今年连红雀也消失了。附近只留下一对筑巢的鸽子，可能还有一窝猫鹊。

"孩子们在学校里学过,联邦法律严禁捕杀鸟类,所以我不知道该如何向孩子们解释鸟儿已经全部被害死了。孩子们问我:'它们还会回来吗?'我无言以对。榆树继续死去,鸟儿也一样。是否采取了什么措施?能够采取些什么措施呢?我能做些什么吗?"

在联邦政府为了消灭火蚁执行大规模喷洒化学药品的计划之后的一年后,亚拉巴马州的一位妇女写道:"大半个世纪以来,我们这片地方一直是鸟儿的天堂。去年七月,我们发现这里的鸟儿比以前多了。突然,在八月的第二个星期,鸟儿全部都不见了。我习惯每天早起喂养我心爱的一匹母马,它还有一头小马驹,但是听不到一点儿鸟叫的声音。这种情景既古怪又让人毛骨悚然。人们对我们美好的世界做了些什么?一直到五个月以后,我才看到一只蓝冠鸦和鸫鹩。"

在她提到的那个秋天里,我们又收到了一些来自密西西比州、路易斯安那州及亚拉巴马州南部地区的报告,情况都不容乐观。由国家奥杜邦学会和美国渔业及野生动物管理局出版的季刊《野外记录》提到,在这些地区出现了某些空白点不存在任何的鸟类,这种现象是触目惊心的。《野外记录》的内容主要是来自一些野外经验丰富的观察家撰写的报告。他们在特定地区花费了多年时间进行调查,并熟知当地的鸟类生活。一位观察家说道,那年秋天,当她开车行驶在密西西比州南部的时候,一路上根本看不到鸟儿。另外一位在巴顿鲁日的观察家报告说:她放置的饲料已经有几个星期没有鸟儿动过了。如果是以前,院子里的灌木上的果实早就吃光了,但现在树枝上却仍浆果累累。另外一份报告说,他的窗前"从前常常落着四十或五十只红雀和大群其他各种鸟儿,然而现在很难得看到一两只鸟儿出现。"西弗吉尼亚大学教授,同时也是阿巴拉契亚地区的鸟类权威莫里斯·布鲁克斯报告说"西弗吉尼亚鸟类数量的减少让人心惊"。

　　这里有一个故事可以作为鸟类悲惨命运的象征———一些鸟类已经遭受了这样的命运，其他所有的鸟类也都面对着这样命运的威胁。这个故事就是众所周知的知更鸟的故事。对于千百万美国人来说，第一只知更鸟的出现意味着冬天的远去。知更鸟的到来是能够登在报纸上的消息，大家在吃饭时都会告诉彼此。随着越来越多的知更鸟出现，森林开始萌发最初的绿色。清晨，成千上万的人们聆听着知更鸟合唱的第一支曲子。但是，现在一切都变了，甚至连鸟儿飞回来都是一件少见的事情。

　　知更鸟和其他很多鸟儿的命运和榆树关系密切。从大西洋沿岸到落基山脉，这种榆树是成千上万的城镇历史的一部分。街道、村舍和校园到处可见它们绿色的装饰。现在这种榆树患上了一种疾病。这种蔓延到所有榆树生长区域的疾病极为严重，以致专家们承认竭尽全力救治榆树的努力是徒劳的。失去榆树是一件十分悲惨的事，但抢救榆树的徒劳努力把我们绝大部分的鸟儿都置于覆灭的黑暗中，那将更加悲惨。而这正是我们面对的主要威胁。

　　1930年，所谓的荷兰榆树病是镶板装饰工业从欧洲进口榆木时进入美国的。这是一种菌类疾病。这种菌会入侵到榆树的输水导管中。这种菌随着树木的汁液流动扩散开来。有毒的分泌物及其强大的阻塞作用导致了树枝枯萎，榆树死亡。疾病能通过榆树皮甲虫从生病的树传播到健康的树。这种昆虫在死去的榆树皮下开凿的通道中，全部都是入侵细菌的孢子，它们又附着在甲虫身上，被甲虫带到了别的地方。对这种榆树病的防治努力在很大程度上一直要依赖对传播者的控制。于是在很多地方，尤其是美国中西部和新英格兰州这样榆树集中的地方，大规模的喷药行为已经成了日常。

密歇根州立大学教授、鸟类专家乔治·华莱士和他的一个研究生约翰·麦纳首先清楚地回答了这种喷洒化学药品的行为与鸟类特别是知更鸟之间的关系。1954 年，麦纳先生开始撰写自己的博士论文时，便选择了一个与知更鸟研究有关的题目。这完全是巧合，因为那个时候，还没有人注意到知更鸟处于严重的危险之中。但是，正当麦纳开始这项研究时，事情发生了。这件事改变了他研究的课题的性质，并剥夺了他的研究对象。

1954 年，在大学校园里开展了以治疗荷兰榆树病为目的的小规模的喷药行动。第二年，喷药的范围扩大了，就连大学所在的东兰辛城都被包括在内。当地计划中甚至开始针对舞毒蛾和蚊子进行喷药控制。各种化学药剂随着雨水落到了地面上。

1954 年，即第一次小规模喷洒的第一年，一切看起来都很顺利。第二年春天，像往常一样，知更鸟仍然飞回了校园。就像汤姆林森著名的散文《失去的树林》中的风信子一样，它们回到了自己熟悉的地方，它们并没有"预感到有什么不幸"。但是，问题很快就出现了。在校园里开始出现已经死去的和奄奄一息的知更鸟。在鸟儿以前经常觅食和栖息的地方几乎看不到一只鸟儿了。没有新筑的巢穴，也几乎没有幼鸟出生。在其后到来的几个春天里，情况依然没有好转。喷药区域已变成一个致死的陷阱，只要一周时间就可以杀死迁徙回来的全部知更鸟。然后，新来的鸟儿再掉进陷阱里，死亡的数量不断增加。在校园中，可以看到这些注定要死亡的知更鸟在痛苦地挣扎、战栗。

华莱士教授说："那年春天的校园对于大多数想找到栖息地的知更鸟来说，简直就像墓地一样。"但是，为什么会这样呢？起初，他怀疑是鸟类神经系统的一些疾病，但是很快就发现了事情的真相。尽管那些使用杀虫剂的人们保证这些化学药品对鸟类"无害",但那些知更鸟死亡的原因确实是杀虫剂含有的有毒物质。知更鸟表现出了人们熟知的典型症状:失去平衡、颤抖、抽搐乃至死亡。

一些事实说明了知更鸟的中毒并不是因为直接与杀虫剂接触,而是由于吃蚯蚓。校园里的蚯蚓被用来喂食一个研究项目中使用的蝼蛄,所有的蝼蛄都死了。养在实验室笼子里的一条蛇吃了这种蚯蚓之后就猛烈地抽搐起来。而蚯蚓是知更鸟春天时候主要的食物。

很快,知更鸟的死亡之谜被厄巴纳市伊利诺伊自然历史调查所的罗伊·巴克博士补上了最为关键的一个信息。巴克在1958年发表的著作中找到了各个事件错综复杂的关系——通过蚯蚓的作用,知更鸟与榆树发生了密切的联系。榆树在春天被喷洒了化学药品。(通常的剂量是一棵50英尺的树喷洒2到5磅DDT,相当于在榆树茂密的地区每英亩使用23磅)七月,通常又会再喷洒一次,浓度为之前的一半。强力的喷药器材向所有的高大树木喷出了一条条有毒的水龙,不仅直接杀死了想要消灭的树皮甲虫,同时杀死了其他昆虫。包括授粉昆虫、捕食其他昆虫的蜘蛛及甲虫。有毒物质在树叶和树皮上形成了一层雨水都无法冲走的薄膜。秋天,树叶落在地上,累积成潮湿的一层,慢慢地变为土壤的一部分。在这个过程中,吃叶子的蚯蚓帮了大忙,因为榆树叶子是一种它们喜欢的食物。蚯蚓在吃叶子的同时吞下了杀虫剂,并在体内得到积累、浓缩。巴克博士在蚯蚓的消化管道、血管、神经和体壁中都发现了DDT的沉积物。毫无疑问,一些蚯蚓死去了,但其他幸存的蚯蚓就变成了有毒物质的"生物放大器"。春天,当知更鸟飞回来的时候,为这个循环补上了另一个环节。只要11只较大的蚯蚓就可以给知更鸟一份足以致命的DDT。而11只蚯蚓对一只知更鸟来说只是它一天食物很少的一部分。一只鸟十多分钟就可以吃掉 10 到 12 只蚯蚓。

并不是所有的知更鸟都吃了足够剂量的 DDT，但是另外一种后果与致命的毒素一样也可以导致知更鸟的灭亡。所有鸟类的头顶都笼罩着不孕的阴影，并威胁到了所有的生物。每年春天，在密歇根州立大学的一共 185 英亩的校园中，只能发现二三十只知更鸟。而喷药前，在这里大约有 370 只。1954 年，麦纳观察到的每一个知更鸟窝都孵出了幼鸟。到了 1957 年 6 月底，假如没有喷药的话，至少应该有 370 只（与成鸟数量相当）幼鸟在校园里寻食，但是麦纳现在仅仅发现了一只幼鸟。一年后，华莱士教授在报告中说："1958 年春天和夏天里，我在校园里没有看到一只知更鸟的幼鸟，而且到目前为止，也没有听说有谁看见过一只知更鸟。"

当然没有幼鸟出生的部分原因是，筑巢过程完成前，一对知更鸟中就已经死去了一只，甚至两只。但是华莱士的记录中指向了一些更加不幸的悲剧——鸟类的繁殖能力其实已经遭到了严重的破坏。例如，他记录到"知更鸟和其他鸟类虽然都筑巢了，但都没有下蛋，也孵不出幼鸟来。我们记录到一只知更鸟怀着希望孵窝 21 天，但却一无所获。而正常的孵窝时间只有 13 天……我们的分析结果表明，孵窝的鸟儿的睾丸和卵巢中 DDT 的含量严重超标。"1960 年，华莱士将这个情况报告给了国会："十只雄鸟的睾丸的 DDT 含量达到了百万分之三十至一百零九，在两只雌鸟的卵巢的卵滤泡中的 DDT 含量则有百万分之一百五十至二百一十一。"

很快，对其他地区的研究也发现了同样令人忧虑的结果。威斯康星大学的约瑟夫·希基教授和他的学生们对喷洒了药物的区域和没有喷洒的区域进行了仔细的对比之后，报告说：知更鸟的死亡率至少是 86%-

88%。在密歇根州布鲁姆菲尔德的克兰布鲁克科学研究院曾试图估计出榆树喷药给鸟类造成了多么巨大的损失。1956年，他们要求把所有死因是DDT中毒的鸟儿送到研究院进行检查分析。然而，对这个要求的回复令所有人都大吃一惊：几个星期之内，研究院里常年不用的仪器一直满负荷运转，不得不拒绝接受对其他的样品的检查分析。1959年，单单是一个村镇就上报或是送来了一千只中毒的鸟儿。虽然知更鸟是主要的受害者（一个妇女向研究院打电话报告，彼时正有12只知更鸟躺在她的草坪上死去），但还有其他63种鸟儿也被送到了研究院进行检查。因此，知更鸟只不过是与榆树喷药有关的致命链条中的一环而已，而榆树喷药计划又只不过是全国进行的各种喷药计划中的一个。大约有90多种鸟儿出现了严重的死亡，其中包括那些对于郊外居民和大自然业余爱好者来说都是最熟悉的鸟儿。在一些喷过药的城镇里，筑巢鸟儿的数量减少了90%。正如我们能够预见的，各种各样的鸟儿都受到了影响——地面上觅食的鸟，树梢上觅食的鸟，树皮上觅食的鸟以及凶猛的食肉鸟。

完全有理由推测，以蚯蚓和其他土壤生物作为主要食物的鸟儿和哺乳动物都面临着与知更鸟一样的威胁。大概有45种鸟儿都以蚯蚓为食，其中一种是山鹬，这种鸟往常都是在南方过冬，但是南方最近已经受到了七氯的严重污染。现在，关于山鹬有两个重要发现：在新布伦瑞克的孵育场中出生的幼鸟数量也大大减少了。而对成年鸟进行分析后发现其体内含有大量DDT和七氯的残留物。

已经有记录显示，20多种在地面觅食的鸟出现了大量死亡的现象。这些鸟的食物——蠕虫、蚁、蛆虫或其他土壤生物都含有有毒物质。其中包括有三种画眉鸟：绿背鸟、黄褐森鸫和隐居鸫，它们有着鸟类中最优美的歌声。还有那些轻轻掠过繁盛的森林灌木，在落叶里"沙沙"地寻找食物的雀类——歌雀和白喉雀。它们也都成了对榆树喷药的受害者。

哺乳动物也很容易直接或间接地被卷入这一致命的循环中。蚯蚓是浣熊的主要食物之一，负鼠在春天和秋天也常以蚯蚓为食。像地鼠和鼹鼠这样在地下掘洞的动物也会捕食一些蚯蚓。就这样，有毒物质被传给了鸣角鸮和仓鸮这样的猛禽。在威斯康星州，一场倾盆而下的春雨之后，发现了几只死去的鸣角鸮，可能因为它们吃了中毒的蚯蚓。一些老鹰和猫头鹰也处于抽搐状态——其中包括大角鹰、鸣角鸮、赤肩鹰、雀鹰、泽鹰。它们可能是因为吃了肝脏和其他器官中积累了大量杀虫剂的鸟类和老鼠引起了二次中毒而死。

除了那些在地上觅食的鸟类因为榆树叶子喷药面临了极大的危险之外，那些在树叶上以昆虫为食的鸟儿也从喷洒化学药品的重灾区消失了。森林地区的精灵们——红冠和金冠的鹟䴕，很小的食虫鸣鸟以及春天成群结队地穿过树林的色彩绚丽的鸣鸟。1956年暮春，因为喷药的时间被推迟导致一大群鸣鸟的迁徙高潮正好撞上了喷洒化学药物。所有飞到该地区的鸣鸟都被杀死了。在威斯康星州的白鱼湾，在往常几年中至少能看到一千只桃金娘鸣鸟。1958年，在榆树喷药后，观察者们只看到了两只。随着其他地区鸟类死亡的消息不断传来，被喷洒化学药品毒害的鸣鸟中有一些人们迷恋不舍、十分喜爱的种类：黑白林莺，黄林莺，木兰林莺和栗颊林莺，在五月的森林中纵情歌唱的灶巢鸟，有着一双火焰般翅膀的黑斑林莺，栗肋林莺，加拿大林莺和黑喉绿林莺。这些在树上觅食的鸟儿要么因为吃了中毒的昆虫而直接受到影响，要么因为食物短缺而间接受到影响。

缺少食物的问题给了在天空中飞翔的燕子同样沉重的打击，它们像青鱼努力捕捉大海中的浮游生物一样在空中拼命地搜寻昆虫。威斯康星州的一位博物学家报告说："燕子已经受到了严重的损害。每个人都在抱怨，燕子的数量比四五年前要少太多了。仅仅在四年之前，我们头顶的天空中满是盘旋的燕子，现在我们已经很难见到了……这可能是由于喷药使昆虫缺少，也可能是因为燕子吃了含毒的昆虫。"

对于其他鸟类来说，这位观察家这样写道："另外一个损失惨重的是菲比鸟。在很多地方，鹀已经很难见到了，但是就连很常见的菲比鸟也灭绝了。今年春天我看到一只，去年春天也只看到了一只。威斯康星州其他的捕鸟人也在抱怨现在的情况。我过去曾养了五六对红雀，现在全都没有了。鸫鹆、知更鸟、猫鹊和鸣角枭每年都会来我们的花园里筑巢。但它们现在都不见了。夏天的清晨也听不到鸟儿的歌声。只剩下害鸟、鸽子、燕八哥和英格兰燕子。这是一场超出我忍受极限的惨剧。"

秋天，在对榆树进行喷药后，毒物进入了树皮的每个细小的缝隙中，这可能是山雀、五子雀、花雀、啄木鸟和褐啄木鸟这些鸟类的数量急剧减少的原因。1957到1958年间的那个冬天，华莱士教授多年来第一次发现在他家的喂鸟处没有山雀和五子雀前来觅食。后来，他从自己发现的三只五子雀身上总结出了因果关系：一只五子雀正在榆树上啄食，另一只奄奄一息的五子雀表现出了典型的DDT中毒的症状，第三只已经死了。最终在死去的五子雀的组织内发现了含量高达百万分之二百二十六的DDT残留物。

喷药后，鸟儿的饮食习惯让它们自己非常容易成为受害者，而且在经济及其他不太受人注意的方面看，其造成的损失都是极其惨重的。例如，白胸五子雀和褐旋木雀在夏天的食物就包括大量对树木有害的昆虫卵、幼虫和成虫。山雀四分之三的食物是动物，包括有处于各个生长阶段的昆虫。在描写北美鸟类的不朽著作《生命历史》中，是这样描述山雀的觅食方式的："当一群山雀飞过时，每一只鸟儿都仔细地在树皮、细枝和树干上搜寻着细小的食物，例如蜘蛛卵、茧或其他冬眠的昆虫。"

很多科学研究已经证明了在各种情况下鸟类对昆虫控制所起的作用是决定性的。啄木鸟是对恩格曼云杉甲虫的最主要控制者，它使其数量减少了大约45%到98%，并对苹果园里的卷叶蛾起到了重要的控制作用。山雀以及其他冬季鸟类可以保护果园使其免受尺蠖的危害。

但是，在自然界发生的一切事情是不可能在现代的由化学药物构成的世界里再次出现了。喷洒的药物不仅杀死了昆虫，而且杀死了它们的主要敌人——鸟类。等到昆虫的数量重新恢复之后，再没有鸟儿去制止昆虫数量的增长了。如密尔沃基公共博物馆的鸟类馆长欧文·格罗梅在《密尔沃基日报》上写道："昆虫的最大天敌是一些其他的肉食性昆虫、鸟类以及一些小哺乳动物。DDT的肆虐已经波及了大自然本身的卫兵和警察……难道我们要打着进步的旗号，把自己变成我们疯狂防治的昆虫的受害者吗？这种控制只能取得暂时的胜利，最终仍然逃不过失败的命运。榆树被毁灭殆尽，鸟类——大自然的卫兵中毒灭绝。到那时我们又该用什么方法来防治呢？那些害虫就可以肆无忌惮地蛀食留下来的树木。"

格罗梅先生在报告中称，自从威斯康星州进行喷药的几年来，关于鸟儿死亡和奄奄一息的电话和信件不断地增加。人们的质问告诉我们在喷过药的区域，鸟儿已经几近灭绝。

在大部分美国中西部的研究中心里，鸟类学家和观察家与格罗梅先生所取得的经验不谋而合：密歇根州的克兰布鲁克科学研究院、伊里诺斯州自然历史调查所和威斯康星大学。对每一个正在进行喷药的地区，当地报纸的"读者来信"栏目已经清楚地表明了这样一个事实：居民们已经对这个现象有了认识并感到愤怒。他们对喷药的危害和不合理性的理解比那些下令的官员都更为深刻。密尔沃基的一名妇女写道："我害怕有一天，我们后院那些美丽的鸟儿都会死去。""这是一件可悲又可怜的事情……令人失望和愤怒的是，它显然没有达到这场屠杀原本希望达到的目的……从长远来看，你难道能够挽救树木，而不拯救鸟儿吗？在大自然的体系中，它们不是彼此依存的吗？有没有在不破坏大自然的情况下，帮助大自然恢复平衡的可能呢？"

人们在其他的信中称：尽管榆树是雄伟高大的遮天大树，但它们并不是印度的"神牛"，没理由为了榆树毁灭所有其他形式的生命。威斯康星州的另一名妇女写道："我一直很喜欢我们的榆树，它们就像标志一样屹立在田野上。但是，我们还有许多其他种类的树……同时，我们必须去保护我们的鸟儿。谁能想象，春天失去了知更鸟的歌声，该是多么沉默和寂寥呢？"

在一般的民众看来，这是一个十分简单的非此即彼的选择：我们要鸟儿呢？还是要榆树呢？但问题其实并没有那么简单。正如化学药物控制方面表现出的讽刺，如果我们在现在这条路上继续走下去，我们最终很可能落得个既没有鸟儿也没有榆树的下场。喷洒化学药品的计划正令鸟儿灭绝，同时也将榆树推入了相同的境地。认为喷雾器能拯救榆树的幻想只会让人误入歧途，将一个又一个的村镇拖入耗资巨大的泥沼中，且无法维持长期的效果。康涅狄格州的格林威治已经有规律地喷洒了十年农药。然而，只是一年的干旱就为甲虫的繁殖创造了十分有利的条件，榆树的死亡率暴涨了十倍。在伊利诺伊大学所在的伊利诺伊州厄巴纳市，荷兰榆树病最早于1951年出现。1953年开始喷洒化学药物。到1959年，尽管喷洒已进行了六年时间，但大学校园仍然有86%的榆树死亡，其中一半的死因都是荷兰榆树病。

在俄亥俄州托莱多市，同样的经验让林业部主管约瑟夫·斯维尼更为务实地看待喷洒化学药物的后果。那里的喷洒计划从1953年一直延续到1959年。斯维尼先生注意到在喷药——选用的药物是"书本和权威机构"推荐的——以后，棉枫癣的大规模蔓延情况要更加严重。他决定亲自研究对荷兰榆树病实行喷药计划的结果。他被自己的发现吓得大吃一惊。斯维尼发现在托莱多市能进行防治的区域只是那些我们采取措施，将患病的树转移的地区，而我们在那些依靠化学喷药的地方，反而失去了对榆树病的控制。在美国的乡村，那里没有采用过任何处理的地方，榆树病蔓延的速度并没有像城市那么迅速。这表明喷洒的化学药物毁灭了榆树病的所有天敌。

"我们正在放弃使用喷洒化学药品的方式对荷兰榆树病进行防治。这样我就和那些支持美国农业部建议的人发生了争执，但是我掌握了事实，因此会一直坚持下去。"

在这些中西部的城镇（那里只不过是最近才发现了榆树病的传播），人们竟这样不加思索地试行了费用庞大的喷药计划，而不向对这个问题早有经验的地区进行咨询和调查。这个现象真是令人难以理解。例如：纽约州就有很丰富的控制荷兰榆树病的经验。大约早在1930年，染病的榆树正是经过纽约港进入了美国。如今，纽约州在控制和治理榆树病方面还保存着一份令人难忘的记录。他们采用的控制方式并没有依赖喷洒化学药物。事实上，纽约州的农业推广局并不建议将喷洒药物作为控制社区的方法。

那么，纽约州是怎样取得了这样显著的成绩呢？从早年与榆树病斗争直到今天，纽约州一直坚持严格的防卫措施，即马上转移并毁掉所有生病或受到感染的榆树。最开始结果是令人失望的，但是这主要是因为，刚开始人们并没有认识到不仅要毁掉有病的树，而且要毁掉可以让甲虫产卵的榆树。受感染的榆树被砍断后，会作为柴火贮放起来。如果春天到来之前不烧掉它，这些柴火里面就会产生许多带菌的甲虫。从冬眠中醒过来，在四五月份觅食的成年甲虫使得荷兰榆树病得到了广泛的传播。根据经验，纽约州的昆虫学家们发现了被那种甲虫产了卵的树木能够为疾病的传播创造良好的条件。把这些危险的木材集中起来处理，不但能够取得良好的效果，还能使防卫计划的成本保持在较低的范围内。到 1950 年，纽约市的 55000 棵榆树的荷兰榆树病发病率已经降低至 1%。1942 年，韦斯切斯特县开展了一项防卫运动。在其后的 14 年里，榆树每年的平均损失量是 1%。拥有 185000 棵榆树的水牛城在开展了防卫工作后，达到了控制这种疾病的最好效果，近年来损失总数不到 1%。换句话说，按照这样的损失速度，水牛城所有的榆树全部死亡需要 300 年。

雪城的情况尤其令人难忘。在 1957 年之前，这里一直没有实行有效的控制计划。在 1951 年 –1956 年期间，雪城一共损失了近 3000 棵榆树。当时，在纽约州林学院的霍华德·米勒的指挥下，以所有患病的榆树和可以为甲虫提供繁殖条件的榆树为目标开展了一场轰轰烈烈的清除运动。现在，榆树每年损失的速度已降到了 1%。

在控制榆树病方面，纽约州的专家们强调了防卫计划节约成本的优点。纽约州农学院的马蒂斯说："在绝大部分情况下，实际费用比想象中的要少。如果面对一根已经死去或是将要死去的树枝时，为了预防财产损失和人员伤亡，要将这根树枝除去。如果是一堆柴火，那就应在春天到来之前将它们烧掉，剥掉树皮或者将这些榆树木头存放在干燥的地方。对于正在死去或已经死去的榆树来说，为了防止荷兰榆树病的传播，立刻清除染病榆树所耗费的金钱并不比以后处理花费的钱多，因为在大城市，大部分死去的树最终都是要被清除的。"

因此，只要采取理智的措施，防治荷兰榆树病并非完全是没有希望的。虽然现在已知的任何手段都无法消灭荷兰榆树病，但是它只要在某一个区域中传播开来，可以采取防卫办法来将它们控制在合理的范围内，而不应该使用那些没有效果又会对鸟类造成巨大伤害的方法。森林遗传学领域还有其他的可能性。实验表明有望发展出一种对荷兰榆树病具有较强抵抗力的杂交榆树。欧洲榆树的抵抗力很强，在华盛顿特区已经有很多的树。即使在城市榆树绝大部分都受到疾病影响时，在这些欧洲榆树中并未发现荷兰榆树病。对榆树大量死亡的村镇来说，那里急需通过一个快速育林计划来进行树木的移植。这一点是非常重要的，尽管这些计划已经将抵抗力强的欧洲榆树包括在内了，但仍然应当侧重于构建树种的多样性。如此一来，就可以避免将来的流行病毁灭整个城镇的全部树木的危险了。英国生态学家查尔斯·埃尔顿说出了健康的动植物群落的关键在于"保持生物的多样性"。现在发生的一切基本是因为过去生物单纯化的结果。即使在二三十年前，也没有人知道在大片土地上种植单一种类的树木会引起灾祸。所有城镇的街道和公园都种植了用于美化的榆树。现在，榆树死了，鸟也都死了。

与知更鸟相同，另外一种美国的鸟类也走到了灭绝的边缘。它就是美利坚合众国的象征——鹰。在过去的十年里，鹰的数量有了明显的减少。事实表明，鹰的生活环境中的一些因素发生了改变。这些改变其实已经破坏了鹰的繁殖能力。现在还无法明确地知道是什么原因。但是，一些证据表明杀虫剂就是幕后黑手。

在北美地区被研究得最透彻的一种鹰就是，从坦帕到迈尔斯堡，那些沿佛罗里达西海岸筑巢的鹰。1939年到1949年之间，一位温尼伯退休的银行家查尔斯·布罗利标记了一千多只秃鹰的幼鸟，而在鸟类学领域获得了盛名。（在此之前，全部鸟类标记史中只有166只鹰做过标记。）冬天，布罗利先生在秃鹰的幼鸟离窝前，给它们做了标记。后来发现的那些带标记的鸟儿表明了这些在佛罗里达出生的鹰沿着海岸线向北飞入加拿大，最远甚至到了爱德华王子岛。然而之前人们一直认为这些鹰是不会迁徙的。秋天，它们才会返回南方，宾夕法尼亚州东部的鹰山对观察它们的迁徙活动是一个十分有利的地理位置。

在布罗利先生给鹰做标记的最初几年里，他每年都能在作为研究对象的一段海岸上发现125个有鸟的鸟窝。每年被标记的小鹰数约为150只。1947年，小鹰的出生数量开始下滑。一些鸟窝里根本没有蛋，其他的窝里虽然有蛋，但也没有幼鸟出生。在1952年–1957年间，大概80%的窝已经孵不出幼鸟了。在这段时间的最后一年里，只有43个鸟窝还有鸟居住。其中7个窝里孵出了8只小鹰；23个窝里有蛋，但孵不出小鹰来；13个窝只不过是给成年鹰提供一个觅食的休息处，根本没有蛋。1958年，布罗利先生沿海岸长途跋涉100多英里，才发现了一只小鹰并做了标记。1957年，人们在43个巢里看到成年鹰。现在，他只在10个鸟巢里看到有大鹰。

1959年，虽然布罗利先生的离世宣布了这个极富价值的系统观察活动的结束，但由佛罗里达州奥杜邦学会，新泽西州和宾夕法尼亚州所写的报告表明鹰的状况很可能让我们不得不去重新寻找一种国家象征。

鹰山自然保护区的负责人莫里斯·布朗的报告尤其引人注目。鹰山是一座位于宾夕法尼亚州东南部的风景优美的山峰。在那里，阿巴拉契亚山脉最东部的山脊形成了最后一道屏障，阻挡了吹向沿海平原的西风。受到山脉的阻碍，西风向上吹去。所以在秋天的时候，翅膀宽阔的鹰乘着持续上升的气流，仅仅花费一天的时间就可以毫不费力地向南飞过很长的路程。所有的山脊都在鹰山这里聚集，空中的航道也在这里汇聚。从北方飞回的鸟儿也将在这一拥挤的交通要道聚集。

作为自然保护区的管理员，莫里斯·布朗在二十多年的时间里观察到并记录下来的鹰比任何一个美国人都多。秃鹰迁徙的高峰是在八月底和九月初。这些出生在佛罗里达的鹰在北方度过了整个夏天后返回了家乡（深秋和初冬，一些体型更大的鹰会飞过这里，飞向一个未知的地方过冬，它们被认为是属于北方的一种鹰。）在自然保护区建立的最开始的几年里，从1935年到1939年，观察到的鹰中有40%是一岁大的，从它们的羽毛可以认出，这些没有成熟的幼鹰在这几年已经很少见到了。在1955年到1959年间，这些幼鹰的数量占总数的20%；而在1957年中，每32只成年鹰里只有一只幼鹰。

鹰山的观察结果与其他地方的发现相同。其中一份报告来自伊利诺伊州自然资源协会的一名官员埃尔顿·福克斯。可能在北方筑巢的鹰会沿着密西西比河和伊利诺伊河过冬。1958年，福克斯先生在报告中说，在最近统计的59只鹰中只有一只幼鹰。世界上唯一的鹰保护区——萨斯奎汉纳河的蒙特·约翰逊岛也被发现了鹰正在灭绝的现象。这个岛虽然位于康诺文哥大坝上游8英里处，离兰开斯特郡海岸只有半英里，但它仍保留着原始的状态。从1934年开始，兰开斯特的一个鸟类学家、保护区的负责人赫伯特·贝克教授就开始对这里的一个鹰巢进行观察。

在 1935 年到 1947 年，这个鹰巢中都有幼鹰出生。从 1947 年起，虽然有成年的鹰，并且下了蛋，但却没有幼鹰出生。

在蒙特·约翰逊岛上出现了和佛罗里达州一样的问题：一些成年的鹰栖息在鸟巢里，生下了一些蛋，但却几乎没有幼鸟出现。要为这种情况寻找一个原因的话，似乎只有一种能够解释所有的事实，即某种环境条件降低了鹰的繁殖能力，导致现在每年几乎没有什么新的幼鹰出生。

很多实验证明鸟类出现的状况正是通过人为的方式造成的，其中比较著名的是美国鱼类与野生动物管理局的詹姆斯·德威特博士进行的实验。德威特博士做的一系列杀虫剂对野鸡和鹌鹑影响的实验堪称经典，同时也证明了这样一个事实，即在 DDT 或相同的化学药物对成年鸟类尚未构成明显危害之前，可能已经对它们的生殖力造成严重的影响。鸟类受到影响的表现形式可能不同，但最终结果总是一样的。例如，在鹌鹑繁殖季节吃的食物中，如果含有 DDT，它仍然可以活下来，甚至还可以正常地下蛋，只是几乎没有蛋能孵出幼鸟来。德威特博士说："许多胚胎在发育早期阶段都很正常，但在孵化的时候会死去。"这些孵化出的幼鸟大约有超过一半会在五天之内死去。在对野鸡和鹌鹑同时进行观察的实验中，如果成年鸟在一整年中吃的都是含有杀虫剂的食物，那么野鸡和鹌鹑不管怎样也下不出蛋来。加利福尼亚大学的罗伯特·拉德博士和理查德·吉纳利博士得出了相同的结果。假如野鸡吃了含有狄氏剂的食物时，"蛋的产量会明显减少，幼鸟的成活率也很低。"根据这些科学家的观点，由于狄氏剂在蛋黄开始累积，在孵卵期和孵化之后被逐渐吸收，导致幼鸟进入一个缓慢的致命过程。

华莱士教授和一个研究生理查德·伯纳德最新的研究结果证明了以上的观点。他们在密歇根州立大学的知更鸟体内发现了浓度极高的

DDT。在对所有雄性知更鸟的睾丸进行的检查中，在正在发育的卵泡里，在雌鸟的卵巢里，在已发育好但没有生下来的蛋里，在输卵管里，在遗弃的窝里尚未孵化的蛋里，在蛋内的胚胎里，在刚刚孵出就已经死亡的雏鸟里都发现了DDT。

这些重要的研究证明了，一旦不让生物与杀虫剂进行直接的接触，杀虫剂的毒性对下一代将造成很大的影响。有毒物质在蛋和蛋黄里不断积聚是致死的真正原因。这也解释了为什么德威特博士用于实验的幼鸟会死在蛋中或是在孵出仅仅几天内就死去了。

想要在实验中对鹰进行类似的研究几乎是不可能的，但是野外研究正在佛罗里达州、新泽西州和其他一些希望能够为发生在鹰身上的不育问题找到一些可靠的证据的地方进行。这样，根据一些间接的情况来判断，不育问题的主要原因应该是杀虫剂。在鱼类资源丰富的地方，鱼在鹰的食谱中占据了很大的比重（在阿拉斯加约占65%，在切萨皮克湾地区约占52%）。毫无疑问，布罗利先生长期研究的那些鹰都是以鱼为主食。从1945年以来，这个海岸地区就一直被反复喷洒可以溶于柴油的DDT。这种空中喷药的主要目标是盐沼蚊。这种蚊子基本生活在沼泽地和沿海地区，这些地区同样也是鹰的捕食区。大量的鱼和螃蟹都被杀死了。通过实验，人们发现在它们的体内能检测出浓度高达百万分之四十六的DDT。因为吃湖里的鱼，䴙䴘体内的杀虫剂积累到了一个很高的浓度。与它们一样，这些鹰的体内也慢慢积累了DDT。如同那些䴙䴘、野鸡、鹌鹑和知更鸟的繁殖能力逐渐下降，导致它们种类的规模都很难得到维持。

关于鸟类在我们现在的世界中面临危险的声音从各个地方传来。这些报告尽管在细节上并不一致，但拥有一个相同的主题——杀虫剂的使用导致了野生动物的死亡。在法国用含砷的除草剂在葡萄园中喷洒了之后，成百上千只小鸟和松鸡失去了生命，在比利时——那里曾经一度以鸟类众多而闻名，因为喷洒农药而使鹧鸪几近灭绝。

问题在英国看起来更为特殊。在播种前首先用杀虫剂处理种子的方法得到了十分普遍的应用。处理种子并不是什么稀奇的事情，但在早期，主要使用的化学药物是杀菌剂，没有发现对鸟儿有什么不良影响。可是，到了1956年，原来的方法被一种双重目的的处理方法所取代。除了杀菌剂之外，狄氏剂、艾氏剂或七氯都被用来对付土壤中的昆虫。就这样，情况变得更为糟糕了。

1960年春天，各种关于鸟类死亡的报告如同洪水般涌到了英国野生动物管理局的面前，其中包括英国鸟类协会、皇家鸟类保护学会和猎鸟协会。一个诺福克的农场主写道："这片地方就像一座战场，管理人员在其中发现了大量的尸体，包括许多小鸟——苍头雀、金翅雀、红雀、篱雀、家雀……毁灭野生动物的生命是令人心痛的悲剧。"一位猎场的看守写道："我的松鸡吃了用药处理过的玉米死了，野鸡和其他鸟类，成百上千的鸟儿都被杀死了……我做了一辈子的猎场看守，这对我来说真是痛心。看到一对对的松鸡死在一起，真是不好受。"

英国鸟类协会和皇家鸟类保护学会联合发布的一份报告描述了67只鸟儿死亡的惨状——实际上，这个数字远非1960年春天死去的全部鸟儿。在这67只鸟中，59只是因为吃了用药处理过的种子，其他8只是因为喷洒有毒的农药所致。

第二年，一个因为使用有毒的喷剂而中毒的新高潮出现了。众议院接到报告说在诺福克一家庄园中有600只鸟儿死去，在北埃塞克斯的一个农场中死了100只野鸡。不久之后，这次事件与1960年相比有更多的县郡被卷进来了。(1960年是23个郡，1961年是34个郡。)以农业为主的林肯郡受到的损失最为严重，已经有10000只鸟儿死去。但是，从北部的安格斯到南部的康沃尔，从西部的安格尔西岛到东部的诺福克，整个英格兰农业区被死亡的阴影笼罩着。

1961年，对问题的担忧达到了一个高峰，一个众议院的特别委员会开始调查该问题，他们要求农民、农场主、农业部代表以及各种关心野生动物生命的政府和非政府机构出庭作证。

一位目击者说："飞翔在空中的鸽子突然掉下来摔死了。"另一个目击者报告说："你在伦敦市郊外开车行驶一二百英里也看不到一只红隼。"自然保护局的官员们作证："类似的事情在20世纪或在我所知道的任何时期中都没有发生过。这是在这个地区的野生动物和野鸟受到的最大的危害。"

没有足够的实验设备对这些死去的鸟进行化学分析，在整个国家里也只不过有两个化学家拥有这种分析能力(一位是政府机构的化学家，另一位在皇家鸟类保护协会工作)。目击者对焚烧鸟类尸体的熊熊篝火进行了描述。但是，人们没有停止收集鸟儿的尸体进行检验的努力。最终结果表明，除了一只之外，所有鸟儿的体内都含有残留的农药杀虫剂。(唯一的例外是一只沙锥鸟——它们不吃种子。)

与鸟儿一样，因为吃了有毒的老鼠或鸟儿，狐狸也受到了影响。饱受泛滥成灾的兔子困扰的英国非常需要狐狸来捕杀兔子。然而，在1959年11月到1960年的4月期间，至少死了1300只狐狸。在那些雀鹰、红隼及其他捕食的鸟儿没有踪迹的县郡里，狐狸的损失最为惨重，这表明了有毒物质是通过食物链传播的。有毒物质从吃种子的动物传到长毛或长羽毛的食肉动物体内。在抽搐而死之前，奄奄一息的狐狸总是神志不清，两眼半瞎地转着圈子瞎晃悠。其情状与那种氯化烃杀虫剂中毒动物的样子一模一样。

听证会让委员会确信这种情况对野生动物有着"非常严重"的威胁。因此，委员会建议众议院："农业部和苏格兰州国务大臣应该立即禁止使用含有狄氏剂、艾氏剂、七氯等毒性较强的化学物质来处理种子。"该委员会同时还认为在化学药物进入市场售卖之前都要经过严格的野外和实验室试验。值得强调的是，这是所有地区在杀虫剂研究上的一个巨大的空白。往常的实验使用的都是普通动物——老鼠、狗、豚鼠，并不包括野生动物，一般也不用鸟和鱼。这些试验基本都是在人为可控的条件下进行的。因此，把这些试验结果应用在野生动物身上时会得出大相径庭的结果。

英国绝不是唯一一个因为种子处理不当而导致鸟类保护问题的国家。在美国的加利福尼亚及南方的水稻出产地，这一直是一个令人烦恼的问题。这么多年来，加利福尼亚种植水稻的人们始终用DDT来处理种子，以对付那些会破坏稻秧的蝌蚪虾和水甲虫。加利福尼亚的猎人们过去总是能在稻田里发现大量的水鸟和野鸡，因而往往能有不菲的收获。但在过去的十年中，这种种植水稻的县郡不断传来鸟儿死亡的报告，尤其是关于野鸡、鸭子和燕八哥死亡的报告。"野鸡病"变成了一个人人都知道的现象。根据一位观察家报道："这种鸟儿会到处找水喝，变得麻痹，并在水沟旁和稻田梗上抽搐着。"这种病往往会发生在春天的稻田里。人们使用的DDT浓度是足以杀死成年野鸡的许多倍。

几年过去了，毒性更强的杀虫剂被发明出来，它们加深了因为处理种子不当所引起的灾害。对野鸡来说，艾氏剂的毒性相当于DDT的100倍，它如今已得到了十分广泛的使用。在得克萨斯州东部水稻种植地区，这种做法使得栗树鸭的数量大减（一种主要生活在墨西哥湾海岸的黄褐色、体型像鹅的野鸭）。确实有理由认为，那些已使燕八哥数量减少的种植水稻的人们现在正使用一种双重功效的杀虫剂，毁灭了那些生活在该地区的鸟类。

这种毁灭行动让"清除"那些可能使我们感到烦恼或不需要的生物变得愈发习以为常，越来越多的鸟类成为有毒药剂的直接受害者，而不是受到意外伤害的连带者。为了"控制"农民不喜欢的鸟儿汇集在一起，人们在空中喷洒像对硫磷这样致死性毒物的频率越来越高。鱼类和野生动物管理局感到自己有必要对这一趋势表示特别的关注。他们指出"被对硫磷处理过的地区对人类、家畜和野生动物都构成了潜在的致命威胁。"例如，1959 年，在印第安纳州南部的农民一同聘请了一架喷药飞机来河岸地区喷洒对硫磷。这片地区位于玉米地附近，是几千只前来觅食的燕八哥最满意的栖息地。本来通常只要改换一种玉米穗很长的玉米让鸟儿无法再接近它们，就可以让问题得到轻松的解决。但是，那些农民却一直坚信使用毒物的好处。所以，他们让那些喷洒药物的飞机来执行这个死亡使命。

农民们可能对结果已经感到满意了，因为大约有 65000 只红翅八哥和燕八哥登上了死亡清单。至于其他那些没有注意到的、没有记录的野生动物的死亡情况就不得而知了。对硫磷不仅对燕八哥有效，它是一种应用普遍的毒药。那些可能来到河岸地区漫步的野兔、浣熊或负鼠也许从来没有侵害过玉米地，但它们却被判处了死刑。因为法官和陪审委员要么不知道这些动物的存在，要么不关心它们的死活。

人类的状况又是什么样的呢？在加利福尼亚喷洒了对硫磷的果园里，工人们接触了一个月前喷过药的叶子，都病倒了且病情十分严重，只是经过了精心的治疗，他们才能勉强保住自己的生命。印第安纳州有一些喜欢在森林和田野间游玩，或是到河滨去探险的孩子。如果是这样，那么是谁在守卫这些有毒的区域来阻止那些为了寻找纯真的大自然而误入歧途的孩子呢？是谁时刻保持警惕，告诉那些无辜的游人，他们正打算进入的田地非常危险——这些田地里的蔬菜都已蒙上了一层致命的毒药。然而，尽管冒着如此巨大的危险，却没有任何人来阻止这些农民对燕八哥发动的一场不必要的战争。

在这些事件中，人们都回避了对这样一个问题进行认真的思考：是谁做了这个决定，它引起了这些致命的连锁反应，就像将一枚石子投入了安静的水塘中，激起了不断扩大的死亡的涟漪？是谁在天平的一个盘子中放了一些可能被某些甲虫吃掉的树叶，而在天平的另一个盘中放入的是成堆的五颜六色的羽毛——死于杀虫毒剂的鸟类的遗物？是谁在没有和人民商量的情况下就做出决定——谁有权力做出这种决定，认为一个昆虫缺席的世界是最好的，尽管世界已经因为失去飞鸟的翅膀变得暗淡无光？这是一个被暂时委以权力的独裁主义者做出的决定；他是趁着千百万人那一刻的疏忽做出的这一决定。对于这成千上万的人来说，大自然的美丽和秩序仍然具有一种深刻的不可取代的意义。

第九章 死亡的河流

大西洋靠近海岸的区域，绿色海水中有许多小路通向海岸。鱼类往往会顺着小路巡游，尽管这些小路看不见，也摸不着，但它们是陆地河流的水体流动所造成的。几千年来，鲑鱼对这些水路已经烂熟于心了，它们能沿着这些淡水的小路返回河流。每条鲑鱼都要回到它们生命最初阶段的待过的那些支流里去。1953年，夏秋季，一种在新布伦瑞克米拉米奇河的鲑鱼千里迢迢地从它们觅食的大西洋地区回来了，并进入了它们原先的河流里。这种鲑鱼的目的地在绿树掩映有着许多溪流交汇的河网。秋天，鲑鱼将卵产在河床的砂砾上。溪水流过河床，轻柔而又清凉。由云杉、凤仙、铁杉和松树在那里组成了一个巨大的针叶林区，为鲑鱼提供了适合繁衍的产卵地。

从很早的时候开始，这种情况一直都是这样不断重复着。米拉米奇河成为在美国北部鲑鱼的最佳产卵地。但到了1953年，这种情况遭到了破坏。

秋冬季节，铺满了砂砾的浅槽——母鱼早就在河底挖好的——满是个大的带有硬壳的鲑鱼卵。在寒冷的冬天，鱼卵发育缓慢，只有当春天来临，林中小溪完全融化之后，小鱼才孵化出来。起初，它们藏在河床的砂砾中间，只有半英寸长。它们一直不进食，仅靠一个大卵黄囊生存。直到这个卵黄囊的营养都被吸光了，小鱼才会开始在溪流中寻找昆虫为食。

1954年春天，米拉米奇河中有刚刚孵化的小鱼，还有一两岁的鲑鱼。这些小鱼的外表有着鲜艳的条纹和红色斑点。它们贪婪地在溪水中寻找着各种各样奇怪的昆虫。

夏天到来之后，一切都发生了变化。米拉米奇河西北部流域在那一年被划入了一个大规模的喷药计划中。为了使得森林免受云杉蚜虫的侵害，加拿大政府开展这个计划已一年了。这种蚜虫是当地的一种侵害多种常绿树木的昆虫。在加拿大东部，这种昆虫的数量大约每过35年就要暴涨一次。20世纪50年代，这种蚜虫的数量正在形成一个高峰。为了清除它们，人们开始喷洒DDT。最开始，这种喷洒还是限制在一个小范围内。到1953年，喷洒的范围突然扩大。现在已经不像从前那样向数千亩的森林喷洒药物，而是改向数百万英亩的森林喷洒，这么做的目的都是为了努力挽救作为纸浆和造纸工业原料的凤仙树。

于是，1954年6月，喷药飞机飞抵米拉米奇河西北部林区上空，化学药物的白色烟雾在天空中勾画下一道道飞行的轨迹。每英亩喷洒0.5磅可以溶解于油中的DDT，药物穿过了凤仙林，其中有一些最终落在了地面上，也落在了溪流中。飞行员们只关心自己接受的任务，完全不想避开河流或在经过河流上空时关上喷嘴。实际上，这些喷洒的化学药物只需要很微弱的气流便可以飘浮很远，所以即使飞行员有所注意，其结果也是一样的。

喷洒行动结束不久，就出现了一些情况恶化的迹象。两天之内，河流沿岸发现了很多鱼的尸体和奄奄一息的鱼，其中包括许多鲑鱼的幼鱼。死亡的鱼类中还包括鳟鱼。道路两旁和树林中的鸟儿也正在死去。河流中的一切生物都沉默了。在喷洒之前，河流里那些丰富多彩的水生生物，变成了鲑鱼和鳟鱼的食物。这些生物中有毛翅蝇的幼虫，它们的住所就是一个用唾液将树叶、茎干、砂砾黏合起来的松散又舒适的地方。石蝇蛹在湍急的河流中紧紧地贴着岩石；黑蝇的幼虫在浅滩石头上或溪流从陡峭的斜石上落下来的地方。但是，目前溪流中的昆虫都已被DDT杀死了，鲑鱼的幼鱼再没有什么东西可吃了。

在这样一个充满了死亡和毁灭的环境中，幼鲑鱼看起来很难幸免。到了八月，整个春天孵化在石砾之间的鲑鱼的幼鱼一条都不见了。刚刚孵出一年或更久一点的小鲑鱼受到了稍微轻微的危害。在飞机经过的小河中，1953年孵出的鲑鱼只存活下来了六分之一。而1952年孵出的鲑鱼几乎全部准备进入海洋，却损失了三分之一。

从1950年开始，加拿大渔业研究会就一直研究着米拉米奇河西北部的鲑鱼。而这些事实刚刚才为人所知。他们每年都会对这条河流中生存的鱼进行一次调查。生物学家记录了当时河流可以繁殖的成年鲑鱼的数量、各个年龄段的鲑鱼幼鱼的数量、鲑鱼和这条河流中其他鱼类的正常数量。正因为有了这些喷药前的完整记录，才使人们能够十分精准地估算出喷药所导致的损失。

这项调查不仅查清了鲑鱼幼鱼受到了多大的损失，还查出这条河流本身发生的巨大变化。反复的喷药已彻底改变了河流的环境，作为鲑鱼和鳟鱼食料的水生昆虫已被全部杀死。即使在单独进行一次喷药之后，这些昆虫想要再大量繁殖给正常数量鲑鱼提供食物，也需花费很长时间，可能不仅是几个月，而是几年。

像摇蚋和黑蝇这样的小昆虫恢复的速度比较快，它们是那些刚刚出生几个月的鲑鱼苗的最佳食物。但是，对出生两三年的鲑鱼的主要食物——大点儿的水生昆虫来说，就无法那么快地得到恢复。这些昆虫是毛翅蝇、石蝇和蜉蝣的幼虫。甚至在DDT渗入河流的第二年，除了偶然出现的小石蝇外，寻找食物的幼鲑仍然很难找到其他更多的食物。为了努力增加这种天然食物，加拿大人已试图在米拉米奇河贫瘠的区域中培育石蝇幼虫和其他昆虫。但很明显，这种方式仍无法避免被反复喷药所导致的伤害。

但是，卷叶蛾的数量不仅没有按照预期那样减少，它反而具有了更为顽强的抵抗力。从1955年到1957年，新布伦瑞克省和魁北克的各个地区被反复喷药，有些地区甚至被喷洒了三次之多。到了1957年，已经有1500万英亩的土地被喷洒了药物。但是，当喷洒暂停了一段时间的时候，卷叶蛾的繁殖率再次高涨，导致其数量在1960年和1961年分别骤增。确实，各地都没有什么迹象表明，作为控制卷叶蛾的方法，喷洒化学药物只不过是一种权宜之计（以连续几年的脱叶来挽救树木的生命）。随着不断地喷药，人们不断地认清了它的副作用。为了使其对鱼类的危害降低到最低限度，达到渔业研究会推荐的标准，加拿大林业局将DDT的浓度由从前的每英亩0.5磅降低到0.25磅。（在美国，每英亩1磅的施用标准仍未改变。）在对喷药效果观察了几年之后，加拿大人看到了一个喜忧参半的复杂情况。只是喷洒下去的话，对于喜欢钓鲑鱼的人并不是一个好消息。

一系列不寻常的综合事件将米拉米奇河西北部从毁灭的边缘拉了回来。但在一个世纪之内，这样的事情都不会再发生了。因此，我们知道那里究竟发生了什么和发生的原因就显得十分必要。

正如我们所知，米拉米奇河的西北流域在1954年中大量地喷洒了化学药物。此后，除了1956年对其中一个狭窄地带喷过药之外，这个流域再也没有喷洒过药。1954年秋天，一场热带风暴对米拉米奇鲑鱼的命运起到了决定性作用。艾德纳飓风一路向北，抵达了终点，给新英格兰地区和加拿大海岸带来了倾盆大雨。由此形成的洪流裹挟着淡水流入了海洋，因而吸引了数量众多的鲑鱼。结果是在鲑鱼的产卵地——河流河床上的砂砾之间出现了大量鱼卵。1955年春天，在米拉米奇河西北部孵出的鲑鱼幼鱼获得了对它们的生存而言很理想的环境。当DDT杀死河中全部昆虫后的第二年，最小的昆虫——蚊纳和黑蝇的数量已经恢复，可以为鲑鱼幼鱼提供足够的食物。这一年出生的鲑鱼幼鱼不仅食物丰富，而且几乎没有什么竞争者，因为稍大一些的鲑鱼已经在1954年被喷药杀死了。所以，1955年的鲑鱼幼鱼生长的速度特别快，而且数量非常多。它们早早结束了在河流中的生长期，很快地进入了大海。1959年，大多数鲑鱼返回了河流，并产下了很多鱼卵。

米拉米奇河西北地区的情况之所以相对较好，鲑鱼幼鱼的数量逐渐增加，原因在于这里只喷洒了一年多的化学药物。该流域的其他河段中已经明显表现出了反复喷药后的恶果，那里的鲑鱼数量正在惊人地减少。

在所有喷过药的河流中，各种大小的幼鲑都很少见。生物学家报告说，最年幼的鲑鱼"其实早已被全部消灭了"。1956年和1957年，在米拉米奇河西南流域都喷了药，1959年捕捞的鲑鱼数量降到了十年以来的最低点。渔夫们纷纷议论着洄游中最小的幼蛙都在急剧减少。在米拉米奇河口的采样点，1959年幼鲑的数量只相当于前一年的四分之一。

1959年，整个米拉米奇河流域第一次迁移到海洋中的幼鲑只有60万条，是过去三年数量的三分之一。

面对这样的情况，新布伦瑞克的鲑鱼业就只能寄希望于将来发明一种代替DDT的东西。

除了喷药的森林面积大以及采集到了大量的第一手资料，加拿大东部的情况并没有什么不同。缅因州同样有云杉和凤仙树林，也存在对森林昆虫的防治问题。缅因州有鲑鱼洄游的问题，虽然数量只不过是过去洄游数量的一个零头。不过，工业污染和木材淤塞使得河里残余的鲑鱼仅仅靠着生物学家和环保主义者的工作是难以活下去的。尽管，这里也一直将喷药作为一种武器来对付无处不在的蚜虫，但受影响的区域已相对较小了，甚至不再包括鲑鱼产卵的重要河流。但是，缅因州内陆渔猎业管理局在这个区域的鱼中观察到的情况，可能是一个未来的预兆。

该管理局发布了一个报告：在1958年喷洒药物以后，在大戈达德河中很快就发现了大量濒死的印鱼。这些鱼明显呈现出了DDT中毒的典型症状，它们奇怪地游动着，浮出水面喘气，颤抖和抽搐。在喷药后的五天里，两张渔网中捞起668条印鱼的尸体。在小戈达德河、卡里河、阿尔德河和布雷克河，都发现了大量鲦鱼和印鱼中毒身亡。经常看到虚弱、濒死的鱼顺着河水漂向下游。有时，在喷药之后的一周，仍然有瞎眼和奄奄一息的鳟鱼顺流漂向下游。

各种研究都证明了DDT可能导致鱼眼变瞎的事实。1957年，一个生物学家在对温哥华岛北部喷药状况进行观察的报告中说，现在可以用手很轻易地从河流中捞起原来很凶猛的鳟鱼。这些鱼的行动缓慢，根本没有气力逃跑。经调查发现它们的眼睛蒙上了一层不透明的白膜。它们的视力因此受到了严重的伤害或完全丧失。由加拿大渔业局进行的研究表明，实际上，低浓度的DDT（百万分之三）几乎不会令所有的鱼（银鲑）致命，但是会表现出水晶体不透明的眼盲症状。

凡是有森林的地方，树荫遮蔽下，鱼类栖息的溪流都受到了防治昆虫的现代方法的威胁。1955年，美国最著名的鱼类大量死亡的例子发生在黄石国家公园及其附近施用农药的地区。那年秋天，在黄石河中发现了大量的死鱼，震惊了渔猎爱好者和蒙大拿渔猎管理处。约90英里的河流受到了波及，在300公尺长的一段河岸就发现了600条死鱼，其中包括褐鳟鱼、白鱼和印鱼。水生昆虫——鳟鱼的天然食物已经消失了。

林业管理局宣布，他们遵照的安全标准是每一英亩施放1磅DDT。然而，喷药的后果使人怀疑这一标准远远达不到安全的要求。1956年，蒙大拿渔猎局开始了一项协助研究工作，同时参加的还有其他两个联邦办事处——鱼类和野生动物管理局、林业局——共同参加。这一年，蒙大拿喷药的面积达到了90万英亩，1957年又有80万英亩被处理。因此，生物学家再也不用为找不到研究场所而发愁了。

鱼类死去的样子呈现出一种典型的模式：DDT的气味弥漫在森林上空，水面上漂着一层油污，两岸都是死去的鳟鱼。无论是活着，还是死了的，对鱼的体内检查后发现它们的体内含有DDT的残留物。与加拿大东部的情况相同，喷药所导致的最严重后果是饵类生物的数量大大减少。在许多进行研究的地区内，水生昆虫和其他河底动物的种类也减少到正常数量的十分之一。如果鳟鱼生存迫切需要的水生昆虫遭到伤害，就需要很长的时间来进行恢复。即使在喷药后的第二个夏天，也只有很少量的水生昆虫恢复。在一条动物种类十分丰富的河流里几乎看不到什么昆虫的影子。这条河中的鱼的数量减少了80%。

鱼不会立刻就死。延缓死亡其实比立刻死亡更加危险。正如蒙大拿州的生物学家们所发现的，延缓死亡因为发生在鱼汛期到来之后，所以鱼死亡的情况可能无法得到报道。在研究的河流中，很多秋天繁殖的鱼类大量死亡，包括褐鳟鱼、河鲑和白鱼。这并不奇怪，因为不论是鱼还是人，一切生物在其生理高潮期都需要储存脂肪作为能量来源。这就使得鱼类脂肪组织中含有的 DDT 具有致命的作用。

这样，我们就会清楚地知道，每英亩喷洒 1 磅 DDT 就会对林间河流中的鱼类产生严重的威胁。更糟糕的是，想要防治蚜虫的目的也没有实现，很多地方都需要登记再次喷药。蒙大拿渔猎局对继续喷药提出了强烈反对，表示不愿为了喷药计划牺牲渔猎业的资源。因为喷药计划的必要性和效果都是令人怀疑的。该局宣布将要与林业局联合起来，尽力把副作用降到最低。

不过，这种合作真的能够成功拯救鱼类吗？不列颠哥伦比亚省的一个经验就足以说明这一问题。那里已经好几年饱受黑头蚜虫的肆虐之苦。林业局管理员担心下一次季节性的树叶脱落将导致大量树木的死亡，于是决定在 1957 年执行蚜虫控制计划。他们与渔猎局商量了多次，但渔猎局更关心的是鲑鱼的洄游问题。森林生物分局同意对喷药计划进行调整（但不影响效率），以尽可能减少对鱼类的危害。

虽然采取了这些预防措施，也确实取得了一定的效果，但至少四条河流中的鲑鱼几乎全部被杀死了。

在其中一条河里，四万条洄游的成年银鲑中的幼鱼几乎都被杀死了。几千条年轻的硬头鳟鱼和其他种类的鳟鱼也遭受了同样的命运。银鲑的生活周期一般有三年，而参加洄游的鱼几乎是属于一个年龄段的。和其他类属的鲑鱼一样，银鲑拥有的很强的洄游本能让它们能回到自己出生的地方，而不会进入其他河流中。这就意味着，如果没有管理部门能通过人工繁殖和其他办法来恢复具有巨大经济价值的鲑鱼洄游的话，鲑鱼每隔三年的洄游将不复存在。

有一些既可以保护森林又保护鱼类的方法。假若我们屈服于绝望和失败主义，就将河流变成死亡之水。我们必须更普遍地利用我们知道的替代方法，必须调动我们全部的智慧和资源去发现新的方法。在记载中显示，天然的寄生虫病对蚜虫有一个很好的控制效果，甚至比喷洒药物更好。我们要让这种自然的控制方法得到更广泛的应用。为了不影响整个森林的生命结构，我们可以利用毒性较低的农药，或更好的是引进微生物在蚜虫中引起疾病。在后面的篇章中，我们将会看到这些替代的方法是什么，以及它们的条件。同时，我们应该认识到对森林昆虫喷洒化学药物既不是唯一的办法，也不是最佳的办法。

杀虫剂给鱼类带来的威胁可以分为三类。正如我们所知道的那样，第一类是与森林喷药地区的问题有关的杀虫剂，它对北部森林河流中的鱼造成了很大的危害，这几乎完全是 DDT 的作用结果。第二类是大量的、可蔓延的杀虫剂，它们会对许多不同种类的鱼产生影响，如鲈鱼、翻车鱼、印鱼和鲤鱼等居住在美国各地的各种水体的鱼类。这些杀虫剂几乎包括了在农业上使用的全部杀虫药，其中有狄氏剂、毒杀芬、狄氏剂、七氯等。另一个问题需要我们现在就开始考虑：我们能够合乎逻辑地想象到未来会发生的事情。揭露事实的研究才刚刚开始。这一定与盐沼、海湾和河口中的鱼类有关。

随着新型有机杀虫剂的大规模使用，鱼类就会不可避免地遭受严重的伤害。鱼类对氯化烃异常敏感，而现代杀虫剂大部分都是由氯化烃组成的。当数百万吨的有毒化学物被施放到地表时，必然会有一部分毒物以各种方式进入陆地和海洋间无限的水循环之中。

现在，有关鱼类被毒杀的悲剧的报告已经非常普遍。美国公共卫生署不得不设立办事处收集各地的报告，作为水污染的指标。

这个问题也引起了很多人的关注。大约有两千五百万美国人把钓鱼看成是主要的娱乐行为，另外还有一千五百万人有时也会去钓鱼。这些人每年会花费30亿美元在执照、装备、小船、野营装备、汽油和住宿上。假如，人们丧失了娱乐的场地，那么将会使经济利益受到巨大的损失。对于商业性渔业的从业者来说，鱼代表着经济利益，同时更是一种重要的食物来源。内陆和沿海渔民（除了近海的捕鱼者）每年捕获的鱼的重量至少为30亿磅。然而，正如我们看见的，无论是业余还是商业捕鱼，杀虫剂对小溪、池塘、江河和海湾所造成的污染都有着巨大的危害。

到处都可见农作物喷药后造成鱼类毁灭的例子。例如，在加利福尼亚州，因为尝试使用狄氏剂控制一种稻叶害虫，损失了大约六万条可供垂钓的鱼，其中主要是蓝腮太阳鱼和其他翻车鱼。1961年，由于在甘蔗田中施用了异狄氏剂，路易斯安那州一年时间就发生了三十多起大量鱼类死亡事件。在宾夕法尼亚州，为了消灭果园中的老鼠，异狄氏剂同时也杀死了大批鱼类。在西部高原用氯丹控制草蚱蜢的结果就是杀死了许多鱼儿。

可能任何农业计划的规模都无法及得上在美国南部为了控制火蚁而执行的一个农业计划——他们在几百万英亩的土地上喷洒了农药。主要使用的农药是七氯，它对鱼类的毒性比DDT稍弱一些。狄氏剂是另一种可以对付火蚁的药品，它可以对所有的水生生物造成极大的伤害。异狄氏剂和毒杀芬已经能给鱼类带来很大的危险。

无论使用的是七氯还是狄氏剂，在对火蚁进行控制的各个区域内，都传来报告说水生生物遭受了灾难性影响。只要从这些研究危害的生物学家们写出的报告中随便摘录出几句话，就可以大概知道受损的严重程度。得克萨斯州的报告说，"尽管努力保护了运河水道，水生生物仍然损失惨重""在所有处理过的水域中都出现了鱼类死亡的现象""鱼类大量死亡，并且持续了三个多星期的时间"；亚拉巴马州报告说"在喷药后的几天内，威尔考克斯郡的大部分成年鱼几乎都被杀死了""在暂时性水域和小支流中的鱼类已经全部灭绝。"

路易斯安那州的农民们抱怨着农场池塘中的损失。在一条运河上，仅仅不到四分之一英里的距离内就至少发现了 500 条的死鱼，它们有的漂浮在水面，有的躺在河岸边。在另一个教区里有 150 条翻车鱼的尸体，占原有数量的四分之一。其他五种鱼类则完全被消灭了。

在佛罗里达州的一个喷洒化学药物的地区，池塘中的鱼体内含有七氯和次生化学物质氧化七氯的残留物。其中包括了翻车鱼和鲈鱼——都是垂钓爱好者喜爱的鱼类，同时这也是经常出现在人们餐桌上的鱼类。但是，食品与药物管理局认为这些鱼体内所含的化学物质即使被人体吸收了很小的剂量，也会造成极大的危险。

各个地区关于鱼类、青蛙和其他水中生物死亡的报告不断传来，因此，1958 年，一个专门研究鱼类、爬虫和两栖动物的权威科学组织——美国鱼类学家和爬虫学家协会通过了一项决议，要求农业部及其在各州的有关部门"在没有造成不可挽回的损害之前，应该停止使用七氯、狄氏剂和类似的有毒化学药剂从空中进行区域性喷洒"。该协会呼吁关注美国东南部种类丰富的鱼类和其他生物，包括在世界其他地方没有出现过的物种。这个协会发出警告："许多动物的生活范围局限在一个很小的区域内,因而很可能被完全消灭。"

因为使用杀虫剂消灭棉花昆虫让南部各州的鱼类也遭受了沉重的打击。1950年夏天,亚拉巴马州南部的棉花种植区经历了一场灾难。在这一灾年之前,为了控制象鼻虫,人们一直对有机杀虫剂的使用保持着节制谨慎的态度。但因为连续几个冬天都很暖和,导致1950年出现了大量的象鼻虫。因此,大约80%-95%的农民在本县农业顾问的怂恿下转而使用杀虫剂。这些农民使用得最多的化学药物是毒杀芬——一种对鱼类有极强杀伤力的药物。

那年夏天的降水量丰沛集中。化学品被雨水冲进了河里;而农民们为了改善这种情况,就向田地里洒了更多的农药。在这一年中,每英亩农田喷洒了63磅毒杀芬。有些农民甚至在一英亩地里使用了200磅;还有一个农民热情过度,在一英亩地里使用了至少四分之一吨的杀虫剂。

结果是不难预见的。在亚拉巴马州种植棉花的区域流经了50英里,最终流入惠勒水库的弗林特河所发生的情况就是一个十分典型的例子。8月1日,瓢泼大雨覆盖了弗林特河。这些雨水开始只是细小的水流,汇成小河后,如同洪水般流到了河流里。弗林特河水上涨了6英寸。第二天清晨,除了雨水之外,河中浮现出了许多别的东西。鱼儿在附近水面上毫无目的地游动着,有时一条鱼会从水里跳到岸上来。这些鱼儿很容易就能被捉到。一个农民捡了许多鱼,并把它们放进了一个泉水池塘中。在清洁的水中,一些鱼恢复过来。但是,在河流中,鱼儿的尸体整天顺流漂浮而下。但这只不过是日后更大悲剧的序曲,因为以后每次下雨都将更多的杀虫剂冲刷进河中,从而导致更多鱼儿死去。8月10日,那场大雨杀死了整条河流中的鱼。直到8月15日的大雨将有毒物质冲入大河时，几乎没有剩下几条鱼了。不过，关于这种化学物质造成死亡的证据是在将实验的金鱼笼放入河流后才获得的：一天之内，金鱼就全部死掉了。

弗林特河中死亡的鱼类包括了大量的白色太阳鱼——钓鱼者们最喜欢的鱼类。而在弗林特河流入的惠勒水库中也发现了大量鲈鱼和翻车鱼的尸体。这些水域中的杂鱼——鲤鱼、水牛鱼、石首鱼、黄鱼和鲶鱼等都几乎遭到了灭绝。没有任何鱼表现出生病的症状，它们只有在奄奄一息时表现出反常运动和鳃上出现了葡萄酒的紫红色。

农场温暖的鱼塘被圈了起来，人们在附近使用杀虫剂时，塘里的鱼很可能受到波及而死。像之前提到的许多例子一样：有毒物质是随着雨水和周围土地的径流进入河里的。有时，进入这些池塘的不仅仅是通过径流带来的污染，给农田喷药的飞行员在飞经鱼塘上空，忘记关上了喷粉器时，这些有毒的药粉就直接落入了池塘中。情况甚至不需要这么复杂，在农业使用的农药剂量已经远远超出了使鱼类致死的剂量。换句话说，即使大量减少杀虫剂量也很难改变这种致命的情况，因为每英亩0.1磅的剂量对鱼塘来说也是难以承受的。一旦这种毒剂进入池塘就很难消除。为了除掉不需要的银色小鱼而在一个池塘使用了DDT，即使进行反复换水也没能清除这些有毒物质。结果池塘里94%的翻车鱼都被杀死了。很明显，这些化学毒物都储藏在池塘底部的淤泥里。

显然，现在的情况并没有比新式杀虫剂刚刚投入使用时的情况有多少改善。1961年，俄克拉荷马州野生动物保护署宣布，关于农场鱼塘和小湖中鱼类损失的报告的频率至少是每周一次，而如今这样的报告正越来越多。人们已经对俄克拉荷马州这么多年来反复出现的对鱼类的损害习以为常了：对农作物使用了杀虫剂之后，很快就会下一场暴雨，有毒物质就会随着雨水冲进池塘里了。

在世界上的一些地方，鱼塘中养的鱼是人们必不可少的食物。在这些地方，如果不考虑到对鱼类的影响而使用了杀虫剂，就会立刻发生问题。例如，在罗德西亚，浓度仅为百万分之零点零四的DDT杀死了浅水中的一种重要的食用鱼——卡菲鱼的幼鱼。很多其他的杀虫剂甚至只需要更小的剂量就能有致命的效果。这些鱼生活的浅水正是蚊虫滋生的好地方。很明显，在消灭蚊虫的同时对中非地区重要的食用鱼进行保护的问题一直没有得到很好的解决。

在菲律宾、中国、越南、泰国、印度尼西亚和印度养殖的牛奶鱼遭受着同样的危险。牛奶鱼一般养殖在这些国家海岸带的浅水池塘中。这种鱼的幼鱼常常突然成群结队地出现在沿岸海水中(没有人知道它们来自哪里)。它们被捞起来，放入蓄水池中，在那里逐渐成长。对于东南亚和印度几百万以大米为主食的人来说，这种鱼是一种重要的动物蛋白来源。因此，太平洋科学代表大会建议在全世界范围内寻找它们没有人知道的产卵地，以求在广大地区实现对这种鱼的养殖。但是，喷洒杀虫剂已给现有的蓄养池造成了严重的损失。在菲律宾，为消灭蚊虫而从空中进行的区域性喷药给鱼塘的主人造成了沉重的代价。在一个养着120000条牛奶鱼的池塘里，喷药飞机经过之后，尽管池塘主人竭尽全力地向池塘注水来稀释有毒物质，池塘中的鱼仍然死了一半。

1961年，在得克萨斯州奥斯汀的科罗拉多河中发生了近年来最严重的一次鱼类死亡事件。1月15日，星期日，天亮了不久，在奥斯汀新塘湖和其下游约5英里的河上突然出现了大量死亡的鱼。而就在前一天还没有人发现这个现象。星期一有报告说下游50英里处有鱼死了。现在，情况已经十分清楚了：一些有毒物质正顺着河流向下扩散。到

1月21日，在河水下游100英里靠近拉格朗吉的地方，有鱼被毒死了。一个星期之后，这些化学毒物扩散到了奥斯汀下游200英里处。在1月的最后一个星期里，政府关闭了所有内河水道，以避免使有毒的河水进入马塔戈达湾，并通过它进入墨西哥湾中。

当时，奥斯汀的调查人员已经闻到一种氯丹和毒杀芬杀虫剂的气味。这种气味在下水管道的污水里尤其刺鼻。过去，这个下水管道一直因为排放工业废物而引发各种问题；当得克萨斯州渔猎委员会沿着管道从湖泊找上来时，他们注意到一股好像是六氯化苯的气味，这种气味一直延伸到一所化学工厂的流水线。这个工厂主要生产DDT、六氯化苯、氯丹、毒杀芬以及少量其他杀虫剂。该工厂负责人承认最近让大量杀虫药粉被冲洗到下水管道中；他还承认处理杀虫剂的溢流和残毒的方法在过去十年中一直如此。

通过进一步的研究，渔业官员发现其他工厂的杀虫剂也会随着雨水和日常生活用水进入下水管道。作为这一连锁反应的最后一环，另一个事实是：在河水和湖水的水质变得有毒之前的日子里，人们已经使用了几百万加仑的水，在加压的情况下冲洗了整个排水系统。这些水毫无疑问地将藏在砾石、细沙的沉积物中的杀虫剂冲洗干净，然后将它们带进湖中和河流里。

当大量致命的有毒物质顺着科罗拉多河水而下的时候，死亡也随之而来。这个湖下游140英里内的鱼类几乎都被杀死了，因为人们事后曾用大网去捞，想看看是否会有什么侥幸存活下来的鱼，但他们却一无所获。在一英里的河段中就发现了27种死鱼，总计1000磅。其中这条河流中的主要鱼类是斑点叉尾鲶鱼。死亡的鱼类中还有蓝色扁头鲶鱼、大头鱼、四种翻车鱼、小银鱼、鲷鱼、石滚鱼、大嘴鲈鱼、鲤鱼、胭脂鱼、印鳝、雀鳝、鲤鱼、河吸盘鲤、黄鱼和水牛鱼。其中有一些鱼在这条河流中居住了很久,根据它们个头大小就知道它们的年龄肯定很大了。很多扁头鲶鱼的重量达到了 25 磅。据报告,当地居民在河边捡到的鱼有重达 60 磅的。根据官方的记录,一条蓝鲶鱼重达 84 磅。该州渔猎协会估计:即使污染的情况不会继续加重,要恢复这条河中鱼类的数量也要耗费多年的时间。一些在该区域特有的种类可能永远无法恢复了,而其他鱼类也只有依靠大量的人工养殖才有恢复的可能。

今天,奥斯汀鱼类遭遇的这场大灾难已经被人们知道了,但可以肯定的是事情远远没有结束。含有有毒物质的河水在向下游流了 200 英里后仍拥有致命的危险。假如,这一有毒的水流被允许进入马塔戈达湾,它们就会对那里的牡蛎产地和捕虾场造成极大的影响。所以将这有毒的水流转引入墨西哥湾的开阔水域中。在那里它们会产生什么影响呢?来自其他河流的裹挟着同样致命的污染物的水流又会产生什么影响呢?

目前,我们对这些问题的回答大部分还是仅凭推测,但是越来越多的人关心河口、盐沼、海湾和其他沿海水域所受到的影响。这些地区不仅流入了污染的河水,有时还有为了消灭蚊虫以及其他昆虫直接喷洒农药的。

对于杀虫剂在盐沼、河口和所有宁静海湾中的生命产生的影响,没有什么地方能比佛罗里达州东海岸的印第安河沿岸得到更为清楚的证明了。1955 年春天,为了消灭圣露西县的沙蝇幼虫,那里用狄氏剂处理了 2000 英亩的土地,剂量为每英亩一磅。对水生生物的影响真算得上是一场大灾难。来自国家卫生委员会的昆虫研究中心的科学家查看了喷药后的现场。他们报告说鱼类的死亡是"彻底的"。海岸上到处都是死鱼的尸体堆。从空中可以看到,受到水中奄奄一息的鱼儿的诱惑,鲨鱼正在慢慢靠近。没有一种鱼类能够幸免。死去的鱼类中包括了胭脂鱼、锯盖鱼、银鲈和食蚊鱼。

调查队的哈林顿和彼得·林美尔等报告说："除了印第安河沿岸之外，整个沼泽区中所有直接被杀死的鱼至少重达20到30吨，至少有30种，大约1175000条。软体动物似乎没有受到狄氏剂的危害。本地区的甲壳类生物已经全部灭绝了。水生螃蟹遭到了极大的损害，招潮蟹除了在喷药时明显漏掉的小块沼泽地之外，几乎全部被杀死了。"

"首先死掉的是体型较大的捕捞鱼和食用鱼……螃蟹会爬到腐烂的尸体上饱餐一顿，但是第二天它们也都死了。蜗牛不断地吃着鱼的尸体。两周之后，死鱼的尸体全部不见了。"

赫伯特·米尔斯博士在对佛罗里达州对岸的坦帕湾进行观察之后，描绘了这样一幅阴郁的图画。国家奥杜邦协会在那里建立了一个包括威士忌湾在内的海鸟保护区。具有讽刺意味的是，当地的卫生部门针对盐沼地蚊虫发动了一场战役后，整个海鸟保护区变成了一个荒凉的庇护所。这一次，鱼和蟹又变成了主要的牺牲品。招潮蟹体型小巧，外壳长着鲜艳的图案。当它们在泥地或沙地上成群结队地爬过时就像正在吃草的牛群。它们对喷洒的药剂根本没有抵抗力。在夏秋两个季节大量喷洒化学药物（一些地方甚至反复喷了16次之多）之后，招潮蟹的状况正如米尔斯博士曾经统计的那样："很明显，招潮蟹的数量目前正在逐渐减少。在10月12日的海水和气候条件下，这里本应该聚集着100000只招潮蟹，然而在海滩上能见到的不足100只，而且都是奄奄一息和有病的。它们颤抖着，抽搐着，勉勉强强地爬行；但是，在旁边没有喷药的地区中仍然存在着很多招潮蟹。"

招潮蟹是其生活的整个生态系统中不可缺少的一个环节。它是许多动物重要的食物来源。沿海的浣熊吃它们,像长舌秧鸡、海岸鸟这样居住在沼泽地中的鸟和一些海鸟也都以它们为食。在新泽西州的一个喷洒了 DDT 的盐沼泽中,笑鸥的数量在几周内减少了 85%。其中的原因可能是喷药之后这些鸟儿再也找不到足够的食物了。招潮蟹还有其他方面的重要性,它们是重要的食腐动物,到处挖洞清理了沼泽泥地并使其得到了通气。它们也给渔民提供了大量饵料。

招潮蟹并不是潮汐沼泽和河口地区唯一受到杀虫剂威胁的生物,其他一些对人更为重要的生物也面临着相同的危害。皮萨切克湾和大西洋沿岸地区中著名的蓝蟹就是一个例子。这种蓝蟹非常容易受到杀虫剂的影响,所以每一次在溪流、小海湾、沟渠和沼泽池塘中的喷药行动都会消灭那里的大部分蓝蟹。死亡的不仅有当地的蟹,而且从海洋来到洒药地区的蟹也会中毒而亡。有时如同在印第安河的沼泽的情况,中毒是间接发生的,那里的蟹吃了很多奄奄一息的鱼,很快它们本身也就中毒死了。人们对龙虾受到的危害情况还不太了解。但是,它们与蓝蟹一样属于节肢动物的同一科,生理特征本质上是相同的,因而受到的影响可能也是相同的。对于人类既有食用价值,又有经济价值的蟹和其他甲壳类动物来说,情况可能也差不多。

包括海湾、海峡、河口、潮汐在内的近岸水域组成了一个非常重要的生态单元。这些水域与许多鱼类、软体动物、甲壳类动物具有密不可分的关系。当这些水域的条件不再适合生物居住时,我们的餐桌上就再也看不见它们的影子了。

即使是那些广泛地生活在沿海水域的鱼类中,也有许多要依赖受到保护的近岸水域作为产卵和养育幼鱼的地方。佛罗里达西海岸的低地上,遍布红树林的河流以及运河的迷宫里都有着大量海鲢幼鱼。在大西洋沿岸，海鳟、白花鱼、石首鱼会在岛和"堤岸"之间的海湾砂底浅滩上产卵，这条堤岸像一条保护链横陈在纽约南岸的岸边。这些幼鱼孵出后，会顺着潮水通过海湾，在这些海湾和海峡（柯里塔克湾、帕姆利克湾、博格湾以及其他许多海湾）中，幼鱼发现了极为丰富的食物，并迅速成长。假如没有这些温暖的、受到保护的、食物丰富的水域，各种鱼类种群是不可能生存下去的。但是，我们却对杀虫剂通过河流或是直接向海边沼泽地喷洒而进入这些区域表示默许。这就导致了幼鱼化学中毒的概率远高于成年的鱼。

另外，小虾在幼年时期也主要在近海水域觅食。丰富且分布广泛的虾类是大西洋南岸和墨西哥湾地区各州的渔民们主要的捕捞对象。虽然它们在海中产卵，但幼虾往往会在几周大的时候在河口和海湾地区经历蜕皮和变化。从五六月份一直到秋天，它们都会停留在那里，以水底的碎屑为食。在它们近岸生活的整个时期，河口的有利条件决定了小虾的安全和捕虾业的利益。

对于捕虾人和虾的市场来说，杀虫剂是不是一个威胁呢？我们可能会在商业渔业局最近的实验里找到答案。刚刚过了幼年期的食用虾对杀虫剂有着非常低的抗药性——其抗药性大约是十亿分之一，而不是通常使用的百万分之一的标准。例如，在实验中，当狄氏剂浓度为十亿分之十五时，就会有一半的小虾死亡。其他化学药物的毒性甚至更强。各种杀虫剂中毒性最强之一的异狄氏剂仅需要十亿分之零点五的剂量就可以杀死一半的虾。

牡蛎和蛤受到的威胁更为严重，这些动物的幼体最容易受到影响。这些甲壳类动物栖居在海湾与海峡的底部、从新英格兰到得克萨斯的潮汐河流以及太平洋沿岸的保护区。虽然成年的贝壳不再迁移，但它们会在海水中产卵。这样，幼体在几周时间内就可以自由运动。夏天，一条拖在船后的网上，布满了细孔，可以收集到那种十分细小、像玻璃一样脆弱的牡蛎和蛤蜊幼体，同时打捞起来的还有许多浮游生物。这些牡蛎和蛤的幼体还没有一粒灰尘大，在水面上游动，吃浮游生物中的微生植物。如果这些细微的海洋植物消失了，这些贝壳的幼体就要饿死了。但是，杀虫剂能够杀死大多数浮游生物。一些经常用在草坪、耕地、路边，甚至用于海岸边沼泽的杀虫剂都具有强烈的毒性，只需要十亿分之几的浓度。这些软体动物幼体的食物就是这些浮游植物。

只需要微量，这种弱小的幼体就会被一些常用的杀虫剂杀死。即使它们仅仅是暴露在远不至致死的剂量下，最终也会导致死亡。因为它们的生长速度不可避免地放慢了，这也一定会让幼体生活在危险的浮游生物环境中的时间延长，减少了它们发育为成鱼的机会。

对于成年软体动物而言，至少比一些杀虫剂直接中毒的危险要少得多，但这也并不保险。有毒物质会在牡蛎和蛤蜊的消化器官和其他组织中逐步累积。人们吃这两种贝壳时，一般都是全部吃下去，有时还会吃生的。商业渔业局的菲利浦·巴特勒博士曾提出，我们人类现在的处境可能与知更鸟的处境相类似。巴特勒博士提醒我们知更鸟死亡的原因并不是直接喷洒DDT，而是因为它们吃了体内储藏了杀虫剂的蚯蚓。

虽然，使用杀虫剂消灭昆虫造成的直接后果是河流和池塘中成千上万的鱼类或甲壳类动物的突然死亡。虽然这样的悲剧令人震惊，但是那些流入了江湾、河口的农药所造成的那些看不见的、还不为人所知的、难以估计的可能具有更大毁灭性的灾难。整个事件中存在着太多的疑问。而这些疑问暂时还没有找到圆满的答案。我们知道，从农场和森林中流出的水流中所含有的农药正通过许多甚至是所有的河流，进入海洋中。但是，我们并不知道这些农药的所有种类和总量。一旦它们汇入海洋，我们现在还没有任何可靠的方法在高度稀释的海水中对它们进行检测。虽然我们知道化学物质在漫长的迁移过程中肯定发生了变化，但我们对化学品最终会变得比原来的毒性更强还是更弱一无所知。另外一个几乎还没有探查过的领域是化学物质之间的彼此作用。当有毒物质进入海洋之后，有很多无机物质与之混合和转化，因此，这也是一个变得紧迫的问题。所有这些问题都需要得到正确的答案，只有经过广泛的研究才能找到这些答案，然而用于这项研究的经费却少得可怜。

淡水和海洋渔业是关系到人民的经济和福利的非常重要的资源。毫无疑问，这些资源已经受到进入水体内的化学物质的严重威胁。如果，我们能从每年花在试制毒性强烈的喷洒药剂上的经费拿出很少的一部分，投入到研究工作上去，我们就能够找到使用危险性更低的物质的办法，并把有毒物质从河流中清理出去。公众什么时候才能充分认清这些事实，而要求采取这一行动呢？

第十章 从天而降的灾难

在农田和森林上空喷药的范围一开始是很小的,但一直在不断扩大,喷药的剂量也在不断增加。因此,这种喷药已变成了英国生物学家最近所称的——洒向地球表面的"死亡之雨"。我们对于这些有毒物质的态度有了微小的改变。如果这些化学品曾经被装在标有骷髅图案的容器里,所以使用的时候需要清楚作用在那些要被杀死的对象,而不要让毒药碰到其他任何物体。随着新型的有机杀虫剂的研制成功,加上第二次世界大战后飞机的过剩都让人们将所有使用毒药的注意事项忘得一干二净。虽然,现在的化学药物的危险性比以往用过的任何毒药都要大得多。但令人惊奇的是,这些化学品被全部从空中漫无目标地喷洒到地面。在那些已经喷过化学药剂的地区,不仅是地面上那些消灭的昆虫和植物认识到毒物的效果,其他生物——人类和非人类也都尝到了这个毒物的滋味。喷药的行为不仅发生在森林和耕地,也发生在乡镇和城市。

现在,很多人开始担忧从空中向几百万英亩土地喷洒有毒的化学药剂。20世纪50年代后期发生的两次大规模喷药行动加重了人们的怀疑。

两次行动的目标分别是消灭东北部各州的舞蛾和美国南部的火蚁。这两种昆虫都不是土生土长的,但是它们在这个国家已经生存了许多年,并没有让我们有采取极端措施的必要。然而,在为了实现目标不择手段的思想指导下(这是我们农业部昆虫防治部门的长期指导思想),人们对它们突然采取了行动。

消灭舞蛾的行动计划表现出,当用大规模喷药轻率地代替了有节制的局部控制时,将会造成多么大的损失。这个消灭火蚁计划就是一个对消灭虫害采取行动必要性夸大的例证。在不具备对于消灭害虫所需剂量的情况下,人们就仓促地采取了行动。但是,这两个计划都没有实现预期的目标。

这种原产地在欧洲的舞蛾,进入美国已有近一百年了。1869年,一位法国科学家利奥波德·特罗维特在自己位于马萨诸塞州梅德福的实验室里尝试让这种蛾与蚕蛾杂交时,不小心让几只蛾从实验室里飞走了。于是,舞蛾逐渐地在整个新英格兰地区扩散开来。这种扩散的主要原因就是风——这种蛾的幼虫(或毛虫)是非常轻的,可以通过风飞得很远。另一个原因是携带了大量蛾卵的植物的转运,这让它们可以安然过冬。每年春天,舞蛾幼虫都有几周的时间一直对橡树和其他硬木的叶子产生伤害。现在,舞蛾遍布新英格兰各个州的中部。新泽西州也发现了它的踪迹。1911年,这种蛾随着进口的荷兰云杉进入美国。但它们是如何进入密歇根州的暂时还不清楚。1938年,新英格兰地区的飓风把这种舞蛾带到了宾夕法尼亚州和纽约州,不过阿迪朗达克山成为阻止舞蛾西行的屏障,因为那里生长着不吸引蛾子的树木。

人们使用了很多种方法把这种蛾限制在了美国东北部。在这种蛾进入北美大陆后近一百年中,对它是否会入侵南巴拉契亚山区南部大面积的硬木林的担心一直没有成为现实。从国外进口的 13 种寄生虫和捕食性昆虫，最终成功地在新英格兰地区定居下来。农业部对这些引进的物种十分满意，因为它们提供了一个减少了舞蛾爆发的频率和危害的可靠方法。这种天然的控制方法，再加上检疫手段和局部喷药，已经取得了非常好的效果。正如农业部在 1955 年所描述的那样："已经大大地遏制了舞蛾的传播与危害"。

但是，在宣布计划的结果一年之后，农业部的植物害虫防治部门就开始了一项新的计划。这项计划宣称要"消灭"舞蛾，在一年的时间内对几百万英亩的土地进行了大规模的喷药行动。（"消灭"的含义就是在一个区域中彻底、完全地灭绝这一物种。）但是，这一计划遭到了接二连三的失败。这逼迫农业部不得不三番四次地向人们用"扑灭"去解释。

农业部开始发起消灭舞蛾的化学战争时，声势惊人。1956 年，宾夕法尼亚州、新泽西州、密歇根州、纽约州的将近一百万英亩的土地上喷洒了化学药物。喷药区的很多人纷纷抱怨说药品的危害十分严重。随着大面积喷药的方式成为常规操作，环保人士变得更加担忧。1957 年，当农业部计划宣布要对三百万英亩土地进行喷药的时候，环保人士反对的声音更加激烈。州和联邦的农业官员总是用耸肩来表示他们对这些抱怨并不在意。

1957 年，长岛被划入了喷药区中，它主要包括人口众多的城镇和郊区，还有一些盐沼包围着的海岸区。除了纽约市之外，长岛的纳苏郡是纽约州人口密度最大的郡。有人始终认为"舞蛾已经在纽约市区肆虐"被作为证明喷药计划正当性的重要借口来证明，但这种观点看起来真是荒谬无比。舞蛾是一种森林昆虫，根本不可能生存在城市里，也不可能生活在草地、耕地、花园和沼泽中。但是，1957年由美国农业部和纽约州农业和商业部共同雇用的飞机还是按照预定计划把DDT喷洒了下来。菜地、奶牛场、鱼塘和盐沼都被喷洒了DDT。当飞机经过郊外街区上空时，一位家庭妇女正急着把自己的花园遮蔽起来，但是她的衣服被药水打湿了；这些杀虫剂也喷洒到了正在玩耍的孩子和火车站乘客的身上。在西托基特，一匹品种优良的夸特马因为喝了一条被飞机喷过药的小河中的水，十小时后就死去了。汽车被化学混合物喷得油迹斑斑，花和灌木都被毁灭了。鸟、鱼、蟹以及很多有益的昆虫都被杀死了。

　　1957年，世界著名的鸟类学家罗伯特·库什曼·墨菲带领着一群长岛的市民曾经向法院上诉，企图阻止喷药计划。在他们最开始的要求被法院驳回之后，前来抗议的市民被迫忍受DDT的喷洒。不过之后，他们仍然坚持争取长期禁止喷药。然而，这一次的喷药已经开始，法院只能认为市民的申诉丧失了实际意义。这个案件一直上诉到最高法院，但最高法院拒绝接受申诉。威廉·道格拉斯法官强烈反对法院拒绝重审案件的决定，他认为"许多专家和官员所提出的关于DDT的危险性警告，足以说明这一案件对民众的重要性"。

　　长岛的市民提出的诉讼至少使公众开始关心大规模使用杀虫剂的频率越来越高，并注意到了昆虫防治部门枉顾居民神圣的个人财产权的权势和倾向。

　　对很多人来说，牛奶和农产品在舞蛾喷药过程中受到的污染是一个不幸的意外。在纽约州北部的韦斯切斯特县拥有200英亩土地的沃勒牧场所发生的事情就是这种污染的最好证明。沃勒夫人曾要求农业部官员不要在她的牧场喷药，但是在向森林喷药的同时避开牧场是不可能的。

她提出在对农场进行检查后，可以用点状喷洒来阻止蛾虫的传播。虽然人们向她保证药不会落到牧场的土地上，但牧场仍遭受了两次直接喷药，还有两次受到附近飘来的药物的影响。在喷药 48 小时后，从沃勒牧场的纯种格恩西奶牛的牛奶里取得的样品表明牛奶中 DDT 的含量达到了 14%。从母牛吃草的田里取得的饲料样品也被污染了。尽管当地卫生局对这件事情已经有所了解，但并没有阻止受污染的牛奶的上市。这只不过是消费者缺乏保护的一个典型事例。不幸的是这种情况实在是太普遍了。尽管食品和药物管理处要求牛奶中不能含有一点杀虫剂的成分，但这种限制不仅没有得到严格执行，而且其应用的对象只是州际之间交换的货物。州和郡的官员并没有遵守联邦政府规定的农药标准的义务。除非本地法令和联邦规定不一致，但这种情况并不多见。

种植蔬菜的人也未能幸免。一些蔬菜的叶子已经枯焦，遍布斑点，根本无法出售。蔬菜含有大量的有毒残留物。康奈尔大学农业实验中心从一个豌豆样品中分析出 DDT 含量达到了百万分之十四至二十，而法定的上限是百万分之七。因此，种植者们不得不承受巨大经济损失，或是出售化学药物含量超标的产品。他们中的部分人已经申请并获得了一些赔偿。

随着在空中喷洒 DDT 的次数的增多，法院接到的申诉次数也大大增加。在这些申诉中，部分是来自纽约州某些区域的养蜂人。在 1957 年喷药前，在果园中使用 DDT 就已经给养蜂人造成了巨大的危险。一位养蜂人痛苦地说:"直到 1953 年，我一直把美国农业部和农业学院颁布的每一个政策都当成是天经地义的。"但是在 1953 年 5 月，在这个州进行大面积喷洒农药之后，这个人就损失了 800 个蜂群。他们遭受的损失是如此广泛和严重。另外 14 个养蜂人和他一起参加对该州政府的控告，要求赔偿损失25万美元。另一位养蜂人在1957年的喷药中损失了400个蜂群。他报告说，林区的工蜂（担任外出采集花蜜和花粉的任务）已经被全部杀死，而在一片受到影响较轻的农场也有50%的工蜂死亡。他写道："在五月份走到院子里，却听不到蜜蜂的嗡嗡声，这是一件令人伤心的事情。"

控制舞蛾的计划里充满了不负责任的行动。因为不是根据喷药飞机喷洒的面积，而是根据其消耗的喷药量来给它支付费用，所以飞行员完全没有节约农药的必要，就这样，许多土地被喷的次数都不止一次。在不止一个事例中，空中喷药合同都是与一个外州的公司签订的，这个公司的注册地不在当地，所以它不同意州里官员所提出关于登记的法律要求来负法律责任。在这种责任模糊的情况下，遭受直接经济损失的人们会发现他们不知道该告谁。

在1957年灾难般的喷药之后，喷药计划会突然减少，并发表了一个含糊其词的声明，要对过去工作进行"评价"，并测试其他杀虫剂。1957年喷药面积是350万英亩，1958年减少到50万英亩，1959、1960、1961年又减少到10万英亩。在此期间，昆虫防治部门一定得到了来自长岛的令人不安的消息，那里出现了大量舞蛾。这一代价高昂的喷药计划原本想彻底消灭舞蛾，最终却什么也没有做到，还让农业部失去了公众的信任和良好的信誉。

此时，农业部的植物害虫防治人员看起来已经暂时忘记了舞蛾的存在，因为他们又在南方开展了一个野心更大的计划。"消灭"这个词又一次出现在了农业部文件上。这一次，他们散播的印刷品向人们承诺要消灭火蚁。

火蚁因其火红的刺毛而得名。它是通过亚拉巴马州的莫比尔港从南美洲进入美国的。在第一次世界大战以后不久，人们就在亚拉巴马州发现了火蚁。到1928年，火蚁已经扩散到了莫比尔港的郊区，之后它继续了自己的入侵，如今已进入了南部的大多数州省。

自从火蚁进入美国后的四十多年中，它们似乎一直没有引起人们的注意。火蚁之所以在为数最多的州被看成是一种讨厌的昆虫仅仅是因为这些火蚁建立了高达一英尺的窝巢。这些窝巢会妨碍农机的工作。但只有两个州把这种昆虫列入了最重要的20种害虫的名单，还把它们排在了末尾。官方和民众似乎都没有认为这种火蚁会威胁到农作物和牲畜。随着具有强大威力的化学药物的发展，官方对于火蚁的态度突然发生了变化。1957年，美国农业部发起了其史上最著名的宣传行动。这种火蚁成为政府宣传稿、电影和故事的联合攻击的目标。政府宣传部门把这种昆虫描绘成杀害南方鸟类、牲畜和人类的凶手。

一个规模浩大的行动开始了。在这个行动中，联邦政府与受害的州合作要处理南方九个州近两千万英亩的土地。1958年，当扑灭火蚁的计划进行得如火如荼的时候，一家商业杂志兴奋地报道：“在由美国农业部所进行的灭虫计划的规模不断增加的情况下，美国的杀虫剂制造商一定会生意兴旺。"

除了那些"销售高潮"的直接受益者，实际上，每一个人都在彻底地咒骂这样的喷药计划。这是一个想法拙劣、执行糟糕的、危害性极大的大规模防治昆虫的实验。可以说，这个实验耗资巨大、给生命造成致命的威胁、并使公众对农业部丧失了信任，然而不可理解的是，这项计划仍然能够吸纳到新的资金。

起初，一些后来不为人所信任的主张却赢得了国会的支持。火蚁被描绘为对南方农业构成严重的威胁，说它们会毁坏庄稼，攻击地面上筑巢的幼鸟。有人说，它们的刺也会极大地危及人类健康。

这些说法听起来可靠吗？那些攫取利益的农业部证人发表的声明与农业部重要出版物中的内容并不相同。1957年，在《为控制危害农作物和牲畜的杀虫剂建议》的通报上并没有专门提到火蚁。如果，农业部相信这是自己的出版物，那真是一个令人吃惊的"遗漏"。在1952年农业部专门讲述昆虫的百科全书年鉴的50万字中与火蚁有关的内容也不过只有很小的篇幅。

农业部毫无根据地认为火蚁毁坏农作物，伤害牲畜。亚拉巴马州农业试验站进行了仔细的研究之后，提出了与农业部相反的观点。亚拉巴马州在防治这种昆虫方面的体会最深。根据亚拉巴马州的科学家的观点："火蚁很少会对农作物造成危害"。1961年，时任美国昆虫学会主任、亚拉巴马州理工学院的昆虫学家艾伦特博士说，他所在的学院"在过去五年中从来没有收到过任何有关火蚁破坏植物的报告……也从未发现其对牲畜的威胁。"在野外和实验室中真正观察研究过火蚁的人们说，火蚁的主要食物是其他昆虫。其中的绝大多数昆虫都被认为是对人类有害的。有人曾经观察到火蚁会从棉花上捕食象鼻虫的幼虫。火蚁的筑巢行为也有利于土壤的疏松和通气。亚拉巴马州的研究已经得到了密西西比州立大学的证实。

这些研究工作远比农业部提供的证据更为可靠。很明显，农业部的证据要么是从对农民的口头采访中得到的，而农民们很容易把不同种类的火蚁混为一谈；要么是根据过去的研究资料。某些昆虫学家相信，火蚁数量的与日俱增已经改变了其饮食习惯，所以那些几十年前进行的观察早就没有什么价值了。

因此，人们关于火蚁威胁健康与生命的观点必须改变。在农业部拍摄的一部宣传电影中（目的是为了争取对其消灭火蚁行动的支持），人们围绕着火蚁的刺拍摄了很多令人毛骨悚然的镜头。尽管，被这种刺刺到确实很痛，人们被反复提醒要避免这种刺伤，正如通常要躲开黄蜂或蜜蜂的刺一样。有些体质比较敏感的人偶尔也会出现严重的反应。医学文献中也记录过一个人的死亡原因可能是火蚁毒液，虽然这一点还没有得到确证。根据人口统计局报告，仅在1959年一年，因为蜜蜂和黄蜂蜇刺而死亡的人数为33人。但是，从来没有一个人提出要"消灭"这些昆虫。当地人提供的证据是最令人信服的，虽然火蚁已经在亚拉巴马州生存了四十年，并且在此地的数量最多，亚拉巴马州的卫生官员宣称："本州从来没有接到一个人被火蚁攻击而死亡的报告。"他们认为火蚁叮咬所引起的病例是属于"偶然的"。火蚁在草坪和操场上建立巢丘，可能会计儿童容易被叮，不过，这很难成为给几百万英亩的土地喷洒化学药品的借口。只要针对这些巢丘进行处理，这一问题就将迎刃而解。

　　对于鸟类危害的观点同样也是在毫无根据的情况下提出的。亚拉巴马州奥本市野生动物研究中心的领导者莫里斯·贝克博士在这个问题上最有发言权。他在这一地区具有丰富的工作经验。他的观点完全与农业部的论点相悖。贝克博士认为："在亚拉巴马州南部和佛罗里达州西北部，我们可以看到很多鸟类，而美洲鹑与大量迁入的火蚁和平并存。火蚁在亚拉巴马州南部已经生活了近四十年，然而鸟类的数量一直是稳中有升。当然，如果这种迁入的火蚁会对野生动物造成严重的威胁，这样的情况根本不会出现。"

　　使用杀虫剂消除火蚁会给野生动物造成什么样的影响，就完全是另一回事了。使用的化学药物是狄氏剂和七氯，它们都是新型化学品。人们没有多少使用这两种化学品的经验，没有一个人知道在大规模使用的时候，它们将会对野生鸟类、鱼类或哺乳动物产生什么影响。但是，人们所知道的是这两种化学品的毒性都超过 DDT 许多倍。DDT 已经使用了近十年的时间，哪怕是使用 DDT 的剂量是每英亩 1 磅，也会对一些鸟类和许多鱼类造成致命的影响。但是，狄氏剂和七氯的剂量更大——在大多数情况下为每英亩 2 磅，如果要将白缘甲虫作为消灭目标的话，每英亩的狄氏剂剂量要提高到 3 磅。根据它们对鸟类的效应而言，每英亩使用的七氯相当于 20 磅 DDT，而这些狄氏剂相当于 120 磅的 DDT。

该州的自然保护部门、国家环保机构、生态学家以及一些昆虫学家都对此发出了紧急的抗议。他们要求时任农业部部长伊斯拉·本森推迟执行这个计划，至少也要等到通过研究确定七氯和狄氏剂对野生及家养动物的影响，确实掌握了消灭火蚁所需的最低剂量之后。但是，这些抗议并没有起到任何作用，喷药计划于 1958 年如期执行。第一年喷洒的土地面积就达到了 100 万英亩。很明显，在这种情况下，任何研究工作都不具备亡羊补牢的性质了。

随着这个计划的进行，更多的真相在州与联邦的野生动物机构和一些大学研究所的研究工作中被逐步揭开。根据这些研究证明在一些喷药地区，野生动物几乎被灭绝了。家禽、牲畜和家庭宠物也都被杀死。农业部以"夸大"和容易让人产生"误解"为理由，抹去了一切遭受损失的证据。但是，真相仍在继续揭露。例如，得克萨斯州喷药之后，负鼠、犰狳以及大量浣熊实际上已经消失了。甚至在喷药后的第二个秋天，这些动物仍然十分少见。在这个地区发现的几只浣熊体内都检测出含有这种化学品的残毒。

在喷药地区发现的死鸟一定是吞食了用于消灭火蚁的毒药，通过对它们的组织进行化学分析已经证实了上述事实。（麻雀是唯一幸存下来的鸟类，其他地区也有证据说明它可能相对具有免疫性)。在1959年喷过药的亚拉巴马州的一片开阔的土地上，有一半鸟类被杀死。那些生活在地面上或低矮灌木中的鸟类全部死亡。即使在喷药一年之后，春天也没有鸟儿出现，很多鸟类筑巢的地区都是一片死寂。在得克萨斯州的鸟巢，发现了死亡的燕八哥、美洲雀和百灵鸟，许多鸟巢都被废弃了。当得克萨斯州、路易斯安那州、亚拉巴马州、佐治亚州和佛罗里达州将发现的死鸟样本送到鱼类和野生动物管理局进行分析时，90%的样品都被发现含有狄氏剂和一种七氯的残留物，浓度大概是百万分之三十八。

在路易斯安那州的北部觅食过冬的丘鹬，如今体内已含有对付火蚁的有毒物质。这个污染的原因是很清楚的，丘鹬主要的食物是蚯蚓，它们会用细长的鸟喙在土中翻找蚯蚓。在路易斯安那州喷过药之后的6—10月中发现了体内七氯浓度为百万分之二十的蚯蚓。一年之后，浓度仍然至少为百万分之十。丘鹬的中毒引发的恶果现在已经在幼鸟和成年鸟中得到了清楚的表现。这一变化在对火蚁喷药后的四个月后就被看出来了。

北美鹑的情况使南方狩猎者们最为不安。这种在地面上筑巢、觅食的鸟儿在喷药区几乎灭绝了。例如，野生动物联合研究中心在亚拉巴马州对3600英亩已被喷过药的土地上的鹌鹑数量进行了初步统计。总计有13个群落、121只鹌鹑存在于这个区域。在喷药后的两周，这里就发现了死去的鹌鹑。经过分析，所有被送到鱼类和野生动物管理局的鸟儿体内所含的农药的总量都足以致命。得克萨斯州再次重演了亚拉巴马州的悲剧。该州对2500英亩的土地喷洒了七氯，几乎损失了他们全部的鹌鹑。除此之外，百分之九十的鸣禽都死了，人们又一次在死鸟的体内发现了七氯残留物的存在。

除了鹌鹑之外，野火鸡的数量因为扑灭火蚁的计划而大大减少。在使用七氯之前，亚拉巴马州威尔考克斯有 80 只火鸡，但在喷药后的那个夏天却一只也没有发现，除了一堆没有孵化的蛋和一只死去的幼鸟之外，一只火鸡都没有发现。与家养的火鸡一样，野火鸡可能遭遇了同样的命运。在喷洒过化学药品的区域中，农场中的火鸡也很少孵出小鸡，也很少有鸡蛋孵化，但几乎没有幼鸟可以存活。这种情况在附近没有喷洒过农药的区域中并没有发生。

这样的命运绝不止降临在这些火鸡身上。在美国名气最大、最受人尊敬的野生动物学家克莱伦斯·科塔姆博士询问了一些土地被喷过药的农民。除了谈到在土地喷过药之后，几乎所有的小鸟都消失之外，大部分农民都报告说他们的牲畜、家禽和宠物都死了。科塔姆博士报道说：有一个人"对喷药人员十分生气，他埋葬或用其他方法处理 19 头被毒死的牛，另外他还知道三四头母牛的死因也是如此。就连出生后吃了牛奶的小牛犊也死了。"

被科塔姆博士访问过的人们都对他们的土地在喷药后几个月内发生的事情感到迷惑不解。一个妇女告诉博士说"在喷药结束后，她放出了一些家养的母鸡"，但是因为某些她不知道的原因，几乎没有小鸡孵出和活下来。另外一个养猪的农民"在毒药扩散后的九个月中，他再也没有得到一只小猪仔。小猪仔要么生下来就是死的，要么生下后也很快死去。"另外一个农民也提供了相同的情况，他说本应有 250 头之多的小猪仔，但只有 37 头出生，31 头存活。自从土地被喷药之后，这个农民也完全不能养鸡了。

农业部一直拒绝承认牲畜的损失与消灭火蚁的计划有关。但是，佐治亚州班布里奇一位名叫奥迪斯·波伊特文的博士——他曾被召集去治疗中毒的动物——总结道：他认为在喷洒消灭火蚁的化学药品之后的两星期或几个月的时间内，牛、羊、马、鸡、鸟以及其他野生动物无不患上了一种致命的神经系统疾病。它只对那些直接接触过被污染的食物或水的动物有影响，而圈养的动物则没有被波及。这种情况也只存在于防治火蚁的地区。对这些疾病的试验也反驳了农业部的意见。由波伊特文博士与其他兽医所观察的症状与权威著作中描绘的狄氏剂或七氯中毒的症状一模一样。

波伊特文博士还描述了刚出生两个月的小牛犊七氯中毒的有趣病例。经过彻底的实验室检查之后，小牛犊的脂肪被发现含有百万分之七十九的七氯。但此时距离喷洒七氯已经过去了五个月。这头小牛犊是因为吃草直接中毒呢？还是喝它母亲的奶而间接中毒呢？甚至在它出生之前就感染了七氯之毒？波伊特文问道："如果是因为喝牛奶而中毒，为什么不采取措施来保护我们饮用当地牛奶的那些儿童呢？"

波伊特文博士的报告提出了牛奶污染的严重问题。消火火蚁的计划主要针对的是田野和庄稼地。那么，在这片土地上吃草的奶牛的情况又怎么样呢？在喷药的田野上，青草一定会含有某种形式的七氯的残留物，如果这些残留毒物被奶牛吃了，那么它们必将存在于牛奶中。1955年，早在执行火蚁防治计划之前，七氯实验已经证明了这种毒物可以直接进入牛奶。后来有关狄氏剂的实验结果也是相同的——它也是在火蚁防治计划中使用的一种有毒物质。

现在，农业部的年刊已经把七氯和狄氏剂列入了一个化学药物的名单里，这些化学药物会使草料不再适宜喂养产奶或是具有肉食价值的动物。但是，农业部门的防治部门仍然在南方的很多牧场执行大规模喷洒七氯和狄氏剂的计划。谁能够向消费者打包票，说他们以后不会在牛奶中看到狄氏剂和七氯残留的毒素呢？美国农业部一定会回答，说它已经劝告农民将他们的奶牛从喷药的牧场赶出去 30 到 90 天。鉴于许多牧场的面积不大，防治计划的规模又大——很多时候都是通过飞机进行喷洒化学药物——所以很难让人完全信任农业部的劝告是否应该执行。从残留毒物的稳定性来看，建议隔离的时间是远远不够的。

虽然食品和药物管理局对牛奶中出现的农药残留物表示不满；但他们的权限不大。在属于火蚁防治计划范围内的大部分州里，乳制品业的规模萎缩，产品也无法运到别的州去销售。联邦灭虫计划严重地危及了牛奶的供应，而如何尽量消除这一问题的消极影响都留给各州自己去解决。1959 年，对亚拉巴马州、路易斯安那州和得克萨斯州的卫生官员以及其他有关人员进行的调查表明，他们并没有进行任何检测，甚至完全不知道牛奶是否会受到污染。

同时，在那个控制火蚁的计划开始之后所进行的对七氯特性的研究，不如说是有人查找了之前的研究资料更为准确。因为，由联邦政府发起的灭虫行动带来危害，早在几年前就已经存在了，而且本可以对灭虫行动产生影响。这一事实是七氯在动植物的组织中或土壤中存在了一段时间后，就变成了一种毒性更强的环氧七氯。环氧化物通常被认为是因为风化作用产生的"氧化物"。自从 1952 年开始，人们就已经对这种转变十分清楚了。食品与药物管理局发现用百万分之三十的七氯喂养的雌鼠在两周之后，体内就蓄积了百万分之一百六十五的环氧七氯。

1959 年，上述只在生物学文献中记述过的真相才为平民所知。当时食品与药物管理局采取了禁止食物含有任何七氯或其他环氧化物的残毒的行动。这一禁令至少暂时延缓了那个防治计划的执行。尽管农业部仍在继续要求增加火蚁防治计划的资金，但地方农业顾问已经不愿意劝说农民去使用杀虫剂了，因为这可能使他们的农作物在法律上变成不能售卖的东西。

简单地讲，农业部根本没有对使用的化学物质进行最基本的调查，就盲目地执行喷药计划。即使进行了调查，也有意地忽略了调查结果。他们并没有对能实现灭虫目标所需要的化学药物的最低剂量做过最基本的研究。在连续三年喷洒大剂量药物之后，突然在 1959 年把七氯的剂量从每英亩 2 磅降低到每英亩 1.25 磅，后面又降低到每英亩 0.5 磅，在 3 到 6 个月的时间里，两次喷洒的剂量分别降到了 0.25 磅。一名农业部官员把这个变化解释成"一种对计划的积极修正"，这种修正表明了小剂量是有效的。如果在消灭害虫的计划发起之前，人们就知道这种报告的话，就有可能避免大量的损失，节约纳税人的一大笔资金。

1959 年，农业部可能是为了消除对该计划日益增长的不满情绪，主动提出只要这些农场主签字承认不需要联邦、州及当地政府对损失负责，就可以为得克萨斯州的农场主免费提供化学药物，同年，亚拉巴马州对化学药物造成的损失感到震惊和愤怒，因此拒绝为继续执此计划拨款。一位官员描述了整个计划的特征："这是一个愚蠢、草率、失败的行动，是毫不尊重其他公共和个人机构的权利的例子。"尽管失去了州政府的资金，联邦政府的钱却仍不断地进入亚拉巴马州。1961 年，立法机构又被说服拨出了一小笔经费。同时，路易斯安那州的农民们对这项计划的不满态度也越发明显了。因为对付火蚁的化学药物会使得危害甘蔗的昆虫大量繁殖。最重要的是这项计划没有起到任何的作用。1962 年春天，路易斯安那州立大学的农业实验中心昆虫研究室主任纽森教授简洁精准地总结道："州和联邦机构联合开展的'消灭'火蚁的计划遭到了彻底的失败。虫害在路易斯安那州扩散的地区比防治计划开始之前更大了。"

看起来，一种更为理性、更为稳妥的趋势已经开始了。佛罗里达州政府报告说，"本州火蚁的数量比控制计划开始之前要更多了。"他们宣布停止任何大规模扑灭火蚁的计划，而准备改用小范围控制的办法。

多年来，人们对有效而价格低廉的局部防治办法已经十分熟悉了。火蚁建筑巢丘的习惯，会让用化学药物处理单个巢丘变得非常容易。这种处理每英亩会耗费 1 美元。密西西比农业实验中心研制出的耕田机在那些火蚁巢丘很多又需要机械化操作的地区，会首先将土地平整，然后直接向巢丘施放杀虫剂。这种办法可以实现对 90%-95% 的火蚁的控制，每英亩的成本仅为 0.23 美元。相比之下，农业部的大规模防治计划每英亩的成本却是 3.5 美元——这也是所有办法中耗费最大、危害最大、效果最差的一项计划。

第十一章 超过波吉亚家族的想象

地球遭受的污染不仅是大规模洒药的问题。对于我们大多数人来说，那些我们日复一日、年复一年所遭受的无数小规模有毒物质的扩散比那些大规模喷药更为严重。如同水滴石穿一般，人类从出生到死亡不断与有毒物质的直接接触最终会导致灾难性的结果。即使每次的接触是多么的轻微，这种反复的暴露都会让化学药物在我们体内不断累积，并且引起慢性中毒。没有人能够免疫这种日益蔓延的污染，除非他生活在完全与世隔绝的环境中。由于受到商家的引诱和劝说，普通居民很少会觉察到他们身边的那些含有剧毒物质的材料。他们可能根本没有意识到自己正在使用这样的材料。

有毒物质普遍应用的时代已经到来了，以致任何一个人在商店里随便买到的东西的毒性都比某些药店买的药品要强得多，而不会有什么人向他提出问题。如果他要去药店买些带点毒性的药品，就可能被要求在登记本上签字。对每家超级市场的调查都足以令那些最大胆的顾客感到震惊。（如果这名顾客对自己想要购买的化学药物具有最基本的知识。）

如果在售卖杀虫剂的区域上方挂一个画有骷髅和交叉大腿骨的死亡图案，那么顾客在进入商店时至少会怀有对致死物质的畏惧。但是，我们在现在的商店里看到一排排的杀虫剂像其他商品一样舒适愉快地陈列在货架上。它们的另一边就是泡菜和橄榄，还与洗澡、洗衣用的肥皂排在一起。装着化学药物的玻璃容器放在儿童很容易摸到的地方。如果这些玻璃容器被儿童或大人粗心地碰倒，喷溅出的药物会导致周围的人中毒抽搐。这种危险还会随着消费者直接进入他的家中。例如，在一个盛有DDT防蛀材料的罐子上会用很小的字体印一个警告，表明它是高压填装的，如果受热或遇见明火就可能爆炸。一种普通家用杀虫剂（包括在厨房内的各种用途）叫作氯丹。然而，食品和药品管理局的首席药物学家已经宣布：居住在氯丹喷洒过的房子里有着"很大的危险"。其他一些家用杀虫剂中含的狄氏剂毒性更强。

在厨房中使用这种化学品既便利又很吸引人。无论是白色还是人们喜爱的其他颜色，厨房的架子包裹的纸都可以用杀虫剂浸透，而且两面都能被污染。制造商们为我们提供了一个自己动手消灭虫子的册子。我们可以非常轻松地将狄氏剂的烟雾喷向房间中偏僻的地方和护壁板上最不易达到的角落和裂缝。

如果我们饱受蚊子、沙蚤或其他有害昆虫的困扰，我们可以选择种类丰富的乳液、面霜和喷剂用于衣服和皮肤上。尽管已经有人告诫我们说这些物质中有些可以溶解于清漆、油漆和混合纤维，但我们仍然认为这些化学物质无法渗透人类的皮肤。为了让我们随时都能消灭昆虫，纽约一家专营店推出了一种小型的喷雾剂，它可以放在钱包、沙滩盒、高尔夫球具和渔具里。

我们可以在地板上打一层蜡，以保证杀死所有在地板上活动的昆虫。我们可以在橱柜和衣物袋中挂一条浸透了林丹的布条，或是把布条放在写字台的抽屉里，这样就可以使我们在半年时间内不需要担心蛀虫。商家在推销这些药品时，并没有说明高林丹具有极强的危险性。推销一种可以喷出林丹的电子设备的广告也没有说明这种危险。我们被告知这种药物是安全的、无异味的。然而事情的真相是，美国医学会认为林丹加湿器是一种非常危险的设备，所以他们在自己的杂志上发起了一个抵制使用林丹加湿器的活动。

　　农业部在一份家庭与园艺刊物中建议我们使用可溶于油的DDT、狄氏剂、氯丹，或各种其他的防蛀剂去喷洒我们的衣服。农业部说，如果过量喷洒，在衣服上留下白色的杀虫剂沉淀物，可以用刷子刷掉。但是他们却忘记警告我们要注意在什么地方去刷和怎样刷。这一切导致了我们晚上睡觉的时候还要接触杀虫剂——因为我们盖的防蛀毯子常常用狄氏剂侵染过。

　　现在，园艺与毒性超强的物质有着十分密切的关系。每一家五金店、园艺用具店和超市都有成排的杀虫剂可供销售，满足园艺工作中的各种需要。那些还没有得到普遍应用的众多致命喷剂和药粉，只是因为人们的动作太慢了，因为几乎所有报纸上的园艺版面和大多数园艺杂志都认为使用这些药剂是理所当然的事情。

　　具有快速致死性的有机磷杀虫剂被广泛地应用于草地和观赏植物。1960年，佛罗里达州卫生委员认为有必要禁止任何人在没有征得同意的情况下，违规在居民区使用杀虫剂。在这一规定实行前，硫磷中毒导致的死亡案例已经出现了很多个。

　　但是，并没有人采取行动去警告那些园艺工人和房主，他们正在接触极为危险的药物。然而，市场上不断出现新型的机器，导致在草坪和花园中使用毒剂变得更加方便，同时也增加了园艺工人与有毒的化学物接触的机会。例如，一个工人可以用一种罐装设备安装在塑料水管上，当人使用这种装置给草坪浇水时，如氯丹和狄氏剂这样的剧毒化学品就像洒水一样洒在草坪上。这样的装置不仅伤害使用水管的人，对其他人也是一个极大的威胁。《纽约时报》认为有必要在它的园艺专栏中刊登一个警告，如果不安装特殊的保护装置，毒药就会由于反虹吸作用而进入供水系统中。考虑到这种装置被大规模地投入使用，又很少有人发出这样的警告，我们还会为公共水源被污染感到惊奇吗？

为了了解园艺工人身上发生的问题，我们可以来看一看一个医生的例子。这个医生是一个热情的业余园艺爱好者。起初，他每周都会在自己家的灌木丛和草坪上使用 DDT，后来又换成了马拉硫磷。有时，他会使用手持喷壶，借助于塑料管子上的附件直接把药加进来。当他操作的时候，皮肤和衣服常常被药水打湿了。大约一年之后，他忽然病倒了，并且住进了医院。医生检查了他的脂肪活体样本，发现其中含有浓度为百万分之二十三的 DDT。他的神经受到了严重的损害，给他看病的医生说这种损害是永久性的。随着时间的推移，他变得瘦弱，感到疲劳无力，这是典型的马拉硫磷中毒的症状。因此，这些持续的症状已经足以让这位园艺爱好者再也不能继续工作了。

除了曾经是安全的花园塑料管之外，割草机也装了喷洒杀虫剂的装置，当主人在修理他的草坪时，这种附加装置就会喷出一股股蒸气般的白色烟雾。这样，分散度很好的杀虫剂微粒就与具有潜在危险的燃油废气混在一起。那些对此毫不怀疑的郊区居民使用这种机器去喷洒杀虫剂，加重了自己土地上的空气污染，其污染程度很少有城市可比。

但是，没有人明确地提出用杀虫剂清理花园或者在家使用杀虫剂的危害——印在商标上的警告的字体很小，导致几乎没有人特意去读它或遵照它去做。最近几年，一家公司正在调查究竟有多少人会认真去看这种警告。结果，调查表明在使用杀虫剂时，只有不到 15% 的人会知道容器上的警告。

现在，郊区居民认为要不惜任何代价去清除马唐草。为了消灭这种植物，用在草坪上的一袋袋化学品已经几乎变成了一种象征。除草剂的品牌名字从来不会使人们猜想到它所代表的产品的实质和特征。人们必须阅读印刷在袋子上最不显眼的位置上的很小的文字，才能知道这些袋子里装的究竟是氯丹还是狄氏剂。人们在五金店或园艺用品店那些使用这些农药的技术资料中看到它们真实的危害。相反，人们往往得到的是一种典型的说明书，描绘了一个幸福家庭的场景：父亲和儿子笑着准备给草坪喷洒农药，小孩子和宠物狗在草地上打滚。

我们食物中的化学品残留问题是一个受到了激烈争论的问题。这些有毒的残留物的存在要么被生产厂家说成是无足轻重的，要么被坚决否认。同时，现在有一种趋势：坚持要求让食物避免受到杀虫剂污染的人们大都会被扣上"狂热"的帽子。在所有这些争论的迷雾中，真相究竟是什么呢？

医学上已经确认了一点，生活在 DDT 时代 (1942 年) 到来之前的人们，在他们的身体组织中不会含有 DDT 和其他同类的化学物。如第三章提到的那样，在 1954 年到 1956 年从普通人中所采集的人体脂肪样品中，DDT 的平均含量为百万分之五点三至七点四。一些证据表明从那时以后，平均含量持续上升到一个比较高的数值。当然，对那些因为职业和一些特殊原因直接接触杀虫剂的人来说，他们体内的含量无疑是更高的。

没有直接接触杀虫剂，在不知不觉间受到污染的普通人的身体脂肪内的 DDT 可能是通过食物进入体内的。为了验证这一假设，美国公共卫生署的一个科学工作组对饭店和大学食堂的食物进行了调查。人们发现每一份食品样本中都含有 DDT。由此，调查者们有充分理由得出结论："几乎不存在完全不含 DDT 的食物"。

在这样的饭菜中，DDT 的含量可能很高。在一项公共卫生署进行的独立研究中，对监狱的食物进行分析之后，表明像炖干果这样的菜的 DDT 含量为百万分之六十九点六，面包的 DDT 含量为百万分之一百点九。

在普通家庭的食物中，肉和所有原料为动物脂肪的食品都含有大量的氯化烃残留物。因为这类化学物质是可以溶解于脂肪的。水果和蔬菜中残留的毒物就要少一些。用水冲洗固然可以起到一点作用，但最好的方法是摘掉生菜、卷心菜这类蔬菜所有的外层叶子，削掉水果皮，并且不要去吃果皮或者是任何的外壳。烹调并不能完全清除残留的有毒物质。

牛奶是少数几种食品和药物管理局明令禁止不允许含有任何杀虫剂残留物的食物之一。但事实上，无论什么时候进行抽样核查，都会检查出有毒的残留物。奶油和其他奶制品中的残留量是最大的。1960 年，对这类产品的 461 个样品进行化验之后，三分之一有残留。食品与药物管理局表示"这种情况是很不乐观的"。

如果一个人要想找到完全不含 DDT 和类似化学药物的食物，他必须去一个遥远而原始，现代文明缺乏的地方。这样的地方虽然很少见，但还是能找到的。比如遥远的阿拉斯加州的北极海岸的边缘地区。但即使在那个地方，人也能看到污染的阴影正在逐步逼近。当科学家对当地的因纽特人的食物进行调查研究时，发现这种食物不含任何杀虫剂。鲜鱼、干鱼、取自海狸、白鲸、美洲驯鹿、麋、北极熊、海象的脂肪、油脂和肉以及蔓越橘、鲑浆果和野大黄都没有受到污染。只有一个例外的是，来自波因特霍普的两只白猫头鹰体内含有少量的DDT，可能是在迁徙过程中被侵入的。

在对一些因纽特人体内的脂肪样品进行抽样分析时，发现了少量的DDT残留物（百万分之一点九）。原因是很清楚的。脂肪样品是从那些离开世居的地方到安克雷奇市的美国公共卫生署医院做手术的人身上取来的。那里盛行的是人类现代文明的生活方式。在医院的食物中发现了与那些人口稠密的城市的食物中一样多的DDT。当这些因纽特人在文明世界短暂停留的时候，已经被烙上了有毒化学品污染的印记。

对农作物普遍喷洒了毒药和毒粉，必然会使得我们所吃的每一顿饭中都含有氯化烃。如果农民严格遵守说明，那么药物残留就不会超过食品与药物管理局规定的标准。暂且不考虑这些残留物的标准是否真的如他们所说的那样"安全"。更为重要的是：农民们经常在临近收获期的时候喷洒超出规定剂量的农药，并且根本不顾及地使用；另一方面，这也表明了人们不会去看那些小号字体写成的使用说明。

即使是制造杀虫剂的工厂企业也认为农民经常滥用杀虫剂，需要进行教育。化学工业的一家主要杂志最近宣称："许多使用者不知道如果使用的农药剂量超标，它们的耐药性将大大提高。另外，很多农民脑子一热，就会在许多农作物上随意使用杀虫剂。"

在食品与药物管理局的档案中就记载了大量的类似的例子。其中一些说明了农民对于使用说明完全不管不顾。一位种植生菜的农民在生菜即将收获之际，在田里使用了八种不同的杀虫剂。一位运货者在一批芹菜上使用了五倍于规定剂量的含有剧毒的对硫磷。尽管在生菜上不允许残留化学药物，但是种植者们仍然使用了毒性在所有氯化烃中最强的异狄氏剂。菠菜也在它成熟前的一周里被喷洒了DDT。

当然，也存在偶然或意外污染的情况。一艘轮船上装在麻袋中的绿咖啡全部受到了污染，因为船上同时装有一些杀虫剂。仓库里的食物可能被DDT、林丹以及其他杀虫剂污染。这些杀虫剂可以渗透进包装好的食物中，累积到一定数量。食品在仓库中存放的时间越长，污染的可能性就越大。

有人会问："难道政府无法保护我们免受其害吗？"得到的回答是："政府的能力有限。"在保护消费者避免杀虫剂危害的过程中，有两个原因极大地限制了食品与药物管理局。第一个是管理局只对州际贸易运输的食品有管辖的权力，而不管有多少违法的行为，在一个州内部种植和买卖食物都不在其管辖范围内。第二个则是一个众所周知的原因，即这个管理局的办事员人数太少。只有不到六百个人，却要从事繁重的工作。正如食品与药物管理局的一位官员所说，只有很少一部分的州际贸易的农产品(远小于百分之一)能够进行检查。但这样取得的统计结果并不完整。至于在一个州内生产和销售的食品，情况就更糟糕了，因为大多数州在这方面的法律规定极不健全。

食品与药物管理局规定的污染最大容许限度存在着明显的缺陷。当前这种农药应用广泛的情况下，这个规定只不过是一纸空文，且造成了一种假象，即安全限制已经确立并得到了坚决的贯彻。至于说人们允许为了安全将剂量很少的毒剂洒到食物上，很多人有充分的理由认为没有一种毒剂是安全的或是人们的食物所需要的。为确定一个容许值，食品与药物管理局重新对这些化学药品对实验动物的效果进行了审查，最终确定了一个污染的最大容许值,这个数值比实验动物出现中毒症状所需要的量要少很多。这个看起来可以确保安全的最大容许值,其实违背了很多重要的事实。实验动物都生活在可控的、人工化程度极高的环境中,给它们喂食一定量的化学药品,与人类接触杀虫剂之间有着很大的不同。人所接触的杀虫剂不仅仅种类繁多,而且大部分是未知的、无法测量,甚至是不可控的。即使午餐色拉的生菜中的DDT含量为百万分之七是"安全的",但是人在这顿饭中还会吃其他的食物。而每一种食物都含有一定量的不超标的残留。另外正如我们知道的,食物中的杀虫剂只是人类摄入杀虫剂总量的一部分,甚至是很小的一部分。通过多种渠道摄入的化学药物叠加在一起,就组成了一个无法估计的总量。所以,只是讨论单独一种食物中有毒物质残留的"安全性"问题是完全没有意义的。

另外还存在一些问题。有时候,这种容许值的确定违背了食品与药物管理局的科学家做出的正确判断。此类的案例将在本书后面的内容中得到证明。或者它们的确定并没有建立在对化学药物知识的充分了解的基础上。当对实际情况有了更多了解后,这种容许值可能就会丧失其权威性,甚至被放弃,不过在那之前,公众已经遭受这些化学药物几个月甚至几年的危害了。七氯曾经有一个容许值,但后来不得不取消了。在有些化学物质开始登记使用前,因为缺少野外实用分析,导致人们很难找到残留的有毒物质。这一困难极大地阻碍了对残留的蔓越橘业氨基三噻唑的检查。对于某种普遍应用于种子处理的杀菌剂的分析方法也存在疏漏。如果这些种子在种植季节结束之前,仍未能种到地里的话,它们就可能作为我们的食物。

事实上,确定容许值将意味着允许公众的食物中含有有毒的化学物，降低农民和农产品加工者的生产成本，但却逼迫消费者必须缴纳额外的税赋，支持监察机构去调查他们是否会摄入致死的剂量。不过，这项工作可能要付出一笔巨额的资金——任何议员都不敢擅自同意拨出如此巨额的资金，才能了解清楚农药的现用量与毒性的情况。最终一定是倒霉的消费者缴纳了税赋，却仍然无法阻止有毒的物质进入自己的体内。

那有什么解决的办法呢？首先就是取消氯化烃、有机磷和其他毒性强的化学物质的容许值。但有人很快就对这个建议提出了反对，因为它会加重农民身上的负担。但是如果能将各种各样的水果和蔬菜的农药残留物严格控制在百万分之七的DDT，或百万分之一的对硫磷，或百万分之零点一的狄氏剂，那么为什么不将这些残留的有毒物质完全清除掉呢？实际上，现在的一些农作物就禁止含有某种化学残留，例如七氯、异狄氏剂、狄氏剂等。如果真的能够禁止上述农药进入食品，那为什么不将对象扩大到所有的农作物呢？但是这不是一个彻底或最终的解决办法。只出现在纸上的零容许值毫无价值可言。现在，如我们所知，99%以上的州际运输的食物都成功逃避了检查。因此，我们迫切需要建立提高食品与药物管理局的警惕性和积极性，并扩大检查人员的数量。先有意让我们的食物含有毒素，然后又对这一结果进行监管的做法使人不能不想起刘易斯·卡罗尔的"白衣骑士"。这名白衣骑士想出了一个办法，把自己的络腮胡子染成绿色，再用一把巨大的扇子遮住不让别人看见。最终的答案是减少有毒化学物质的使用，这样就可以减少因为滥用这些化学物质所导致的公众危害。已经有这样的一些化学物质存在了：除虫菊素、鱼藤酮、鱼尼丁和其他来自植物的化学物质。最近，除虫菊素的人工合成替代品已经被研发出来了。只要有市场，一些国家已经准备好提高除虫菊素的产量了。因此，向公众讲解所出售的化学物质的性质就显得极为必要。一般的消费者都会被各种杀虫剂、灭菌剂和除虫剂弄得头晕目眩，根本没有办法知道哪些是致命的，哪些是相对安全的。

除了尽量使用危险性较小的农业杀虫剂之外，我们应该努力探索使用非化学方法的可能。如今，加利福尼亚州正在进行实验寻找一种新的方法，研究专门针对某种类型的昆虫的细菌所引起的昆虫疾病如何应用在农业上。这种方法更广泛的实验目前也在进行中。现在存在着很多不在食物中留下残毒的对付昆虫的方法。(详情请见第十七章)在这些新方法大规模使用之前，我们仍将从这种不可容忍的情况中感受到沉重的压力。根据目前情况来看，我们所处的环境比波吉亚家族的客人们好不了多少。

第十二章 人类的代价

　　从工业革命时代开始，化学药物已经如同潮水般破坏着我们的环境。这一变化成为最严重的公共健康问题。在此之前，就在昨天，人类还生活在对天花、霍乱和鼠疫等天灾的恐惧阴影中。现在我们最关心的已经不再是那些曾经遍布全世界的疾病；卫生、更好的生活条件以及新型药品都让我们能够更好地控制住传染性疾病。今天，我们担心的是另一种完全不同的潜藏在环境中的灾害——这一灾害是在现代生活方式出现之后，由我们自己引入人类世界的。

　　新出现的环境健康问题有着不同的原因：由于各种形式的辐射引起的，由于包括杀虫剂在内的化学药物引起的。这些化学药物已经广泛地存在于我们生活的世界的各个角落。它们直接或间接地、单独或混合着毒害我们。这些化学药物的出现给我们投下了一个不祥的阴影，这一阴影没有定型，十分隐蔽，且令人担忧，因为人的一生都在接触从未经历过的化学品和物理作用物，后果根本无法预料。

　　美国公共卫生署的大卫·普莱斯博士说：我们大家一直生活在对某

些原因可能会毁掉我们的环境的恐惧之中，从而使人类遭受了与恐龙相同的命运。更令人害怕的是，我们的命运也许在症状出现前的二十年或更早的时候就已经注定了。

杀虫剂与环境性疾病的关联性表现在什么地方呢？我们已经发现化学药品污染了土壤、水和食物，并杀死了河中的鱼、林中的鸟。尽管人类很不愿意承认，但他们确实是大自然的一部分。在如今这个污染已彻底地遍布的世界中，难道人类能够独善其身吗？

我们知道，如果一个人摄入的剂量足够大，即使他只接触了一次化学药物，也会引发急性中毒。但是，这不是主要问题。令人痛心的是农民、喷药工人、飞行员和其他接触大量杀虫剂的人的突然发病或死亡是不应该发生的悲剧。从整个人类的角度来看，在无形中对我们世界造成污染的杀虫剂被人少量吞食后所引发的危害是有时间延迟的。我们必须更加重视和解决这个问题。

公共卫生官员们已经指出：化学药物对生物的影响是长期积累的。一个人所受到的危害决定于他一生所摄入的总剂量。正因如此，这种危险很容易被人忽视。对于那些看上去会危害我们未来的事物，人们并未给予应有的重视。一位理性的医生雷内·杜博思博士说："人们平常只是重视那些表现出明显症状的疾病，因此让不易察觉的最危险的敌人悄悄地逼近。"

正如对密歇根州的知更鸟或米拉米奇河的鲑鱼一样，对于我们每个人来说，都是一个互相联系、互相依赖的生态问题。我们彻底消灭了一条河流上的石蛾，同时也毒死了洄游的鲑鱼。我们毒死了湖中的小虫，有毒物质在食物链中通过一环进入另一环，一直传递下去。不久之后，湖边的鸟类成为牺牲品。我们往榆树上喷洒药物，在第二年的春天就再也听不到知更鸟的歌声。这不是因为我们直接向知更鸟喷了药，而是因为这种有毒物质通过人所周知的榆树叶——蚯蚓——知更鸟的环节一步步地转移。以上的这些悲剧都是有案可查的、是我们周围世界的活生生的一部分。它们反映出了一张生命之网，也可能是死亡之网。科学家将对它们的研究称为生态学。

我们的身体内部也存在着一个生态世界。在那个看不见的世界中，细微的病原都会引起极为严重的后果。但是，人们平常很难看出这种后果与病原之间的联系，因为病原一般会出现在离最初出现损伤的地方很远的部位。近年来，一份医学研究现状总结说："一个小部位上的变化，甚至在分子上的变化都会对整个系统产生影响，导致那些看来似乎毫无关系的器官和组织发生病变。"如果一个人关心人类身体神秘而奇妙的功能，就会发现原因和结果之间并没有那么简单，也很难找出其中的联系来。它们可能在空间和时间都会发生错位。我们需要将很多看起来毫不相关的事实耐心连接在一起，才能发现疾病与死亡之间的因果关系。这些事实都是通过在各个并无直接联系的领域中进行大量的研究工作而获得的。

我们总是习惯寻找那些表现明显的、直接影响，而忽视了其他因素。除非这个影响以一种无可辩驳的形式突然明显地表现出来，否则我们总会否认危害的存在。甚至连研究人员也缺少合适的方法发现是什么造成了危害。当前医学中尚未解决的一个问题是缺少精密的方法在症状出现之前就发现危害的存在。

有人提出反驳："我曾经在草地上反复喷洒狄氏剂，但却从来没有像世界卫生组织的喷药人那样发生抽搐现象，所以我没有受到狄氏剂的伤害。"事情并不是那么简单。尽管没有突发明显的症状，但毫无疑问的是，有毒物质会在一个接触过狄氏剂的人体内累积起来。正如我们所知，氯化烃都是在最初摄入的极小的剂量的基础上逐步积累起来的。有毒物质会停留在人体的脂肪中。只要脂肪在人体内起作用，有毒物质很快就会表现出来。一份新西兰的医学杂志最近提供了一个例子：一个正在接受肥胖症治疗的人突然出现了中毒症状。经检查，他的脂肪中被发现含有狄氏剂，而这些狄氏剂在他减肥的过程中已经发生了代谢转化。同样的情况也可能发生在因为生病而体重减轻的人身上。

另一方面，毒物积累的影响可能是隐性的。几年前，美国医学会的杂志对脂肪组织中累积的杀虫剂危害提出了强烈的警告。这个杂志指出比起那些不会在身体组织中积累的物质，那些积累在组织中的药品和化学物质更需要小心对待。我们被警告说，脂肪组织不仅仅是一个存贮脂肪的地方（脂肪大概占体重的18%），而且还有许多其他重要的功能，积蓄的毒物可能会对这些功能产生干扰。此外，脂肪广泛地分布于人体的各个器官和组织，甚至是细胞膜的组成部分。因此，记住，可以溶解在脂肪中的杀虫剂会在细胞中积累，扰乱氧化和产生能量的功能。我们会在下一章的内容里谈到这一重要的问题。

关于氯化烃杀虫剂最值得引起重视的是它们对肝脏的影响。肝脏是在人体所有器官中最特别的。肝脏的功能多样且必不可少，因此它是不可比拟的。肝脏控制着许多重要部位的机体活动，即使受到极小的危害也可能引发严重的后果。它们不仅能够使用胆汁去消化脂肪，而且它特殊的位置和各种聚集在此的循环管道，肝脏能够直接得到来自消化道的血液，它也深度地参与所有主要食物的新陈代谢。它以肝糖的形式储存糖分，并以葡萄糖的形式释放出精确定量的糖分，以此保持血糖的正常水平。它会积累蛋白质，包括一些凝血血浆的重要成分。肝脏可以把血浆中的胆固醇保持在合理的范围内。当雄性激素和雌性激素超过正常水平时，肝脏就会让激素钝化。肝脏还是许多维生素的储藏地，一些维生素同时有助于肝脏维持自己的正常功能。

如果没有一个正常工作的肝脏，那么人体就像是被解除了武装——对不断入侵人体的各种有毒物质毫无抵抗之力。其中有些有毒物质是新陈代谢正常的副产品，肝脏能够高效去除它们中的氮元素，从而化解这些毒性。而那些来自身体外的有毒物质也能够被肝脏化解。"无害的"杀虫剂马拉硫磷和甲氧基氯的毒性相对较小，原因仅仅是因为肝脏中的一种酶可以改变它们的分子结构，削弱它们的毒性。肝脏使用同样的方式清理了我们接触到的绝大部分有毒物质。

现在，我们抵抗来自人体外的有毒物质和体内的有毒物质的防线已经遭到了削弱，并逐渐瓦解崩溃。受到杀虫剂危害的肝脏不仅不能保护我们避免有毒物质的伤害，它的大部分功能都可能受到干扰。产生的后果不仅影响深远，而且因为变化多端和它们不会立刻表现出来，导致人们很难清楚其真正原因。

由于能够引起肝脏中毒的杀虫剂的使用非常普遍，因此，观察肝炎的急剧上升就显得很有必要。这种上升开始于20世纪50年代，并一直在持续中。据说肝硬化的患者也在增加。与实验动物相比，虽然在人类身上证明原因A产生结果B是一件非常困难的事情，但根据常识可知，肝脏疾病暴涨与环境中伤害肝脏的杀虫剂盛行之间的关系绝对不是偶然的。无论氯化烃是不是主要原因，在当前的环境下，面对这些已被证明能够毒害肝脏的能力，减弱肝脏对疾病的抵抗力的有毒物质，让自己暴露其中显然不是什么聪明的做法。

通过大量的动物实验与对人体的观察，我们清楚了，尽管方式有所不同，但是氯化烃和有机磷酸盐——两种主要的杀虫剂都会直接影响神经系统。DDT作为首先普遍应用的一种新型有机杀虫剂，它影响的是人的中枢神经系统；小脑和高级运动神经皮质是主要受影响的区域。根据一本毒理学标准教科书记载，接触了大量的DDT后，会产生诸如刺痛感、发热、瘙痒，还有发抖，甚至抽搐等症状。

我们第一次认识到DDT引起的急性中毒症状是由几名英国研究人员所提供的。为了解DDT的作用后果，他们有意地让自己与DDT进行直接接触。两位英国皇家海军生理学实验室的科学家通过与水溶性涂料的直接接触让皮肤吸收DDT，这些涂料中的DDT含量为2%。这些DDT是附在其表面的一层薄薄的油膜中的。在他们对自己症状的口头描述中很清楚地体现了DDT对神经系统的直接影响："感到疲劳、迟钝和四肢疼痛是很真实的，精神状况也十分糟糕……容易受到刺激，厌倦任何工作，大脑面对最简单的思考题时都运转不过来，这些痛苦同时存在还会放大彼此。"

另外一位英国研究者把DDT丙酮溶液抹在了自己的皮肤上，报告说他感到四肢沉重和疼痛，肌肉无力，而且明显地表现出神经性紧张抽搐。他休息了一天，身体状况慢慢有了好转。但是，当他回来工作之后，他的状况又恶化了。之后，他在床上躺了整整三个星期，并持续受到四肢疼痛、失眠、神经紧张和极度焦虑的折磨。有时候，他会浑身颤抖，这种颤抖表现出的所有症状与鸟类DDT中毒时的症状十分相像。这位实验人员有十周无法工作。年底，一个英国医学杂志对他的病例做出报道的时候，他还未完全恢复。（虽然有这样的证据存在，一些在志愿者身上进行DDT实验的美国研究人员仍然把关于头痛和"每处骨头都疼"的症状归因为精神神经症。）

现在，在许多病例记录中，发病的症状和整个过程都将杀虫剂作为背后的元凶。这些患者都是直接与某种杀虫剂直接接触过。人们采取了包括将环境中的杀虫剂彻底清除在内的处理方法，病状随后就不见了。但只要和这些有毒的化学物质再接触，病情很快又会复发。这样的证据已经足够证明许多病例中进行医学治疗的原理。这种证据完全可以对我们起到警示的作用，使我们认识到冒着明明可以预知的危险，在环境中使用杀虫剂是多么愚蠢的事情。

为什么处理和使用杀虫剂的所有人没有表现出相同的症状呢？这可能与个体的敏感性有关。一些证据表明，女人比男人敏感，小孩比成年人敏感，那些常年在屋子里久坐不动的人比整天在室外劳动或艰苦度日的人敏感。除了这些差别之外，还有一些十分细小的、没有规律可循的区别。一个人对粉尘或花粉过敏，或者对某一种有毒物质过敏，或者容易患上一种传染病，这是一个医学上到现在为止还没有解决的谜题。然而这一问题却是客观存在的，并影响着很多人。一些医生估算三分之一的病人或更多表现出一些过敏症状，且这种人的数量越来越多。不幸的是，之前不过敏的人也会突然过敏。实际上，一些医学人员相信，他间歇性地接触化学药物可能导致过敏。如果这是真的，它就可以解释为什么因为职业而不断接触化学品的人却很少会被发现有中毒的症状。由于长期接触这些化学药物，人们产生了抗过敏性，就像一个治疗过敏症的医生通过反复给病人注射小剂量的致敏药物，而使他产生抗过敏性一样。

与在严格控制的实验室中生长的动物不一样，人从来不会一直只直接接触某种单一的化学药物。因此，杀虫剂中毒的问题就变得更加复杂了。在几种主要的杀虫剂中，在杀虫剂和其他化学物质之间，可能产生巨大的化学反应。当杀虫剂进入土壤、水或人体血液之后，这些化学物质不会保持相互隔离的状态；它们之间发生了神秘、看不见的变化。一种杀虫剂可以改变另一种杀虫剂的危害程度。

甚至在一般情况下被人们认为是完全隔绝的两种杀虫剂之间也会发生反应。如果人体先直接接触了氯化烃，就会导致肝脏受损，破坏保护神经的胆碱酯酶的有机磷的毒性可能变得更强。这是由于肝功能被破坏之后，胆碱酯酶的数值会降到正常水平以下。于是，毒性增强的有机磷可能会引起十分严重的中毒症状的出现。正如我们所知，成对的有机磷之间的相互作用甚至可以使它们的毒性增强百倍。此外，有机磷还可以与各种药物、人工合成物、食物添加剂产生作用。谁又能知道我们世界目前存在的无数的人造物质会发生什么样的变化呢？一种本来被认为是无毒的化学物质可以在另一种化学物质的作用下发生巨大的变化，DDT 的一个近亲甲基氯氧化物就是最好的例证。(实际上，甲基氯氧化物并不是人们所说的那样完全没有毒性，近期对动物的实验研究证明它会直接影响子宫，并阻碍了很有用的脑垂体激素——这提醒了我们：这些化学物质具有极大的生物学影响。其他研究表明，甲基氯氧化物对肾脏有致命的作用。)当只有单独一种甲基氯氧化物进入人体的时候，它不会在体内大量累积，所以我们认为甲基氯氧化物是一种安全的化学物质。但是，这也未必是完全正确的。如果肝脏受到了其他元素的损害，甲基氯氧化物在人体内的含量就会增加到正常含量的 100 倍，它就会与 DDT 一样长期持续地影响神经系统。然而，肝脏损害的后果往往很细微，很容易被人忽视。肝脏在很多情况下也会受到损害，例如使用另一种杀虫剂，使用含四氯化碳的清洁剂，或者接受镇静剂注射。大部分的镇静剂(不是全部)都是氯化烃类化学品，并且会对肝脏造成损害。

对神经系统损害并不只是急性中毒作用，还是一些遗留影响。人们已经报道了甲基氯氧化物和其他化学物质对大脑或神经造成了长期的伤害。除了急性作用之外，狄氏剂还会产生各种长期的后遗影响，比如"健忘、失眠、噩梦、狂躁。"医学研究表明林丹在大脑和重要的肝脏组织中大量地累积，并可以诱发"对神经系统的长期影响"。但是，六氯化苯这种化学物质被普遍地应用于加湿器。这种设备能在家中、办公室和酒店里持续不断地喷着杀虫剂的蒸气。

通常引发急性中毒这样激烈症状的有机磷，也会对神经组织造成持续不断的损伤。近来的研究发现，它还可以导致神经疾病。各种后遗的麻痹症将会随着使用这类杀虫剂而出现。大约在1930年，禁酒令时期，在美国发生的一件奇怪的事情已经预示着将要发生的事情。这件奇怪事情不是因为杀虫剂，而是一种与有机磷杀虫剂同属一类的化学物质。在那些日子里，一些医用用品被当成了酒精的代替品，以规避禁酒令。有一种叫作牙买加姜汁酒。但是美国的药用酒精代价高昂，于是贩卖私酒的商人想了一个主意，能够用牙买加姜汁酒作为代替品。他们做得十分巧妙，让假货成功地通过了化学检验，甚至骗过了政府的药剂师。为了给他们的姜汁酒增加一种必要的味道，又加入了一种叫作三原甲苯基磷的化学物质。这种化学物质与对硫磷及其同类化学品一样，能破坏胆碱酯酶。这些假酒导致大约一万五千人因腿肌肉麻痹永远地成为瘸子。现在，这种病被称为"姜汁酒中毒性麻痹"。这种麻痹症的伴生症状还有两种：神经鞘的损伤和脊髓前角细胞的退化。

大约20年之后，正如我们所知的那样，各种各样的有机磷都开始充作杀虫剂使用。很快，与姜汁酒麻痹症相类似的病症出现了。一个病例发生在一个德国温室工人的身上。他使用对硫磷之后，出现了几次轻微的中毒症状，几个月之后就瘫痪在床了。接着，三个化学工厂的工人因为与同类杀虫剂的直接接触而出现了严重的急性中毒。经过治疗，他们的病情得到了缓解。但是，10天以后其中两个人的腿部都肌肉无力。这个症状在一个人身上持续了10个月之久，而另一位年轻的女性化学工作者受到的伤害更加严重。她的两腿和手臂都变得麻痹了。两年后，当一家医学杂志报道她的病例时，她还是没有办法正常行走。

杀虫剂——这些病症产生的根源已经从市场上消失了，但是目前仍在使用的一些杀虫剂可能引起同样的恶果。实验中，花园工人最喜爱的马拉硫磷使得小鸡出现肌肉无力的症状。和姜汁酒麻痹症一样，这也是由坐骨神经鞘和脊髓神经鞘损伤所引起的。

如果人们在有机磷中毒所造成的灾难中幸免于难，他们可能面对的是更为糟糕的情况。因为侵害神经系统的严重危害，这些杀虫剂最终必然会与精神疾病产生密切的联系。最近，墨尔本大学和在墨尔本市普林斯亨利医院的研究人员在16个精神病例的报道中提到了这一点。所有这些病例的患者都有着长时间直接接触有机磷杀虫剂的病史。其中3名是核查喷药剂效果的化学家，8个温室工人，5个农场工人。他们表现出的症状有记忆衰退、精神分裂和抑郁症。这些人之前都有着十分正常的病史，直到他们长期使用的农药如同回旋镖一样最后又击倒了自己。

如我们所知，各种医学文献中提到了很多与此类似的情况，有的与氯化烃有关，有的与有机磷有关。为了消灭一些昆虫付出了沉重的代价：混乱、幻觉、记忆减退、狂躁。只要我们坚持使用那些直接损害我们神经系统的化学药物，这样的代价仍将继续付出。

第十三章 通过一扇狭小的窗户

生物学家乔治·瓦尔特曾经把自己进行的一项专业化程度非常高的研究课题——"眼睛的视觉色素"比作是"一扇狭小的窗户，一个人从远处看向这扇窗，只能看见一点亮光。但当他走近些，所看到的景象就越来越丰富；最后当他贴近窗户时，就能从这扇狭小的窗户中看到整个宇宙。"

这表明我们首先应该把研究工作的重点放在人体的细胞上，再放在细胞的细微结构上，最后再放在结构内部的分子彼此的作用上。只有这样做，我们才能够领悟到将外部的化学物质引入我们体内环境所造成的严重而长远的影响。

只是在最近，医学研究人员才开始对细胞在产生能量过程中的功能展开研究，这种能量是生命存在必不可少的因素。人体内产生能量的机制不仅仅对健康是一个根本问题，而且关系到整个生命。它甚至比最重要的器官更重要，因为缺少了正常的和有效的产生能量的氧化作用功能，身体各部位的机能都不能充分发挥正常作用。然而，为了消灭昆虫、啮齿动物和野草所使用的许多化学药物都可以直接摧毁氧化作用，并且破坏这一系统运转流畅的机制。

生物学和生物化学领域中最令人惊叹的成就之一就是让我们对细胞氧化作用有了现在这样的认识和研究。在这个领域取得卓越成就的研究者中包括了许多诺贝尔奖奖金获得者。在前人早期的基础性研究之上，这项研究在过去二三十年的时间里，一直在不断地前进着。即便如此，几乎在所有的细节方面都还有待挖掘。而且，我们是在最近的十年内才使生物氧化作用变成了生物学基础知识的一部分。然而，更重要的是，在1950年之前，接受过基本训练的医务工作者，甚至没有机会去了解生物氧化的重要性和其遭到破坏后会导致的严重后果。

能量生产的过程并不是由某一器官单独完成的，而是依赖身体内的每一个细胞来完成。一个活的细胞就如同一团火焰，通过燃烧燃料提供生命必需的能量。这一比喻虽然极富诗意，但欠缺精确性。因为细胞"燃烧"的条件是人体维持正常体温所需的相当的热量。正是这数以亿计的默默燃烧的小火焰点燃了生命所需的能量。化学家尤金·拉比诺维奇曾经说过："如果这些小火焰都停止了燃烧，那么'心脏的跳动就会停止、植物无力抵抗重力向上生长，变形虫无法再游泳，神经会失去知觉，再没有智慧在人的大脑中闪现。'"在细胞中，物质转化为能量是一个持续不断的过程，仿佛一个永远不会停歇的轮子，属于自然界更新循环的一种。通常表现为葡萄糖的碳水化合物燃料一粒一粒地、一个分子一个分子地填入了这个轮子中，在循环的过程中，这些燃料分子会分解并产生一系列微小的化学变化。这些变化的进程都是非常有规律的，一环扣一环。每一环受到一种专门的酶的支配和控制。这种酶只负责这一项任务，其他什么都不管。每一环节都能在产生能量的同时排出废物

(二氧化碳和水),燃料分子经过转化之后又被输送到了下一阶段。当这个轮子转够整整一圈时,燃料分子就会被消耗光,进入一种崭新的状态——随时与新进入的分子结合,并重新开启这个循环。

这个循环的过程算得上生命世界的一个奇迹。细胞就如同一家化学工厂一般进行生产活动,神奇的是所有起到作用的部分都十分微小,细胞本身就十分微小,只有借助显微镜才能看到。氧化作用的大部分过程是在一个更小的空间中——细胞内的这个颗粒被称为线粒体——完成的。虽然人们认识这种线粒体已经60年了。但是,它们过去一直被看成是未知的细胞元素的组成部分,从而受到了忽视。直到20世纪50年代,有关线粒体的研究才变成一个热门的领域,并取得了很多成果,单单在这一研究领域里,5年内就发表了1000篇论文。

人类通过揭开线粒体的奥秘,又一次表现出自己非凡的创造力和顽强的毅力。试想这么小的微粒,即使放在一个放大300倍的显微镜下也很难看到。而现在居然存在一种技术,可以把这种微粒与其他微粒组分离开,并单独提取出来,对它的构成进行分析,以确定它们的极端复杂的功能。这真是令人难以想象。这项工作的完成完全归功于电子显微镜和生物化学家高超的技术。

现在我们知道了线粒体是一个小小的酶包裹体,包括了氧化循环过程中所必需的所有酶的组合体,这些酶精确而有序地排列在线粒体的壁隔层上。线粒体像是一间"动力室",产生了绝大部分的能量。当氧化作用的最初几步都在细胞质中完成之后,燃料分子就进入了线粒体。氧化作用在这里完成,释放出了大量的能量。

如果不是为了这么个重要的目的,线粒体中氧化作用的不停转动的轮子就失去了全部意义。生物学家常常将氧化循环每一阶段中所产生的能量称为 ATP(三磷酸腺苷)，一种包括了三组磷酸盐的分子。ATP 之所以能提供能量，就是因为 ATP 能够将它所含有的一组磷酸盐转变为其他的物质，在这一过程中电子来回高速运动产生了键能。因此，当一组末端的磷酸盐在肌肉细胞里被输送到收缩肌的时候，收缩的能量就产生了。然后，产生了另外一种循环——循环中的循环，即 ATP 分子释放出一组磷酸盐，只保留二组，变成了二磷酸盐分子 ADP。随着这个轮子进一步转动，另一种磷酸盐又会被补充进来，于是 ATP 得到了恢复。这就像是我们所使用的蓄电池一样，ATP 是充满电的电池，ADP 是放电的电池。

从微生物到人，ATP 为所有的生物提供能量。同时，生物体内的 ATP 还为肌肉细胞提供机械能，为神经细胞提供电能。精子细胞，即将进入急剧活动状态的受精卵(受精卵经过这种活动会变成青蛙、鸟或婴儿)、能够产生荷尔蒙的细胞等，这一切都将由 ATP 提供能量。ATP 的小部分能量会在线粒体内部消耗，而大部分能量则会立刻被输送到需要的地方，为细胞的其他各种活动提供能量。在某些细胞中，线粒体的位置对发挥它们的功能十分有利，因为它们的位置能够让能量得以精确地输送到它需要的各个地方。在肌肉细胞中，聚集在一起的它们环绕在收缩纤维的周围；在神经细胞中，它们处于与其他细胞的结合点，为神经冲动提供能量；在精子细胞中，它们集中在推进尾与前部连在一起的地方。

氧化过程中的耦合就是电池充电的过程。在此期间，ADP 和一个呈现为自由态的磷酸盐组又被结合成为 ATP。这种紧密的结合被人称为耦联磷酸化。如果这一结合变为非耦合性的，这意味着失去了可以用来生产的能量。呼吸还在继续，但是却不会有能量产生了。细胞变成了一个空转的发动机,能够产生热量但不会产生能量。所以,肌肉就无法再收缩,神经脉冲也无法再传递了。精子就不能抵达它的目的地了,受精卵也难以完成复杂的自我分化和成长。对从胚胎到成人的所有的生物体而言,非耦合作用的结果都是一场真正的灾难:有时它可能导致组织甚至整个生物体的死亡。

非耦合作用是怎样发生的呢?辐射就是其中的一个因素。有些人认为受到辐射的细胞的死亡原因是非耦合作用。不幸的是,很多化学物质也同样具有把氧化作用与生产能量彼此隔离的能力。这类化学物质的典型代表就是杀虫剂和除草剂。根据我们所知,苯酚对新陈代谢能产生强烈的影响,引起体温升高至隐藏着致命危险的地步。这种情况就是非耦合作用的这个"空转的发动机"的结果。二硝基苯酚和五氯苯酚是这类被普遍用作除草剂的典型例证。在除草剂中,另外一种非耦合因素是2,4-D。在氯化烃类中,DDT已经成为一个被证实的非耦合元素,如果在进一步研究之后,将可能在这类化学物质中发现其他的非耦合元素。

不过,扑灭体内数以亿计的细胞小火焰的原因并不是只有非耦合作用。我们已经知道,氧化作用的每一阶段都是发生在一种特定的酶的控制和促进中。当这些酶(甚至只是其中的一种)被破坏或被削弱时,细胞内部的氧化循环就会停止。不管哪种酶受到影响,结果都是一样的。循环的氧化过程正如同一个转动的轮子。如果我们在轮辐的中间插进一根铁棍,不管具体插在哪里,所造成的结果都是一样。同样的原因,如果我们破坏了在这一循环中起到任何作用的一种酶,氧化作用的过程就会立刻停止。于是,将再也无法产生出能量,其最终结果与非耦合作用非常相似。

往往被充作杀虫剂的化学物质中的任何一种都可以作为破坏氧化之

轮的铁棍。DDT、甲氧氯、马拉硫磷、吩噻嗪以及各种各样的二硝基化合物都是能够阻碍与氧化循环有关的一种或多种酶的功能的杀虫剂。就这样，作为一种潜在作用，它们能够阻止能量产生的整个过程，并使得细胞中可用氧匮乏。这种危害会带来很多灾害性的后果，在这里只能提到其中很小的一部分。

我们会在下一章中看到这些内容：实验人员只依靠系统地抑制氧气供应，就能将正常细胞转化成为癌细胞。细胞中缺氧所造成的严重后果可以对正在发育的动物胚胎的实验中看出，组织生长和器官发育因为缺氧统统都被破坏了，然后产生了畸形和其他有违常态的情况。如果人类的胚胎发生缺氧的状况，它就会造成先天畸形。

已经有一些迹象表明人们已经开始注意到这类灾难性后果越来越多，但是很少有人希望彻底研究其中的原因。1961 年，作为那个时期的凶兆之一，人口统计局在全国范围内发起了一项新生儿畸形的填表调查，表后还附带了一份说明，称这个调查结果将为先天畸形的发生范围和它们的环境提供事实证明。一些关于这样的研究毫无疑问会涉及辐射的影响，不过也不应该对可与辐射产生同样影响的许多化学药物视而不见。人口统计局预测的未来将会在孩子们身上出现缺陷和畸形，几乎肯定是由渗入我们外部和内部世界的化学药物所造成的。

关于繁殖能力下降的症状也与生物氧化作用受到干扰以及与重要的 ATP 消耗殆尽有关。在受精之前，卵子就需要大量的 ATP 供给，为下一步做出的巨大努力和付出的巨大消耗做好准备。只要精子进入卵子，产生受精作用，就需要消耗掉大量能量。精子细胞是否能够到达和进入卵子将由其本身的 ATP 供应决定。这些 ATP 产生于精子细胞颈部大量聚集的线粒体中。一旦受精成功，细胞开始分化，ATP 供给的能量将在很大程度上决定胚胎是否能够发育完成。有些胚胎学家研究了青蛙和海胆的受精卵——这都是他们最容易得到的材料，发现如果ATP的含量比一定的水平还要低，这些卵子就将立刻停止分化，并很快死去。

苹果树上发生的情况与胚胎学实验室中发生的类似。树上的知更鸟的鸟巢中总是保留着几颗蓝绿色的鸟蛋，不过这些蛋是冰凉的，生命之火只燃烧了几天就熄灭。在佛罗里达州，一棵高大的松树顶部安放着一大堆整齐的树枝和木棍，窝里有三个大的白色的蛋——冰凉且没有生命。为什么知更鸟和幼鹰都没有孵出蛋呢？这些鸟蛋是不是也像那些实验室中的青蛙卵一样，只是因为缺少ATP分子而没有完成发育呢？ATP缺乏的原因是在成年鸟体内和那些蛋中已经贮存了足够剂量的杀虫剂，从而导致供应能量的氧化作用的轮子停止了转动。

不必再去猜测鸟蛋中是否已经含有杀虫剂了。显然，检查这些鸟蛋比研究哺乳动物的卵细胞更为容易一些。不管是在实验室中还是在野外获得了这些鸟蛋，只要是在检查出农药的鸟蛋中就能够发现大量累积的DDT和其他烃类，而且浓度很高。在加利福尼亚州进行的一次实验中，野鸡蛋中的DDT含量为百万分之三百四十九。在密歇根州，从死于DDT中毒的知更鸟输卵管中取出的鸟蛋内的DDT浓度超过了百万分之二百。由于成年知更鸟中毒死亡，遗留在鸟窝中的无人问津的蛋中也检查出了DDT的残留物。因为邻近农场使用艾氏剂中毒的小鸡所下的蛋中也含有这些化学物质。实验室将DDT喂食母鸡，其下出来的蛋的DDT含量高达百万分之六十五。

当我们知道了DDT和其他(或许是所有的)氯化烃会通过对一种特定的酶的破坏或破坏产生能量的耦合作用，中断产生能量的循环时，我们很难想象，存在着含有大量残留有毒物质的鸟蛋能够完成其复杂的发育过程：无数次的细胞分裂、组织和器官的发育、合成最关键的物质，最终形成了一个活生生的生命。所有这一切都需要大量的能量——只有依靠新陈代谢的不断进行才能产生 ATP。

这些灾难性事件并不会只发生在鸟类身上，ATP 是一种普遍的传递能量的元素，无论是在鸟类还是细菌体内，无论是在人类还是老鼠体内，产生 ATP 的新陈代谢循环的效果都是相同的。任何生物的胚胎细胞中残留的任何杀虫剂都将对我们产生危害，因为这意味着同样的事情也会在人类身上发生。

这些化学药物不仅会存在于产生胚胎细胞的组织中，也会存在于这些细胞本身。包括在控制条件下的野鸡、老鼠、豚鼠，生活在为了消灭榆树病害喷洒过化学药物的区域的知更鸟，为消灭云山卷叶蛾而喷洒过化学药品的西部森林中的鹿在内的各种鸟和哺乳动物的生殖器官里都已发现了杀虫剂的残留物。一只知更鸟睾丸中的 DDT 含量要远远高于其体内其他任何部位；野鸡在其睾丸中也积累了大量的 DDT，浓度超过了百万分之一千五百。

可能是 DDT 在生殖器官中累积的后果之一，实验过程中的哺乳动物都被发现存在着睾丸萎缩的现象。接触过甲氧氯的小老鼠的睾丸非常小。当一只小公鸡被喂食了 DDT 后，其睾丸的大小只有正常水平的 18%，而依靠睾丸激素发育成的鸡冠和垂肉也只有正常大小的三分之一。

显然，精子本身可能也受到了 ATP 匮乏的影响。实验表明，因为摄入二硝基苯酚，雄性精子的活动能力衰退，因为它破坏能量耦合机制，并不可避免地导致能量供应的减少。通过对这一领域的深入调查，其他研究过的化学物质也被发现具有同样的作用。在早前的医学报告中，从从事空中喷洒DDT的工作人员中都能觉察出一些迹象，证明其可能对人类产生影响。

对于作为整体的人类而言，比个体生命更加宝贵的是我们先天的基因遗传，这是把我们与过去和未来链接在一起的纽带。通过漫长的进化与演变才形成的基因，不仅把我们人类塑造成了如今这个样子，而且在它们微小的形体中还掌控未来的希望与灾难。但是，我们的时代正面临着人为因素所造成的危害，这也是对人类文明的最后的和最大的危险。

现在，我们又不得不比较化学药物和辐射作用之间的相似性了。

所有受到辐射袭击的活体细胞都会遭受各种伤害，正常的分裂能力可能被破坏，染色体结构可能被改变，携带遗传物质的基因可能会产生突变。这种突变将让细胞在其后代中产生新的特征。如果细胞是极为敏感的，那么这些细胞可能会被立刻杀死。否则，这种细胞会在多年以后，最终变成恶性细胞。

这些辐射所带来的恶果已经在对被称为类放射性或模拟辐射化学物质所进行的实验研究中得到再现。许多被用作除草剂或杀虫剂的化学物质都属于这一类物质，它们具有可以改变染色体，干扰正常的细胞分裂，或者引起细胞突变的能力。这些对遗传基因的伤害能够引起与农药直接接触的个体生物患病，也可以对其后代造成巨大的影响。

人们在几十年前还不知道辐射的影响或是这些化学物质的作用。那时候，原子还未曾被分离出来。化学家的试管中也没有可以模拟出辐射作用的化学物质。但是，到了1927年，得克萨斯大学的动物学教授穆勒博士发现，一个生物受到辐射后，就会导致后代发生突变。穆勒的发现打开了科学和医学界一个崭新的领域。后来，穆勒因为在这个领域中取得的成就获得了诺贝尔医学奖。很快，那种引起纠纷的灰色粉尘就出现在了这个世界上，人们也都知道了这种放射性尘埃的潜在危害。

尽管很少受到人们的关注，但是在20世纪40年代，爱丁堡大学的夏洛特·奥尔巴赫和威廉·罗伯森在研究中发现了芥子气能够引起染色体的永久性异常。这种异常与辐射所造成的异常几乎一模一样。在以果蝇为对象的实验中(穆勒也曾用果蝇对X射线影响进行早期研究)，芥子气同样会引起这种果蝇的突变。这样第一种诱变化学物质就被发现了。

现在，除了芥子气之外，还有很多化学物质可以改变动物和植物的遗传物质。为了了解化学物质是怎样改变遗传过程，我们必须首先了解生命在活细胞阶段时的基础演变。组成体内组织和器官的细胞必须具备持续增殖的能力，才能让身体不断生长，生命的源流要代代传承下去。这个过程是通过细胞的有丝分裂或核分裂来完成的。当一个细胞即将分裂的时候，会首先在细胞核内发生最为重要的变化，最终扩展到整个细胞。在细胞核中，染色体发生了神奇的移动和分裂，以便自己能够排列成为古老的式样，以此将遗传的决定因素——基因传递给子代细胞。一开始，它们以一种细长的线状的形式存在，排列的基因如同一串珠子。通过这种方式，细胞分为两半后，染色体会进入子细胞中。每一个新的细胞都包含一整套染色体，所有的遗传信息密码都编排在染色体中。借助于这种方式，生物种属的完整性就被保留下来，并得以延续。

生殖细胞形成的过程中会发生一种特殊类型的细胞分裂。因为每一个生物物种的染色体数目都是常数，所以即将结合并形成新个体的卵子和精子分别都只能携带一半数量的染色体进入新的结合体中。通过染色体行为的变化，细胞十分精确地完成了分裂过程。此时，染色体不分裂，但每对染色体中会分离出一条染色体进入每个子体细胞中。

在这个阶段，所有生命发展的关键都呈现为一种状态。地球上所有的生命都会经历细胞分裂的过程。无论是人类还是变形虫，无论是巨大的红杉还是极小的酵母细胞，假如没有了这种细胞分裂，都无法再继续存在了。因而，任何破坏细胞有丝分裂的可能性都对生物的兴旺发展及其后代构成了严重的威胁。

乔治·辛普森和他的同事皮特德里、蒂凡尼在他们内容丰富的著作——《生命》中这样写道："像细胞分裂这样的细胞组织的主要特征已经存在了五亿年之久，甚至于近十亿年。从这个意义上来看，地区的生命尽管一定是虚弱和复杂的，但是它确实是持久的，甚至比山脉还要持久。这种持久性完全是依靠着遗传信息难以置信的精确性由上一代传递到下一代。"

但是，在这千百万年里，这种"难以置信的精确性"从来没有像20世纪中期那样遭受过由人造辐射、人造及人类散布的化学药品导致的直接和巨大的威胁和破坏。一位卓越的澳大利亚医生、诺贝尔奖获得者麦克法兰·伯奈特先生认为，这是我们时代的"最重要的医学特征之一。随着越来越有效的医疗技术和之前从未体验过的新型化学品生产技术的发展，保护人体内部器官免受改变物质危害的屏障被突破的次数已经越来越频繁了。"

对人类染色体的研究还处于早期阶段，直到最近才就环境因素对染色体的影响进行研究。直到1956年，因为新技术的出现，我们才确定了人类细胞中的染色体数量是46个，并可以十分细致地观察它们。这种观察能让全部或部分染色体的存在与否被检查出来。环境中的某些因素能对基因造成破坏的概念还是比较新的。因为除了遗传学家之外，很少有人能明白这个概念，所以这些遗传学家的意见也很少会被人们采纳。虽然在某些场合下还会被否认，但人们已经能够充分理解以各种形式出现的辐射危害。这种现状令穆勒博士常常感到惋惜。公众几乎还不知道化学物质的作用与辐射相同的事实，同样也没有被大部分医学工作者和科学工作者所了解。正因为如此，得到普遍应用的化学物质（更确切地说不是实验中使用的化学物质）的作用至今尚未得到一个评价。但这一评价是异常重要的。

并不只有麦克法兰先生一个人对这种潜在危险有过察觉。英国的一位权威人士皮特·亚历山大博士曾说："与放射性具有类似作用的化学物质可能比放射性的危害性更大。"根据几十年来在遗传学方面的杰出研究，穆勒博士提出警告说：各种化学物质（包括杀虫剂）"能够像辐射一样提高突变的频率……在与异常化学物的接触越来越多的情况下，我们仍然对人类基因遭受突变的可能性一无所知。"

人们对化学诱变物质问题的普遍忽视，也许是因为最开始发现化学诱变物质仅仅是出于学术研究的原因。毕竟氮芥始终没有从空中喷洒向整个人群，而是被实验生物学家或生理学家用于癌症治疗。（最近已经有报告称接受癌症治疗的病人的染色体受到了损害。）但是，大量的人已经与杀虫剂和除草剂发生了密切的接触。

虽然对这个问题还没有太多的研究，但我们可以收集到的有关杀虫剂案例中的很多资料，它们表现了这些杀虫剂通过多种方式破坏细胞的重要过程：从染色体损伤到基因突变，并导致了细胞最终恶化的后果。

几代与DDT直接接触的蚊子已经变成了一种奇怪的生物，被称为雄雌同体。被多种苯酚处理过的植物的染色体都遭受了十分严重的破坏，基因发生变化，出现大量的突变和"不可逆的遗传变化"。果蝇——遗传学的经典实验对象在与苯酚接触过后，也发生了突变。这些果蝇接触了常见的除草剂或尿烷之后,所发生的突变甚至达到了致死的程度。尿烷属于氨基甲酸酯类化学物质,越来越多的杀虫剂和其他农用化学物质都是由此类化学品制成的。有两种氨基甲酸酯已经被应用于防止储藏的土豆发芽,就是因为它们可以阻止细胞的分裂作用。另一种被证明可以防止发芽的化学品马来酰肼就是一种极度危险的诱变物质。

经过六氯化苯(BHC)或林丹处理过的植物的根部会长出如同肿瘤一样的块状物。因为细胞内的染色体数目成倍增长,植物细胞的体积也变大了。随着细胞持续不断的分裂,这种染色体的数量将会倍增,直到细胞分裂因为其体积大得不得不停止时才结束。

除草剂 2,4-D 也会让受到处理的植物根部产生肿块,染色体变短、变厚,并聚积在一起。细胞的分裂被严重地阻滞了。这种影响被认为与 X 射线所产生的影响相同。

这些都只是很小一部分的例子,还有很多情况可以作为佐证。但是,迄今为止,还没有任何为了检验杀虫剂这种诱变作用而进行的研究。上述所提到的例子都仅仅是细胞生理学或遗传学研究的附带产品。现在最迫切的是进行直接针对这个问题的研究。

一些科学家虽然愿意承认环境辐射对人体具有潜在危害,但却怀疑诱变性化学物质是否也具有一样的作用。他们提到了辐射拥有强大的侵入机体的能力,但却怀疑化学物质能否渗入到胚胎细胞中。对这一人体内的问题,我们还是受到了没有直接研究的限制。然而,在鸟类和哺乳动物的生殖器官和胚胎细胞中发现大量 DDT 残留就是一个有力的证据,至少说明氯化烃不仅普遍地分布于生物全身,还会渗透进遗传物质中。宾夕法尼亚州立大学的大卫·戴维斯教授最近发现,一种能阻止细胞分裂并在癌症治疗中得到有限应用的烈性化学物质能够导致鸟类不孕。即使还没有达到致死的水平，这种化学品也能够阻止生殖腺的细胞分裂。大卫教授的野外实验也取得了一些进展。很明显，几乎没有什么理由能让我们相信各种生物的生殖器官能够避免环境中化学物质的入侵。

近期，在染色体异常方面的研究中的发现具有十分深远的意义。1959年，英国和法国的几个研究小组发现他们彼此独立的研究得出了一个共同的结论：染色体数量的异常是一些人类疾病发生的主要原因。在这些研究人员所研究的疾病和异常状况中，染色体的数目都是不正常的。例如现在已知的典型的唐氏综合征患者的染色体数量比正常水平多一条。有时，这条多余的染色体是附着在其他染色体上的，因此染色体数目仍然维持在46条。但是，在一般情况下，多余的那条染色体是独立存在的，染色体的数量就达到了47条。这些病例的缺陷发生的初始原因肯定已经出现在了病症出现之前的前一代身上。

不论是英国还是美国，在一些患有慢性白血病的病人身上起作用的是另外一种机制。他们的血液细胞中都出现了同样的染色体变异的情况。这种变异包括了染色体的部分残缺。病人的皮肤细胞中，染色体的数目是正常的。这也表明染色体的残缺不仅会发生在生殖细胞中，还会损害某些特定的细胞。(在这个例子中，血细胞首先遭到了损害)这种损害发生于生物体本身的生活过程中。染色体的部分残缺可能会导致它们丧失发出正常行为的"指令"的能力。

自从这个新领域被开拓出来之后，与染色体破坏有关的身体缺陷问题的种类和数量都在以一个惊人的速度增长着，已经超出了医学研究的范畴。克莱恩菲尔特综合症与一种性染色体的复制有关。该患者是男性，但是他带有两个X染色体(染色体就变成了XXY，而非正常的雄性染色体 XY），这样就变得有些不正常了。在这种情况下，往往会出现身高过高、精神缺陷以及不育等症状。相反，如果一个人只是得到了一条性染色体（变成了 XO，而不是 XX 或 XY），即使她是女性，也会缺少许多第二性征。这种条件下，经常会有各种身体缺陷出现（有时还有智力上的缺陷），其原因就是 X 染色体带有各种特征的基因。这种病被称作特纳综合征。在它的原因被发现之前，医学文献中就已经对这些病症进行了描述。

许多国家的研究工作者正在进行大量关于染色体异常的研究工作。威斯康星州大学的克劳斯·伯托博士所带领的一个工作组一直在研究包括智力发育有缺陷在内的各种先天性畸形的症状。看起来，这些病症都是因为部分染色体的部分复制而导致的。可能是在一个生殖细胞形成的时候，一条染色体被打碎了，但是其碎片没能适当地重新分配。这种不幸极可能会对胎儿的正常发育产生不良影响。

根据现有知识，一条完全多余的染色体通常会给人体造成致命的影响，它能阻止胎儿的生长。目前已知只有在三种情况下，胎儿才可以继续存活。其中之一当然就是唐氏综合征。另外多余的一条附加染色体虽然会造成严重的损伤，但不一定是致命的。威斯康星州的研究人员认为这种情况可以很好地解释至今尚没有明确答案的一些病例的根本原因。在这些病例中出生的儿童往往会带有各种缺陷——通常包括智力发育迟缓。

迄今为止，科学家们一直关心的是与疾病和发育缺陷有关的染色体异常的确定工作，还没有对其原因进行更为深入的研究，这是一个全新的研究领域。假如，将在细胞分裂过程中出现的染色体行为异常或是染色体损伤归结为某个单一的因素，这种想法显然是不恰当的。但是，我们难道能够对这样一个现实熟视无睹吗——我们身边的环境正遭受着化学药品铺天盖地的打击。这些化学物质有能力直接对染色体发起进攻并导致上述情况的发生。为了防止土豆生芽或想要一个没有蚊子的院落，我们付出这样的代价是不是过于高昂了呢？

经过了20亿年的细胞质进化和选择之后，我们的遗传基因才进入了我们的身体，这种基因只不过是现在暂时属于我们，以后我们必然还要把它传给后代。只要我们愿意，我们是可以减少对我们遗传基因的这种威胁的。但是，我们现在还无法保护基因的完整性。虽然根据法律的规定，化学物质的生产者们检验了他们产品的毒性，但是，法律却没有对他们去检验这些化学物质对基因的影响做出要求，而事实上，他们的确也没有这样去做。

第十四章 每四个中就有一个

生物与癌症之间的斗争存在了很长时间,其源头已经湮没在了历史中,无人知晓。不过这源头一定是来自自然环境。地球上生活的各种动物总是受到太阳、风暴和古老的地球所带来的各种好的或坏的影响。这个环境中的一些因素制造了灾难,面对这些灾难,生物要么适应,要么灭绝。阳光中的紫外线会导致恶性疾病。一些岩石中放出的辐射也会引起疾病,从土壤或岩石中冲刷出来的砷污染了食物或水资源。

在生命出现之前,这些危险的因素就已经在环境中存在了。但是,生命还是出现了,并且在数百万年的演变与进化之后,数量与种类都得到了大大的提高。在自然界漫长的时间中,那些适应性很差的生物都被淘汰了,只有那些最顽强的生命存活了下来,达到了与自然界中的破坏力量相平衡的状态。直到现在,这些自然的致癌因子仍然会引起恶性病变,但是,它们的数量已经很少了,生命在一开始就已经适应了它们那种古老的作用方式。

随着人类的出现,情况开始产生变化。因为与其他所有形式的生命都不同，人类能够创造那些在医学上所谓的致癌物质。一些人造的致癌物早已在自然环境中存在了几个世纪，甚至成为其中的一部分。含有芳烃的烟尘就是一个很好的例子。随着工业时代的来临，世界上持续地发生着不断加速的变化。自然环境之外，一个由许多新产生的化学和物理元素所组成的人造环境正越来越明显。其中的许多因素都具有强大的导致生物变化的能力。直到今天，对于人类自身活动所创造出的致癌物质，人类几乎没有丝毫的防备。这也是因为人类的生物遗传性的进化十分缓慢，所以人类适应新条件的速度也越来越慢。由此，这些强大的致癌物就能够轻易地击破人类身体脆弱的防线。

癌症由来已久，但是我们认识癌症起源的速度是很缓慢的，程度是很不成熟的。在大约两个世纪之前，伦敦的一名医生才发现了外部或环境因素可能导致的恶性病变。1775年，波西瓦·帕特先生宣称，在扫烟囱的人中间发病率极高的阴囊癌肯定是在他们体内累积的烟尘引起的。当时，他还不能够提供我们今天所要求的那种"证据"，但是现代研究方法已经从烟尘中把这种致命的化学物质分离了出来，并且证明了其观点是正确的。

距离波特在人类环境中发现反复的皮肤接触、吸入或摄入某些能够引起癌症的化学物质一个多世纪之后，人们在这方面并没有多少新的认识。确实，早就有人注意到在康沃尔和威尔士炼铜厂、锡铸造厂里工作的工人因为长期与含有砷的蒸汽接触，很多都患有皮肤癌。但人们也认识到，在萨克森州的钴矿和波西米亚阿西姆斯塔尔的铀矿中，工人们都患上了一种肺部疾病，后来被诊断为癌症。但是，这些都是前工业时代的现象；在工业大规模生产兴盛起来之后，这些产品就会入侵到每一个生命体所在的环境中。

在19世纪最后的25年，人们开始认识到对自工业时代开始的恶性病变。那个时候，巴斯德正在证明是微生物导致了许多传染病，另外一些人却正在探索萨克森州的新兴褐煤工业和苏格兰页岩工业的工人中流行的皮肤癌，还有那些因为工作长期接触柏油和沥青所引起的癌症的原因。直到19世纪末，人们已经知道了六种工业致癌物质，而在20世纪，有无数全新的致癌化学物质都被创造了出来，并使广大的普通民众与它们产生了密切的接触。在帕特进行研究工作之后的不到两个世纪的时间内，环境状况已经发生了巨大的变化。与化学物质接触的危险已不仅仅会影响那些因为职业接触的人，这些化学物质已经进入了每个人的生活环境——甚至包括孩子和尚未出生的胎儿。因此，现在我们看到恶性疾病急剧增加也就不足为奇了。

恶性疾病的增多并不只是一种主观印象。1959年7月，人口统计局的月报上称，包括淋巴和造血组织恶变在恶性疾病增长所造成的死亡人数占1958年全年死亡人数的15%，而1900年才是4%。根据这类疾病目前的发病率来判断，美国癌症协会估计美国现有人口中会有4500万人最终会患上癌症。这也就是说有三分之二的家庭将要遭受恶性疾病的侵袭。

更令人担忧的是孩子中间发生的情况。25年前，孩子患上癌症是极为罕见的事情。而今天，死于癌症的美国儿童比死于其他任何疾病的人数都要多。情况已经变得非常严重，所以波士顿建立了一家专门治疗儿童癌症的医院。在1岁到14岁的孩子中有12%死于癌症。而在对不到5岁的儿童的临床观察中，已经发现了大量的恶性肿瘤病例。而更加可怕的是，很多孩子在刚出生或者未出生的婴儿期就有了这种恶性肿瘤。国家癌症研究所的休伯博士是环境性癌症方面的权威。他指出，先天性癌症和婴儿癌可能与母亲在怀孕期间与致癌因素接触有关，这些致癌因素进入胎盘，作用于迅速发育的胚胎组织。实验证明，在致癌因素的作用下，动物的年纪越小，得癌的概率就越大。佛罗里达大学的弗朗西斯·雷博士警告说："在食物中混入化学物质的做法可能正在今天的孩子们中间引起癌症的发生……我们很难预见在未来的一两代人的时间之内将会发生什么样的事情。"

在这里，我们要关心的一个问题是：我们用来控制自然所使用的化学物质是否会对癌症的发生起着直接或间接的作用。从动物实验得出的结论来看，至少有五种，也可能是六种杀虫剂应该被评为致癌物质。如果我们再加上一些被医生判断为会引起白血病的化学物质，这一致癌物的名单就将更长了。这些结论虽然是根据情况推测的，具有一定的偶然性。因为我们不能在人类身上进行实验，但这个结论仍然值得重视。如果，我们把那些对活体组织或细胞具有间接致癌作用的化学物质包括在内，就会有更多的杀虫剂被列入到这个清单中去。

最早与癌有关的杀虫剂是砷，它以砷酸钠形式作为除草剂出现，以及用作杀虫剂的砷酸钙和别的化合物。在人体与动物身上，砷与癌症一直都存在着紧密的关系。休伯博士在他的著作《职业性肿瘤》中提到了与砷直接接触的后果的重要例子。在几乎一千年的时间中，西里西亚地区的赖兴斯坦市一直是个开采金、银矿的地方，而开采砷矿的历史也已有几百年了。几个世纪以来，砷矿的废料堆积在矿井的周围，被山中流下来的溪水冲走了，导致地下水也受到了污染。砷由此进入了饮用水中。在几个世纪里，这里的许多居民染上了一种疾病——"赖兴斯坦疾病"。它其实就是慢性砷中毒，导致肝、皮肤、消化和神经系统紊乱。恶性肿瘤往往就是这种疾病的伴生品。雷切斯坦病目前只具有历史意义。因为25年以前已改用全新的水源,水中大部分的砷都被清除掉了。但是在阿根廷的科尔多瓦省,取自含砷岩层的饮水已被污染,因此出现了引起皮肤癌的慢性砷中毒。

长期使用含砷杀虫剂很容易创造出一种与赖兴斯坦和科尔多瓦相似的环境。在美国种植烟草的地区,西北部的果园以及在东部种植蓝莓的地区使用了含砷杀虫剂,那里的土壤浸透了砷,很容易造成水资源的污染。

受到砷污染的环境不仅会对人,还会对动物造成影响。1936年,德国发表了一份十分重要的报告。在萨克森州的弗莱堡附近,银和铅的冶炼厂向空中排放出含砷的烟尘。烟尘飘向了周围的村庄,最终落在了植物上。根据休伯博士的报告,马、母牛、山羊和猪,它们都是吃了这些植物之后,出现了毛发脱落和皮肤加厚的现象。附近森林中的鹿出现了异常的色斑和癌症前期的疣。疣就是一个患上癌症的明显标志。不管是家养的还是野生的动物都受到"砷肠炎、胃溃疡和肝硬化"的影响。养在冶炼厂附近的羊患上了鼻窦癌。当它们死去之后,在大脑、肝脏和肿瘤中检查出了砷。在这个地区的昆虫,尤其是蜜蜂都大量地死亡了。下雨以后,树叶上的含砷尘埃被雨水冲下来,并一直进入溪流和池塘中,导致了很多鱼儿的死亡。

普遍应用于消灭螨和扁虱的化学物质属于新型有机杀虫剂的一种致癌物。历史充分证明虽然已经制定了相关的法律,但是在速度太慢的法律诉讼生效,控制这种情况之前,民众仍然要与这种致癌物直接接触很多年。从另一个角度来看,整个过程是非常有趣的。它证明了今天被民众接受的所谓"安全的"事物,到了第二天就可能变得十分危险。

1955年,当这种化学物质进入市场的时候,生产商曾经确定了一个容许值，允许在喷药的农作物中出现有毒物质的少量残留。根据法律的要求，他们使用这种化学物质在动物身上做了实验，并且把他的实验结果与申请一起递交上去。然而，食品与药物管理局的科学家认为，实验正好证明这种化学物质具有致癌的可能性。因此，管理局局长就提出了应该实行"零容许值"，即在州际运输的食物中，法律上不允许出现任何残留的有毒物质。不过，生产商有权利进行上诉，这一案子将会被委员会重新审查。最终，委员会做出一个折中决定：一方面允许存在百万分之一的残留物，另一方面，产品可以在市场上销售两年，在这段时间内，要深入实验以确定这种化学物质是否真的是致癌物。

尽管委员会并没有这样明确的表态，但它的决定就等于让公众充当豚鼠的角色，和狗、老鼠共同去实验室接受致癌物的检查。不过，通过动物实验，人们很快就得出了结论，两年后，这种杀螨剂就被确定为致癌物质。甚至到了1957年，食品与药物管理局仍然没有立刻废除这个已知致癌物的残毒容许值，任由其污染着销售给民众的食物。第二年，完成各种法律程序又耗费了整整一年的时间。最终，在1958年12月，食品与药物管理局局长在1955年"零容许值"的提议才得以付诸实践。

这绝不是杀虫剂中唯一的致癌物。在实验室对动物进行的试验中，怀疑为肝肿瘤的出现正是由DDT引起的。曾经报道过这些肿瘤发现的食品与药物管理局的科学家们不知道该如何给它们进行归类，但是感觉应该"把它们看作是一种低级的肝细胞癌肿"。现在，休伯博士已经明确地为DDT定性为"化学致癌物质"。

人们发现了属于氨基甲酸酯类的两种除草剂IPC和CIPC可以引起老鼠皮肤肿瘤，其中一些肿瘤是恶性的。这些化学物质会先导致恶性病变，后来又受到外界环境中普遍存在的其他种类的化学物质作用，才使得病变彻底形成。

除草剂氨基三唑已经在实验动物身上引起了甲状腺癌。1959年,许多种植蔓越橘的人滥用除草剂氨基三唑,导致一些进入市场销售的浆果中含有残留的有毒物质。食品与药物管理局没收了这些污染的蔓越橘的行为引起了人们的争论。很多人都不相信,甚至连许多医学专家都表示质疑。食品和药物管理局提出的科学事实清楚地表明了氨基三唑会对实验鼠类致癌。当给这些动物喝了含有百万分之一百的氨基三唑的水时(即每一万匙水中加入一匙氨基三唑),它们在第68个星期的时候出现了甲状腺肿瘤的症状。两年后,超过一半的实验老鼠中出现了这种肿瘤,据诊断,其中有良性的,也有恶性的。用药的剂量很少也会引起肿瘤。事实上,任何剂量的药物都会带来同样的后果。当然,没有人知道多少剂量的氨基三唑会对人致癌。但是,正如哈佛大学的一位医科教授大卫·鲁茨坦博士所指出的那样,这个剂量看起来毫不起眼,但却与人的利害息息相关。

到目前为止,还没有充分的时间去弄清楚新的氯化烃杀虫剂和现代除草剂的全部作用。大多数恶性疾病发展的速度都很缓慢,需要将病人一生相当长一段时间拿出来分析,才能找到临床症状。在20世纪20年代早期,在钟表表面涂上发光料的妇女们使用毛刷,与嘴唇进行了不少的接触,摄入了少量的镭。在十五年或更长的时间过去之后,一些妇女患上了骨癌。在十五至三十年,甚至更长一段时期中,在工作中接触化学致癌物的人身上发生的一些病症才会表现出来。

与这些工业接触各种致癌物质相比,军人与DDT接触的日期大概是1942年(当时DDT投入了军事用途),而普通居民则是在1945年才有所接触(DDT投入民事用途),直到50年代,才被用于各种各样的杀虫剂。这些化学物质已经播下的各种恶性疾病的种子的成熟期很快就要到来。

虽然大多数恶性病变普遍都存在着一个很漫长的潜伏期，然而，这仍然有一个众所周知的例外——白血病。在原子弹爆炸三年之后，广岛的幸存者就开始出现了白血病的症状。因此，我们没有理由怀疑这潜伏期还会更短。研究人员也许迟早会发现其他类型的癌症有相对更短的潜伏期，但就目前来说，白血病是癌症发病极为缓慢的一个例外。

随着现代杀虫剂使用越来越普遍，白血病患者的发病率也一直不断升高。从国家人口统计局得来的数据清楚地表明造血组织的恶性病变正在急剧增长。1960年，仅白血病就造成了12290人死亡。1950年，死于各种血液和淋巴恶性肿瘤的人数为16690人，到了1960年猛增至25400人。其死亡率由1950年的每万人死亡11.1人增长到1960年的每万人死亡14.1人。死亡人数增加的情况不仅出现在美国，所有国家各个年龄段死于白血病的人数每年都在以4%到5%的比例增加。这意味着什么呢？现在人们正日益频繁地暴露于环境中，那些从来没有出现过的有毒物质又是以什么样的形式存在的呢？

许多像梅奥医院这样的世界知名机构已经确认了几百个患有造血组织疾病的受害者。在梅奥医院血液科工作的马尔克姆·哈格雷夫斯及其他的同事报道说，这些病人都曾与各种有毒化学物质有过接触，其中包括含有DDT、氯丹、苯、林丹和石油蒸馏物的喷洒药剂。

哈格雷夫斯博士认为：与使用各种各样有毒物质有关的环境疾病一直在增加，尤其是在过去的十年中。根据其丰富的临床经验，他相信"绝大多数患有血液不良和淋巴疾病的病人都有接触包括现在大部分杀虫剂在内的各种碳氢化合物的经历。只要能够对一份详细的病历记录进行研究，人们肯定会发现这样的关系。"现在，这位专家拥有着大量详细记录了每个病人情况的病历，这些人都患有白血病、再生障碍性贫血、霍奇金病及其他血液和造血组织的紊乱。他在报告中说："他们全都曾经接触过这些环境致癌的因素。"

这些病历能够说明什么呢？其中有一份属于一个厌恶蜘蛛的家庭妇女。八月中旬，她曾携带着含有DDT和石油蒸馏物的喷洒剂进入地下室，彻底地喷洒了整个地下室。楼梯下、水果柜、天花板和椽子上所有被保护的地方都被喷洒了化学药物。当她喷洒完的时候，她开始感到很不舒服、恶心、烦躁和神经紧张。在其后的几天内，她的感受稍微得到了缓解。然而，很显然，她没有意识到自己得病的原因。九月，她又对地下室进行了喷洒，并重复了两次。她喷药，生病，暂时地恢复健康，继续喷药。当她第三次喷药之后，身体出现了新的症状：发烧、关节疼痛、浑身不舒服，一条腿得了急性静脉炎。经过哈格雷夫斯博士的检查，她被发现患上了急性白血病。第二个月，她就死了。

哈格雷夫斯博士的另一个病人是一个专业人士。他的办公室位于一所古老的建筑物里面，常常受到蟑螂的侵扰。由于这些昆虫让他感到不堪其扰，他自己就采取了一些防治的办法。在一个周末，他花了大半天的时间对地下室和所有隐蔽的地区进行了喷洒。他所使用的喷洒药物含有25%以悬浮状态溶于甲基萘溶液中的DDT。不一会儿，他的身上就开始出现淤青，并显出皮下出血和吐血。当他进入医院的时候，体内还在大出血。对他血液的分析显示他患上了一种被称为再生障碍性贫血的骨髓机能衰弱症。在此后的五个半月中，他除了其他的一些治疗外，共接受了59次输血。他局部地恢复了健康，但大约九年后，还是患上了致命的白血病。

在涉及杀虫剂的病历中，最主要的化学物质是DDT、林丹、六氯化苯、硝基苯酚、极为常见的治蛾晶体对二氯苯、氯丹以及可以溶解于这些药物的溶剂。正如那位医生所强调的那样，仅仅接触某种单一的化学药品只是个别情况，而不是普遍情况。农药产品常常是含有多种化学物质的综合物质，这些化学物质会溶解于悬浊液所用的石油分馏物中，另外会夹杂一些分散剂。含有芳烃和不饱和烃的溶剂本身就可能是损害造血器官的主要因素。从实际的情况来看（而不是从医学观点来看），这样的差别并不重要，因为这些石油溶剂是普通的喷药操作中不可缺少的组成部分。

美国和其他国家的医学文献中记载着许多有价值的病例，支持着哈格雷夫斯博士坚信的化学物质与白血病及其他血液紊乱之间存在的因果关系。这些患者中包括了日常生活中的各类人：因为自己的喷药设备或飞机喷洒的药物而中毒的农民，一个为了消灭书房中的蚂蚁，自己喷洒了化学药物后仍留在房中学习的学生，一个在自己家里安装了携带式林丹加湿器的妇女，一个在喷过氯丹和毒杀芬的棉花地里工作的工人。在这些病历中，在晦涩的医学术语的遮蔽下隐藏着许多人间悲剧，捷克斯洛伐克（1989年解体，现为捷克和斯洛伐克两个独立的国家）就有一个例子，两个表兄弟住在同一个城镇里，他们工作和玩耍时都在一起。兄弟二人做的最后的工作是在一个联合农场里一袋袋地装卸杀虫剂（六氯化苯），这给他们造成了致命的影响。八个月后，兄弟中的一个患上了急性白血病。九天后，他就死去。此时，他的兄弟才开始出现疲劳和发烧的症状。在不到三个月的时间内，他的症状加重了，也住进了医院里。诊断结果再次表明他患上的是急性白血病。最终他的生命也被夺走。

另一个瑞典农民的典型病例则让人很容易回忆起日本渔夫久保山所驾驶的金枪鱼渔船"福龙号"的情况。与久保山依靠从海中捕鱼为生一样，这个身体一直健康的瑞典农民依靠自己在田地里的辛勤耕种，支撑自己的生活。从天空飘下来的有毒物质宣判了他的死刑。前者是致毒的辐射微尘，后者则是化学粉尘。这个农民在60英亩左右的土地上喷洒了含有DDT和六氯化苯的药粉。当他劳动的时候，阵阵清风把药粉的烟雾吹得在他周围四散纷飞。隆德市医院的报告中写道："当天晚上，他感到非常疲倦，并在之后的几天中，他一直有一种虚弱感，同时出现了背疼、腿疼、发冷的症状。他被迫只能卧床休息。到了5月19日，他的情况开始恶化，被转送到当地的医院中。"他发着高烧，血细胞统计的数量很不正常。他被转送内科诊室，在那里被病魔折磨了两个月之后死去。尸检结果表明他的骨髓已彻底萎缩了。

细胞分裂这样一种正常的十分重要的运动过程竟然具有了破坏性。这个反常的现象已经成为一个大问题，引起了无数科学家的高度关注，并花费了大量的资金。在一个细胞内部究竟发生了什么变化，导致细胞有规律的正常增长变成了不可控制的癌症？

这个问题的答案一定是多种多样的。因为癌症本身呈现出多种形态，其病源、发病过程、控制其生长或退化的因素都各有不同，所以一定会存在癌症相应的多种多样的病因。然而，损害细胞的也许只是最基本的几种。在世界各处，普遍进行的研究有时完全不是以癌症作为研究对象。我们能够在研究过程中看到一丝朦胧的曙光，总有一天笼罩在这个问题上的迷雾将会被驱散。

我们再一次发现，只有观察构成生命的最小单位，例如细胞及其染色体，我们才能用更广阔的视角与更多的知识戳穿这神秘之雾。在这个微观世界里，我们必须找到用某种方式使得细胞神奇的运作机制脱离正常状态的各种因素。

有关癌细胞起源的最著名理论是由一位德国生物化学家，在马克斯·普朗克细胞生理学研究所工作的奥特·沃伯格教授提出的。沃伯格在其一生中都在研究细胞内部的氧化作用的过程。根据他在广泛的基础研究中积累的丰富经验，他清楚地解释了正常细胞变成癌细胞的整个过程。

沃伯格坚信，不管是辐射的致癌物还是化学致癌物，都是通过破坏正常细胞的呼吸作用导致细胞失去了能量。因为反复地使用小剂量的化学药物导致了这样的后果。一旦造成影响，就不能再恢复了。那些没有被这种破坏呼吸作用的有毒物质直接杀死的细胞将会尽力弥补已经失去的能量。它们已经不能再继续进行那种大量生产ATP的、奇妙而有效的循环，被迫返回到一种原始的、效率很低的方法——通过发酵作用进行呼吸。凭借发酵维持生存的斗争往往会持续很长的一段时间。通过细胞分裂，这种发酵呼吸方式得以传递下去，影响了产生的全部细胞。一旦一个细胞失去了它正常的呼吸能力，它就再也不可能恢复了——1年、10年、甚至更长的时间内都无法恢复。但是，为了恢复失去的能量而进行的激烈斗争中，这些存活下来的细胞开始一点儿一点儿地利用发酵作用来存活。这就是达尔文式的斗争，只有适应性最强的生命体才能存活下去。最后，这些细胞达到了一种以发酵作用取代呼吸作用的状态，使其能产生同样的能量。我们可以说正常细胞已经彻底变成了癌细胞。

其他方面许多令人迷惑的问题都被沃伯格的理论所证明。大多数癌症都有着十分漫长的潜伏期，就是因为大量的细胞需要进行无限分裂，呼吸作用一开始遭到了破坏，发酵作用就慢慢增强了。由于生物的种类不同，发酵作用的速度也不同，因而在不同生物中所需时间也在发生变化：在老鼠身体内的发酵时间较短，所以癌症很快就在老鼠的身体出现；而在人类的体内需要经历较长的时间（甚至几十年），所以在人体内的癌症病变的速度是十分缓慢的。

沃伯格的理论还解释了为什么反复摄入小剂量的致癌物比一次性摄入较大剂量更加危险。一次大剂量中毒可以让细胞立刻死亡，然而小剂量却使得一些细胞能够存活下来。虽然这些幸存下来的细胞都受到了损伤。但是，这些存活下来的细胞最终都会发展成为癌细胞。这就是为什么不存在一个对致癌物来说是"安全"的剂量的原因。

通过沃伯格的理论，我们还可以解释另外一个不可理解的事实——同一种因素既可以用来治疗癌症，也能导致癌症的发生。众所周知，辐射就具备同样的效果，既能杀死癌细胞，也能导致癌症的发生。目前被用于治疗癌症的许多化学药物也是这样。这是什么原因呢？因为这两种方法都会令呼吸作用受到损害。癌细胞的呼吸作用已经受到了损害，如果再加上一些危害，它就会彻底死亡。而正常细胞的呼吸作用遭到损害时，它虽然不会被杀死，但也开始走上了最终会引起癌变的不归路。

1953年，一些其他研究者仅仅通过在一个较长的时间内间歇性地给正常细胞供氧，就能将它们变成癌细胞。结果印证了沃伯格的观点。1961年，他的理论再一次得到了证明。只不过，这一次的实验对象不是人工培养的组织，而是来自活体动物。研究人员在患上癌症的老鼠体内注射了放射性追踪物质，仔细地检查了老鼠的呼吸作用，发现发酵作用的速度明显超出了正常水平，正好符合了沃伯格的预测。以沃伯格所确立的标准进行衡量，大部分杀虫剂都达到了致癌物的标准。正如我们在前面的内容中看到的那样，许多氯化烃、苯酚和一些除草剂都会破坏细胞中的氧化作用与能量产生的过程。因此，各种化学物质能够创造出休眠的癌细胞。一个不可逆转的癌变在细胞内长期处于休眠状态，无人发现。以致它的病因最终被人遗忘、甚至不再受到怀疑的时候，癌症就会在出现在公众的面前。

通往癌症的另一条途径可能与染色体密切相关。许多这个领域内的著名的研究者都带着怀疑的目光看待所有破坏染色体、干扰细胞分裂或引起突变的因素。在他们的眼中，任何突变都可能最终导致癌症的发生。虽然关于突变的争论往往涉及可能在未来的几代中才会表现出影响的生殖细胞，但是身体细胞同样存在着突变的可能性。根据癌症的突变源起理论，一个细胞受到了辐射或化学药物的作用，就有可能产生突变，进而使得突变摆脱了正常的细胞分裂的控制。因此，这个细胞的增殖就将以一种狂野的和没有规律可循的形式进行。由于这种分裂产生的新细胞也具有不受机体控制的能力。假如给他们足够长的时间，这些细胞就会积累引发癌症。

其他研究者们指出癌组织中的染色体是不稳定的，它们容易破裂或者受到损伤，数量也不稳定，甚至在一个细胞中可能会出现两套染色体。

在纽约的斯隆·凯特琳研究所工作的艾伯特·莱文和约翰·比塞尔是首次对由染色体异常与恶性病变导致癌变的全过程进行研究的研究者。关于恶性病变和染色体变异究竟哪个先出现的时候，他们毫不犹豫地说："染色体的变异发生在恶性病变之前。"他们推测，在染色体最初受到破坏并因此出现染色体不稳定的现象之后，需要有很长的一段时间让许多代细胞经历反复的实验（恶性病变往往有着很长的潜伏期），这段漫长的时间内，会发生各种突变，并积累起来，导致细胞摆脱控制而开始不规则的增殖，这就是癌症。

欧几维德·温格是最早支持染色体变异理论的研究者之一。他认为染色体的倍增情况非常有价值。通过反复的观察，六氯化苯及其同类化学品林丹能让实验植物细胞中的染色数量倍增，而这些化学物质又恰恰与许多致命的贫血症病例有着密切的联系。那么二者之间的关系是巧合吗？其他能够破坏细胞分裂的杀虫剂又会是怎么样的呢？会不会破坏了染色体并引起突变呢？

很容易就能明白，为什么白血病应该是因为与辐射或与之有相似作用的化学品所导致的最常见的疾病。物理或化学诱变因子的主要目标是那些分裂作用十分活跃的细胞，包括了各种组织，但最重要的是那些造血组织。骨髓是人一生中红细胞的主要制造者，它每秒钟向血液中输送超过一千万个新的红细胞。白细胞在淋巴结和一些骨髓细胞中形成，其速度未知，但往往快得惊人。

与和锶90相似的放射物质一样，一些化学物质和骨髓具有十分亲密的关系。杀虫药溶剂中的通常的组成部分苯进驻骨髓，并可以沉积在那里长达20个月。很多年前，医学文献中已经确认苯是白血病的一个病因。

儿童身体内迅速生长的组织也能给癌变细胞发展提供一个适宜的条件。麦克法兰·伯奈特先生指出，白血病不仅在全世界范围内正在增长，而且在3—4岁的孩子中间变得十分普遍了，而其他疾病在这个年龄的儿童中间却没有那么高的发病率。伯奈特先生认为："白血病的病发率在3—4岁达到了一个高峰，除了这些儿童在出生前后与导致癌变的刺激物直接接触之外，人们很难找到其他解释了。"

另一种会引发癌症的致变物是尿脘。怀孕的老鼠接触了这种化学物质之后，不仅会患上肺癌，它们的幼鼠同样也会患上肺癌。实验中的幼鼠只是在出生前接触了一次尿脘，就足以证明这种化学物质一定进入了胎盘。正如休伯博士曾提出的警告，在与尿脘及其有关化学物质直接接触的人中，婴儿会由于出生前接触化学物质而引起肿瘤的出现。

像氨基甲酸酯这样的尿脘与除草剂 IPC 和 CIPC 都有着化学上的联系。尽管癌症专家们已经提出了警告，但是氨基甲酸酯仍然被投入了普遍的应用中，不仅充当杀虫剂、除草剂、灭菌剂，还用在制造增塑剂、药品、衣料和绝缘材料等各种产品中。

一些间接的因素也可能成为癌症的诱因。有些物质通常来说不是致癌物，但它可以破坏身体某个部分的正常功能，并由此导致恶性病变。有一些癌症就是重要的例子，特别是生殖系统的癌症，它们的出现与性激素失衡有一定的关系。在某些情况下，这些性激素的失衡反而会影响肝脏保持这些激素正常水平的功能。氯化烃正好是这种间接因素，因为所有氯化烃在一定程度上对肝脏都是有毒的。

性激素在体内存在是正常的，并且具有一种刺激生殖器官发育必不可少的作用。然而，身体内部建立起了一个用来避免激素过多积累的机制，肝脏起到了一种保持雄性激素和雌性激素之间平衡的作用（无论是男性还是女性，体内都产生雄性激素和雌性激素，只不过是数量比例有所差异），肝脏可以阻止任何一种激素积累过多。但是，如果肝脏受到疾病或化学物质的危害，或者是维生素 B 供应不足，肝脏就丧失了控制激素平衡的功能。在这种情况下，雌性激素就会达到一个非常高的水平。

后果怎么样呢？至少在对动物进行的实验中找到了充足的证据。洛克菲勒医学研究院的一名研究人员发现，肝脏受到损害的兔子患上子宫肿瘤的概率十分高，研究人员认为子宫肿瘤的高发病率是因为肝脏已经无法控制血液中的雌性激素，导致"这些肿瘤最终都演化到癌变的水平"。对小白鼠、大白鼠、豚鼠和猴子进行的多次实验表明，哪怕是很小的剂量，但是长期摄入雌性激素仍然能导致生殖器官组织发生变化，"从良性的过度发育转变为明显的恶性疾病"。控制雌性激素会让仓鼠的肾患上肿瘤。

虽然在这个问题上，医学界存在着很多不同的观点，但大量的证据证明了类似的影响也会发生在人的组织中。麦吉尔大学维多利亚皇家医院的研究人员发现，他们研究过的 150 例子宫癌中有三分之二出现了雌性激素含量水平异常高的现象。后来研究中又有 20 个病例，其中 90% 都有类似的雌性激素显得异常活跃。

虽然现代医学的检查手段也查不出肝脏的损害情况，但肝脏受到的实际损伤已经能够对雌性激素产生破坏作用。氯化烃就很容易导致这种情况的发生。正如我们所知，摄入少量的氯化烃就能引起肝细胞的变化，还会导致维生素 B 的损失。这一情况非常重要，因为有证据表明这种维生素 B 具有抵抗癌症的作用。

曾经担任斯隆·凯特琳癌症研究院院长的罗兹发现，如果给实验动物喂食酵母——含有十分丰富的天然维生素 B——之后，即使再喂食一种非常强烈的化学致癌物，它们也不会患上癌症。随着维生素 B 的缺乏，口腔癌，消化道其他部分的癌症也会伴随而生。人们不仅在美国观察到了这一现象，也在瑞典和芬兰遥远的北部地区发现了。居住在这些地方的人们的日常食物中通常缺少维生素。容易患上原发性肝癌的族群一般都遭受着营养不良的困扰，比如非洲班图部落。男性乳腺癌的发病率在非洲一些地方很高也与肝脏疾病和营养不良有关。希腊饥饿时期的产物之一就是男性乳腺癌的增多。

简单地说，杀虫剂是引发癌症的间接因素的观点是基于对它们能够损害肝脏和减少维生素 B 供给的能力的证明，这就导致了体内自生的雌性激素增多。此外，我们现在的环境中还有大量各种人工合成的雌性激素。我们无时无刻不在与这些物质进行直接接触——它们存在于化妆品、药品、食物以及职业性的接触中。这是一件极有价值的事情。

人类与包括杀虫剂在内的致癌化学物质的直接接触是不可控制的，也是多种多样的。一个人可以通过不同的方式摄入同一种化学物质。砷就是一个例子。它在人类的生活环境中以不同的形式存在：空气污染物、水污染物、食物中的有毒物残留、药品、化妆品，木料防腐剂以及油漆或墨水中的染料等。没有与哪一种化学药品直接接触就能够让人类陷入恶性病变。但是因为其他化学品"安全剂量"的累积，任何一次单独的接触都可能让整个大平失衡。

人类的恶性病变是由两三种不同的致癌物的共同作用所造成的，它们的效果叠加在一起。例如，一个接触了 DDT 的人必然同时也接触了其他致癌的烃类化学物，包括广泛使用的溶剂、脱漆剂、脱脂剂、干洗剂和麻醉剂。那么，在那种情况下，DDT 的"安全剂量"又该是多少呢？

因为一种化学物质可以作用于另一种化学物质，并改变其作用的效果，所以这种情况就变得更加复杂了。癌症有时候需要两种化学物质互相影响，共同作用才能产生。细胞或组织首先在其中一种化学物质的作用下变得敏感，然后在另一种化学物质或催化剂的作用下，细胞或组织才发生真正的癌变。这样，除草剂 IPC 和 CIPC 就成为引发皮肤癌的引子，播下了癌变的种子。等到另外一种化学品（也许是普通的洗涤剂）进入人体，起作用的时候，癌变就会在人体中完成。

更进一步说，在物理因素与化学因素之间也存在着相互作用。可能经过两个阶段，白血病才得以形成：X射线开始引发了恶性病变，而摄入的化学物质（如尿脘）起到了促进作用。人类受到的各种来源的辐射越来越多，再加上各种化学物质与人体的大量接触，这一切都给现代社会构成了一个全新的严峻的问题。

放射性物质对水源所造成的污染是另一个问题。因为水中经常包含了许多化学物质，可以通过电离辐射的活跃作用改变化学品的特性，使这些物质的原子以无法预测的方式重新排列组合，创造出新的化学物质。

全美国的水污染专家都在关心作为普遍的污染物，清洁剂现在成了一个公共水资源的问题，但还没有可靠的实际可以清除它的方法。现在，人们几乎还不知道有什么洗涤剂是致癌物，但它可能通过一种间接的方式导致癌变，它们会作用于消化道的内壁，改变机体组织，使其更容易吸收危险的化学物质，从而加快致癌的速度。但是，谁又能预见和控制这种作用呢？在这变化莫测的条件中，致癌物质是否还存在着"安全剂量"呢？

我们正在容忍着环境中存在的各种致癌因素，那就必须得对它可能产生的危险负责。最近的一个发现就是对当前情况的很好的证明。1961年春天，联邦的、州的和私人的鱼类孵化场中，大量的虹鳟鱼都患上了一种肝癌。在美国西部和东部地区的鳟鱼也都受到了波及。在这些地区，超过三岁的鳟鱼几乎全部患上了癌症。为了能够提醒人们水污染对人类造成的癌症危险，国家癌症研究所环境癌症科和鱼类与野生动物管理局已经在所有鱼类的肿瘤方面预先达成了一个协定。

虽然，对在如此广阔地区发生这种流行病的确切原因仍在研究之中，但最好的证据指向了在事先处理好的产卵地的鱼类饵料中存在着的问题。除了最基本的食物之外，这些饵料都混入了各种化学添加剂和药品。

从很多方面来看，这个鳟鱼的案例都具有十分重要的意义，但最重要的一点是，它证明了当一个强烈的致癌物质进入任何物种的生存环境中，将会发生什么事情。休伯博士把这一癌症的流行看成是一个严厉的警告：人们必须加强控制环境致癌物的数量与种类。他说："如果不采取预防措施，那么在不久的未来，在鳟鱼身上发生的这场悲剧将会在人类身上重演。"

令人沮丧，甚至产生绝望与挫败感的是，正如一位研究人员所说，我们生活在一片"致癌物的汪洋大海之中"。对此，人们常常会问："这种情况难道是无法改善的吗？难道没有可能把那些致癌的因素从我们的世界中清除出去吗？最好还是放弃吧，不要浪费时间去进行试验了，不如把我们的全部精力投入到研制治疗癌症的良药上面去不是更好吗？"

面对这个问题，休伯博士的意见是备受尊重的。因为他从事癌症研究多年，并对这一问题进行了长时间的深入的思考，他根据自己一生的研究和经验才得出了判断，并给出了一个全面的回答。休伯博士认为，我们今天所面对的癌症造成的情况与19世纪末人类面临传染病时的情况非常相似。由于巴斯德和科赫的卓越贡献，病原生物与许多疾病间的病因关系已被确立。当时，医学界人士、甚至一般的民众都知道大量的能够引起疾病的微生物充斥着人类所居住的环境中，正如今天的致癌物在我们周围蔓延开来一样。大多数的传染疾病现在都已经得到了合适的控制，有些实际上都被彻底消灭了。只有既依靠预防，又强调治疗双管齐下才能创造出如此辉煌的医学成就。无论外行人认为"神奇的药丸"和"起死回生的灵药"起到了多么重要的作用，实际情况是在抵抗传染病的战争中，消灭环境中的病原体才是真正具有决定性意义的战役。一百多年前的伦敦霍乱大爆发就是一个很好的历史例证。伦敦的一位名叫约翰·斯诺的医生根据疾病发生的实际情况绘制了地图，发现所有病例都发源于一个地方。该地方的所有居民都从宽街上的一个泵井里取水。作为一次预防医学行动，斯诺博士迅速、果断地更换了那个泵井的把柄。流行病就此得到了控制——不是通过什么"神奇的药丸"去杀死（当时人们还一无所知）引起霍乱的微生物，而是把微生物从人类环境中驱除出去。减少传染病的病源比治疗病人取得的效果更好。现在结核病已相对较少的主要原因就是现在的民众很少有机会去接触结核病病菌。

今天我们的世界中充满了致癌的因素。休伯博士认为将我们全部或大部分精力投入到寻找治疗癌症的方法中（甚至找到一种能够治愈癌症的"良药"）注定是要失败的。因为这种做法没有考虑到环境是致癌因素最大的聚集地，使得大量的致癌物质没有受到任何影响。这些致癌因素危害的速度将会比至今还没有确定的"良药"控制癌症的速度要快得多。

但是我们为什么没有及时采取以预防为主这样的常识性方法来与癌症进行斗争呢？休伯博士这样说道："可能是因为比起预防癌症来说，治愈癌症病人的目标听起来更为激动人心，更为实在，更有吸引力和更有成效。"然而，在癌症形成之前去预防癌症的想法"是更为人道的"，而且肯定"比治疗癌症要有效得多"。休伯博士一直都不愿意相信那种

"我们在每天早饭前服用一颗神奇药丸,就可以保护我们避免癌症的伤害"的观点。人们之所以愿意相信这样就能够治愈癌症的部分原因是出于一种对癌症的误会,虽然癌症看起来十分神秘,它仍是一种由单一原因引起的疾病,因而也希望能使用一种单一的治疗办法去治好它。当然,这和人们已经知晓的真理差距很大。比如环境引起癌症的原因就是由十分复杂的化学因素和物理因素组成,所以恶性病变本身也表现为多种不同的生物学表现形式。

假如有一天,这样期待已久的"突破"实现了,也不能指望它是能够治疗各种类型的恶性病变的万灵药。作为一种治疗的手段,虽然我们对这种"良药"的寻找仍然会继续下去,以治疗那些已经患上癌症的病人,减轻他们的病痛;但这种"只要找到一步到位的处理方式,问题就会迎刃而解"的宣传只会对人类造成严重的损害。这个问题的解决一定是一个十分漫长的过程。正当我们将几百万资金投入到研究工作中的时候,当我们把全部希望都寄托到发现治愈癌症病人的方法的时候,甚至当我们寻求治疗措施的时候,我们却可能错失了采取预防错失的宝贵机会。

当然,治愈癌症绝对不是毫无希望的。从某一个重要的方面来看,比起19世纪末传染病流行时的情况,与癌症进行的斗争让人更受鼓舞。如同今天世界上充满了致癌物一样,当时世界上也到处都是病菌。只是当时的人们没有把病菌散布到环境中,人们当时只是无意识地传播了病菌。相反,现代环境中绝大部分致癌物质都是人类自己散布到环境中的,如果他们愿意的话,人类自己就能够将许多致癌物彻底消除。在我们生存的环境中,致癌的化学因素可以通过两种途径的建立危害地球:第一也是具有讽刺意味的是人们对更好的、更轻松的生活方式的追求;

第二是因为这些化学物质的制造和贩卖已经成为我们的经济和生活中一个可以接受的部分。

无论是现在还是将来，把所有化学致癌物全部从世界上清除掉都是一件不现实的事情。但是，绝大部分的化学致癌物绝对不是生活的必需品。这些致癌物被消灭将会大大减轻它们给生命带来的总负荷。同时，每四个人中将有一个人可能患上癌症的威胁至少也会得到显著的缓和。目前，我们面前最刻不容缓的任务就是要防止致癌物污染我们的食物、水源和大气，因为这些致癌物的接触方式都是最危险的——小剂量的、一年又一年反复进行接触的方式。

与休伯博士一样，在癌症研究领域内的很多著名的专家都抱有相同的信念，即通过顽强的努力去查明环境中的致癌因素，消除或减轻它们的危害，就能够明显降低恶性病变发生的频率。为了医治那些具有潜在癌症威胁或已经患上癌症的人们，寻找治疗方法的努力当然必须继续下去。但是，对于那些尚未患上癌症的人们以及那些尚未出生的后代来说，采取预防措施已经是迫在眉睫了。

第十五章 大自然的反击

为了把大自然改造成我们想要的样子,我们冒了很多风险,但却没能达到目的。这实在是一个巨大的讽刺。但是,这就是我们面对的实际情况。虽然很少有人提起,但人人都知道真相是:大自然是不可能这么容易被塑造的,就连昆虫都能找到避开我们对它们实行的化学药物的攻击的巧妙方法。

荷兰生物学家布列吉说:"昆虫的世界是大自然中最令人惊叹的。在昆虫世界中,没有什么是不可能的。往往在人看来是最不可能发生的事情也会在昆虫世界里发生。一个对昆虫世界的奥秘进行过深入探究的人将会为不断发生的奇妙现象感到惊叹。他知道任何事情都有可能在这里发生,即使是完全不可能的事情也会常常出现。"

现在,这种"不可能的事情"正在两个领域内发生。昆虫通过遗传选择,对化学药物具有了抗药性。我们将在下一章对这个问题进行讨论。我们现在要谈到一个更为广泛的问题:我们发起进攻所使用的化学物质正在削弱环境内部本身的天然防线。这种防线可以阻止昆虫发展。

但是，这些防线被我们破坏一次，就涌现出一大群昆虫。

根据从世界各地传来的报告，我们已经很清楚地知道了自己正深陷一个非常危险的困境之中。经过对昆虫进行的十几年的化学控制之后，昆虫学家们发现他们认为早在几年前就已经解决了的问题又重新回来了，而且不断有新问题出现。那些数量不是很多的昆虫都迅速增长到了严重成灾的程度。由此看来，这种化学控制因为昆虫的天赋遭到了彻底的失败。由于化学控制在设计与执行的时候都没有充分考虑复杂的生物系统，化学控制方法就已经被盲目地投入到对生物系统的战斗中。人们能够对使用化学物质测试个别种类昆虫的后果进行预测，但是却没有办法预知化学物质袭击所有生物的后果。

现在，无视大自然的平衡在一些地方成了一种主流的观点。他们认为自然平衡只存在于早期的、原始世界中。现在这一平衡状态早就被彻底地打乱了，而且我们或许根本不想达到这种状态了。一些人觉得这种观点合情合理，所谓的自然平衡只是人们胡乱想象出来的，但是我们如果把这种观点用来指导我们的行动将是一件十分危险的事情。今天的自然平衡与冰河时期的自然平衡截然不同，但是那种平衡依然存在着：这个将各种生命联系起来的高度统一的系统复杂、精密。人们再也不可能对它不闻不问了，否则所面临的状况好像一个正坐在悬崖边缘的人蔑视重力定律一样危险。自然平衡从来都不是一个静止恒定的状态，而是永远处于一种活动的、不断变化、调整的状态。人类也是这个平衡状态的一部分。有时候，这种平衡对人有利；有时候，它会变得对人有害。（尤其是当这种平衡过于频繁地受到人类活动的影响时，它总是变得对人不利。）

人们在制定现代社会昆虫控制计划时，忽略了两个十分重要的事实。第一是，真正有效的昆虫控制工作是由自然界完成的，而不是人类。昆虫的数量一直受到一种被昆虫学家称为环境防御的东西的限制。从第一个生命出现的时候，这种限制就一直存在着。食物的数量、天气和气候情况、竞争或猎食生物的存在，这一切都是极为重要的限制因素。昆虫学家罗伯特·梅特卡夫说："防止昆虫在我们世界中肆虐的最重要的因素是昆虫在其内部进行的自相残杀的战争。"然而，现在使用的大部分化学药物对一切昆虫都有着致命的影响，无论是我们的朋友还是敌人都遭到了相同的命运。

　　第二个被忽略的事实是，一旦环境的防御受到了削弱后，某些种类的昆虫爆炸性的繁殖能力就会恢复。许多生物的繁殖能力完全超出了我们的想象。尽管我们有时也会见识一些。从学生时代起，我就记得在一个装着干草和水的混合物的罐子里，加入几滴取自含有原生动物的培养菌液中的物质。奇迹就这样出现了。在几天内，罐子中就充满了横冲直撞的小生命——数不清的微小的动物草履虫。每一个小得都像是一粒灰尘。在这个有着合适的温度、充足的食物以及缺少天敌的天堂里，它们随心所欲地大量繁殖着。这种现象让我脑海中时而浮现出海边岩石上变白的藤壶，时而浮现出一大群水母游过时的壮观景象，它们缓慢地移动着，那不断颤动着的鬼魅般的身体仿佛与缥缈的海水融为一体。

　　冬季，当鳕鱼迁移经过海洋，前往它们的产卵地时，我们看到了大自然的控制是怎样起作用的。每一条雌性鳕鱼在产卵地上都会产下几百万个卵。如果所有卵都变成小鱼，那么海洋中的鳕鱼就会泛滥成灾了，但是这种情况却并没有发生。通常来说，每一对鳕鱼产生的幼鱼数量可达数百万之巨。只有其中的一部分存活下来，发展为成年的鱼去顶替它们的父母，这就是自然界的控制作用。

生物学家们常常会有一种假想：假如发生了一场意料之外的大灾难，自然界失去了制约作用，使得单独一种生物繁殖的后代全部存活了下来，那时将会是一番什么样的景象呢？幸运的是这只不过是理论推论下的极端情况。一个世纪之前，托马斯·修克思勒曾计算过一种雌蚜虫（它不需要配偶就能繁殖）在一年时间中所能繁殖的后代总重量相当于整个美国人口总重量的四分之一。对动物种群进行研究的人们曾经见识过失去控制的大自然所造成的极为严重的结果。牧民们热衷于消灭土狼的浪潮导致了田鼠泛滥成灾的恶果，因为土狼之前就控制着田鼠的数量。另外一个例子就是那个屡次上演的关于亚利桑那州凯巴布高原上的鹿的故事。在一个时期内，鹿的数量与其生活的环境之间维持着一种平衡。一定数量的猎食动物——狼、美洲豹和土狼，控制着鹿的数量，使其不会超过食物的供给量。后来，人们为了"保护"这些鹿而发起一个运动，杀死了它们的所有天敌。于是，那些猎食动物灭绝了。鹿的数量开始以一种惊人的速度增长起来。很快，这个地区就没有足够的草料供给它们。因为它们吃光了所有低矮植物的叶子，树木上长叶子的地方离它们也越来越高。许多鹿因为饥饿而死亡，且死亡数量已经远远超过了以前被猎食动物杀死的。此外，这种鹿疯狂地寻找食物的努力破坏了整个生存环境。

田野和森林中捕食性的昆虫起到的作用与凯巴布高原地区的狼和土狼的作用一样。杀死它们，被它们当成食物的昆虫种群就会疯狂地扩张起来。

没有人知道在地球上究竟存在着多少种昆虫，因为还有很多种类的昆虫没有被人所认识。但是记录在册的昆虫种类就已经超过了七十万种。这就是说，从种类的数量上来看，地球上的动物有 70% 到 80% 是昆虫。自然力量控制着它们中的绝大多数，且不会受到人类的任何干涉。如果情况真是如此，那么使用数量惊人的化学药物（或其他方法）就能控制住昆虫种群的数量就是一件值得质疑的事情。

问题在于，在昆虫的天然敌人灭绝之前，我们很少会注意到它们所提供的保护性作用。我们中间的绝大部分人生活在世界上，却对它视而不见，对它的美丽、神奇以及生活在我们周围的各种奇怪的、甚至是令人感到畏惧的动物毫不理会。这就是人们根本不了解捕食昆虫和寄生生物的活动的原因。也许我们曾经注意到在花园灌木上栖息着一种外貌凶恶、形体怪异的昆虫，并且对螳螂以其他昆虫为食有着模糊的认识。然而，只有当我们晚上打着手电筒去花园散步，发现到处都有螳螂正慢慢地逼近它的猎物的时候，我们就会理解这种猎食动物和猎物之间的关系。从那时起，我们就会开始感觉到大自然进行自我控制的那种强大力量。

捕食动物——那些以其他昆虫为食物的昆虫——的种类是多种多样的。其中一些昆虫身手敏捷，迅速得就像燕子在空中捕捉猎物一样。还有一些昆虫沿着树枝费力地爬行，一路上狼吞虎咽着那些不动的象蚜虫。小黄蜂捕获这些软体昆虫之后，就会用它们的汁液喂给幼蜂。泥蜂会在屋檐下筑起圆柱状的蜂巢，并将所捕获的昆虫堆积在其中，以供将来的泥蜂幼虫食用。沙黄蜂在正在吃草料的牛群的上空飞来飞去，消灭了使牛群饱受其扰的吸血蝇。嗡嗡直叫的食蚜蝇常常被人与蜜蜂混为一谈。它们在被蚜虫感染的植物叶子上产卵，这样孵出的幼虫就能吃掉大量的蚜虫。瓢虫也可以有效地消灭蚜虫、介壳虫和其他草食性昆虫。毫不夸张地讲，一只瓢虫需要吃掉几百只蚜虫，才能点燃自己的能量之火，它们需要这些能量去产卵。

寄生性昆虫的习性更为特别。它们不会立刻杀死自己的宿主，而是通过各种适当的办法利用宿主为自己孩子提供营养物。它们往往会在捕获的猎物的幼虫或卵内产下自己的卵，这样，它们将来孵出的幼虫就可以直接将宿主的幼虫或卵作为食物了。有的寄生性昆虫会使用黏液把它们的卵贴在毛虫的身上。在孵化的时候，寄生昆虫的幼虫就会从宿主的皮肤里面钻出来。而其他一些具有天生伪装本领的寄生昆虫会把它们的卵产在树叶上，这样以树叶为食的毛虫就会不幸地把卵吞进肚子里。猎食昆虫和寄生性昆虫在田野上，在树篱笆间，在花园里，在森林中都在工作着。一个池塘上空，蜻蜓掠过，阳光射在它们的翅膀上，散发出火焰般的光彩。它们的祖先都曾生活在巨大爬行类动物的沼泽中。现在，它们仍然像古时候一样，用锐利的眼睛和像篮子状的几条腿在空中捕捉蚊子。同时，蜻蜓的幼虫在水下会捕捉水生阶段的蚊子的幼虫子孓以及其他昆虫。草蜻蛉趴在叶子上，很难被人觉察。它长着绿纱般的翅膀和金色的眼睛，害羞而神秘。它的祖先是一种生活在二叠纪时代的古老生物。草蜻蛉的成虫的主要食物是花蜜和蚜虫的蜜汁。它常常会把自己的卵产在一根长茎的根部，让卵和叶子连接在一起。它的幼虫———一种被称为"蚜狮"的带着刺毛的奇怪昆虫就会在这里出生。蚜狮依靠捕食蚜虫、介壳虫或螨虫生存，它们捉到这些小虫子后，会吸干它们的体液。在草蜻蛉吐出白色的丝茧度过其蛹期之前，每只草蜻蛉都能吃掉几百只蚜虫。

还有许多蜂和蝇类具备同样的能力，即采取寄生的方式来消灭其他昆虫的卵及幼虫从而得以生存。虽然一些蜂类的寄生卵非常小，但是由于它们数量太过巨大，活动能力很强，所以它们抑制了许多破坏庄稼的昆虫的数量。

无论是晴天还是下雨，无论是白天还是黑夜，甚至当凛冽的寒冬让它们的生命之火变得只剩下灰烬的时候，所有这些微小的生命一直在努力工作着。在冬天，这种生气勃勃的力量仍然隐隐地燃烧着，等待着大地上的昆虫们被春天唤醒的时候，自己再重新焕发出巨大的活力。在此之前，在积得厚厚的白色雪花下，在被冻得硬邦邦的土壤下，在树皮的缝隙之间，在隐蔽的洞穴里，寄生昆虫和捕食性昆虫都找到了栖身之所，让自己可以安然度过这个寒冷的季节。

螳螂的卵被它的母亲安全地放在一个粘在灌木树枝上的类似薄羊皮纸的小匣子中，它的母亲已经在过去的夏天里逝去了。

一些楼阁的那些被人遗忘的角落里隐藏着体内携带着大量卵的雌性长脚黄蜂为自己营造的栖身之所。这些卵就是将来整个蜂群的雏形。这只单独生活的雌蜂在春天时开始做一个小小的纸窝，在每个巢孔都会产下一些卵，并且小心地养育一些小小的工蜂。在工蜂的帮助下，她能够扩大巢穴的规模，并且壮大自己的蜂群。在炎热的夏天里，工蜂会不断地寻找食物。就这样，因为这种昆虫的生活特点与我们的需求相结合，使得这种昆虫成为我们的同盟，并使自然向对我们有利的方向倾斜。但是，我们现在却把炮口对准了我们的盟友。一个可怕的危险是：我们严重地低估了它们在保护我们免受敌人侵袭所起的作用。假如失去了它们的帮助，这些敌人就会对我们造成极大的危害。每年使用的杀虫剂的数量与种类都在增多，破坏力也越来越强。其结果必然导致自然的环境防御能力持续降低正在日益成为一个无情的现实。随着时间的流逝，我们可以预见会遭受更多的昆虫灾害，有的会传染疾病，还有的会毁坏农作物，远远超出我们所知的范围。

你可能会问："这些只不过是纯粹理论推导出来的结论吧？这种情

况不会在我的这辈子发生。"但是,它正在发生着,就在此时此刻的美国。根据科学期刊的记载,在1958年至少发生了50种昆虫灾害与自然平衡的严重失控有关。每一年都会发现更多的例子。最近,一篇专门针对这一问题的文章参考了215篇论文,它们都是讨论杀虫剂所导致的昆虫数量平衡被打破后所引起的灾害。

有时候,在喷洒化学药物之后,那些本来想控制的昆虫反而以惊人的速度暴涨。如安大略省的黑蝇数量在喷药后比喷药前增加了16倍。在英格兰,对白菜蚜虫喷洒了一种有机磷化学农药却导致了一次大爆发——数量之多历史从没有类似记载。

在其他的几次喷药行动中,虽然在控制目标昆虫数量上取得了一定的效果,但它们同时也打开了盛放灾害的潘多拉之盒。之前从来没有这么多的害虫,如今却泛滥成灾。例如,当DDT和其他杀虫剂杀死了红叶螨的敌人之后,它已经变成了一种肆虐全球的害虫了。红叶螨并不是一种昆虫,而是一种有着几乎看不见的八条腿的生物,与蜘蛛、蝎子和扁虱属于同一类。它的口器适合于刺入和吮吸,最喜欢的食物是世界上绿色的来源——叶绿素。它把它那细小而尖锐的口器刺入常绿针叶内,吸取叶绿素。只要受到其轻微的传染,树木和灌木林就会染上像椒盐那样的杂色斑点。在红叶螨数量很多的情况下,叶子会变黄脱落。

几年前,在美国西部一些林区就曾发生过这样的事情,当时(1956年),美国森林局向大约885000英亩的森林中喷洒了DDT。喷洒化学药物本来是想要消灭云杉卷叶蛾,但是到了第二年夏天却发现了一个比云杉卷叶蛾更加危险的问题。从空中对这个林区进行观察的时候,可以发现森林的大面积枯萎,雄伟高大的花旗松正在变成褐色,针叶也开始掉落。在海伦娜国家森林和大贝尔特山的西坡,还有从蒙大拿到爱荷华州沿埃达荷的区域中，所有的森林看起来就仿佛被烧焦一般。很显然，1957年夏天经历了历史上最大规模和最严重的红叶螨的灾祸。几乎所有被化学药物处理过的土地都受到了影响，而其他地方的受灾情况则没有那么明显。护林员在回顾历史时，想起了其他几次红叶螨造成的灾难，不像这次如此严重。1929年的黄石公园中的麦迪逊河边，1949年在科罗拉多州，还有1956年在新墨西哥州，都曾出现过类似的情况。每一次虫灾的爆发都发生在使用杀虫剂喷洒森林之后。(1929年的那次是在DDT时代之前，当时用的是砷酸铅。)

为什么使用杀虫剂反而会使得红叶螨的数量变得更多呢？除了这么一个明显的事实之外——红叶螨对杀虫剂不怎么敏感，还有另外两个原因。红叶螨的繁殖本来受到了自然界中的许多种捕食性昆虫的控制，比如瓢虫、瘦蚊、食肉性螨虫和一些掠食性臭虫，所有这些虫子都对杀虫剂非常敏感。第三个原因则与红叶螨群体内部的族群压力有关。一个没有受到影响的螨虫群体是一个非常稠密的定居群落，它们挤在一个保护性的带子下。但是喷药之后，这个族群就被分散开来。这些螨虫虽然没有被化学药物杀死，但也受到了影响。它们需要去寻找全新的环境。这样，螨虫就会找到比从前更多的空间和食物。但是，螨虫的天敌被灭绝了，所以螨虫没有必要再耗费它们的能量去保护那神秘的保护带。相反，它们把全部的精力投入到大量繁殖中去。所以，它们的产卵量能增加三倍——这一切都是杀虫剂导致的结果。

在弗吉尼亚州著名的苹果种植区雪伦多亚河谷中，当DDT开始成为砷酸铅的代替品的时候，一大群被称为红线卷叶虫的小昆虫泛滥成灾，造成的严重危害是前所未有的，很快就肆虐了50%的谷物。不止是在这个地区，在美国东部和中西部的大部分地区，红线卷叶虫随着

DDT 使用量的增加，很快成为对苹果树破坏性最大的害虫。

这一情况充满了讽刺。20世纪40年代后期在新斯科舍省的苹果园中，苹果卷叶蛾灾情（苹果虫蛀的原因）最严重的地方就是那些反复喷药的果园。而在没有喷药的果园里，这种蛾的数量尚未构成真正的威胁。

频繁地喷药在苏丹东部同样收获了一个难以令人满意的结果。那里的棉花种植者饱受 DDT 带来的害处之苦。在盖斯三角洲的灌溉区大约有 60000 英亩土地种植了棉花。在早期实验中，DDT 明显表现出了较好的喷药效果。但从那个时候起，麻烦就开始了。棉铃虫是对棉花危害最大的敌人。但是，在棉田中喷洒越多的化学药物，棉铃虫的数量就越多。没有喷药的棉田中的棉桃和成熟的棉朵比那些喷过药的棉田所遭受的危害更小。在喷药两次的田地里，棉籽的产量明显地减少了。虽然消灭了很多吃叶子的昆虫，但所有可能由此而得到的好处也全部被棉铃虫的危害抵消了。最终，面对着眼前惨痛的现实，棉田种植者才恍然大悟：如果他们不自找麻烦，不费力费钱地喷洒化学药品，他们的棉田本来可以收获更好的收成。在比属刚果（比利时对刚果殖民统治时期对刚果的称呼）和乌干达，大量使用 DDT 对付咖啡树上的一种害虫几乎引起了一场大灾难。但是，害虫本身却根本没有受到 DDT 的任何影响，而它的天敌却对 DDT 非常敏感。在美国，昆虫世界的群体动态受到了喷洒化学药物的干扰，农田里的虫灾越来越严重。最近所进行的两个大规模喷药计划就产生了这样的后果。一个是美国南部地区的消灭火蚁的计划，另一个是中西部地区消灭日本甲虫的计划。（内容分别见第10章和第7章）

1957年，人们在路易斯安那州的农田中大规模地喷洒了七氯，导致甘蔗的一种最凶恶的敌人——蔗螟广泛地散播。在七氯喷洒过后不久，蔗螟的危害就变得更为严重。为了消灭火蚁而使用的七氯却消灭了蔗螟的天敌。由此，甘蔗遭受的损失之严重以致农民们都要去起诉路易斯安那州政府事先没对可能带来的后果发出警告。

伊利诺伊州的农民们也尝到了同样的惨痛教训。为了控制日本甲虫，农民们在伊利诺伊州东部的农田中大量地使用了极具破坏性的狄氏剂喷液，随后他们发现玉米螟的数量在喷洒过药物的地区暴涨起来。事实上，在这个地区的玉米上生长的玉米螟的数量至少是别的地区的两倍。那些农民们可能还不知道这个现象背后的化学原理，但是他们也不需要科学家来告诉他们说他们已经付出了极为昂贵的代价。他们在试图摆脱一种昆虫的努力中造成了另一种危害更大的害虫泛滥成灾。根据农业部预计，日本甲虫每年在美国造成的损失约为1000万美元，而玉米螟造成的损失却高达8500万美元。

有必要注意的是，人们在过去一直是依靠自然力量来控制玉米螟的。1917年，这种昆虫在无意间从欧洲进入美国的两年之后，美国政府就开始执行一个大规模搜集和引进玉米螟的寄生昆虫的有效计划。从那个时候开始，美国花费了大量的资金，陆续从欧洲和东方各国引入了24种以玉米螟为宿主的寄生昆虫。其中，有5种具有独立地有效控制玉米螟的价值。无须多说，因为这些从外国引入的玉米螟的天敌都被喷洒的化学药物杀死了，所有之前这些工作所取得的成果现在全部都毁于一旦。

如果有人对这一点还持有怀疑态度，请想一想加利福尼亚州柑橘园的情况。19世纪80年代，加利福尼亚州成功地进行了世界上最著名的生物控制的例子。1872年，加利福尼亚州出现了一种以柑橘树的汁液为食物的介壳虫。在之后的 25 年中，介壳虫发展成了一种危害极大的灾害。许多果园在这场灾害中蒙受了巨大的损失。刚刚兴起的柑橘工业几乎面临着灭顶之灾。当时，许多农民都选择了放弃，拔掉了他们的果树。后来，从澳大利亚引进了一种介壳虫的寄生昆虫———种体形很小的澳洲瓢虫。首批引进的瓢虫进入美国后两年，在加利福尼亚州所有种植柑橘的地方的介壳虫已经处于全面控制之下。从那时开始，一个人在柑橘园中连着找几天，也不会找到一只介壳虫了。

但是，到了 20 世纪 40 年代，柑橘种植者们开始尝试使用新式的化学物质来对付其他昆虫。因为使用了 DDT 和其他毒性更强的化学药物，加利福尼亚许多地区的澳洲瓢虫被全面消灭了。当年，政府只不过花费区区 5000 美金去引进这些瓢虫，而它们却为果农每年挽回几百万美元的损失。但是由于一次缺乏考虑的行动，这些收益全部化为乌有。介壳虫很快就卷土重来，其灾害的严重程度超过了 50 年来所见过的任何一次。

在里弗赛德市的柑橘实验中心工作的保罗·德巴赫博士说："这可能标志着一个时代的终结。"现在，控制介壳虫的工作早就变得更为复杂了。只有通过反复放养和极其小心地控制喷药计划才能尽可能地减少澳洲瓢虫与杀虫剂的直接接触，让它们得以存留下来。不管柑橘种植者们怎么做，瓢虫的命运最终或多或少地要受到附近土地的主人们的影响，因为从附近土地上飘过来的杀虫剂会给它们带来灭顶之灾。

这些例子谈的都是关于破坏农作物的昆虫。而那些携带着疾病的昆虫又是怎么样的呢？实际上，这方面已经出现了很多警告。例如，第二次世界大战期间，人们一直在南太平洋的尼桑岛上大量地喷洒化学药物，不过在战争即将结束的时候就停止了。很快，传染疟疾的蚊子重新入侵了这座岛屿。当时捕食疟蚊的昆虫已被全部消灭了，而它们新的敌人还没有壮大起来，因此疟蚊数量急剧暴涨是很容易预见的。马歇尔·莱尔德根据自己的亲身经历描述时，用一个踏车比喻化学控制——一旦我们踏上去，就会因为害怕后果而再也不敢停下来。在世界上的其他地方，喷药引发的疾病的方式各不相同。基于某种理由，像蜗牛这样的软体动物几乎不会受到杀虫剂的影响。这种情况已经出现了很多次。在对佛罗里达州东部盐沼进行大规模喷药导致了大量生物死亡，其中只有水蜗牛幸免于难。如同人们所描述的那样，当时展现在人们眼前的是一幅令人感到害怕的图画——只有超现实主义画家才能创作出的那种东西。水蜗牛慢慢地蠕动着，周围都是死鱼的尸体和奄奄一息的螃蟹，吞食着那些被致命的毒雨杀死的生物。

但是这种情况具有什么重要意义呢？这是因为许多水蜗牛可以充当许多寄生虫的宿主。这些寄生虫在它的一生中，要在软体动物身上度过一部分时间，还要在人体中度过一部分时间。血吸虫病就是其中的一个例子。当它通过饮用水进入人体，或是在人类用被感染的水洗澡时透过皮肤进入人体，都会引起人的严重疾病。血吸虫进入水中正是依靠它的宿主蜗牛。这种疾病在亚洲和非洲地区极为盛行。在有血吸虫的地方，促进蜗牛大量繁殖的昆虫控制办法就可能导致极为严重的后果。

当然，人类并不是蜗牛造成的疾病的唯一受害者。牛、绵羊、山羊、鹿、麋、兔和其他各种温血动物中的肝脏疾病都是因为部分时间寄生在淡水蜗牛身上的肝吸虫引起的。遭受这些蠕虫传染的肝脏不适宜再作为人类的食物，否则就会受到法律制裁。因为这个原因，美国的畜牧业者每年都要损失大约350万美元。任何引起蜗牛数量增加的活动都会使这一个问题变得更加严重。

在过去的十年中,这些问题已经造成了一个巨大的阴影。但是,我们对它们的认识却一直进展缓慢。大多数最有能力去研究自然控制方法并协助付诸实践的人却始终忙于实行更刺激的化学控制。根据报道,1960年,美国仅有2%的经济昆虫学家在从事生物控制的工作。剩下的98%的人员都受聘去研究化学杀虫剂。

情况为什么会发展成这样呢?一些主要的化学公司正把大量的资金投入到大学中,用以支持杀虫剂的研究工作。随着这种情况的发展,出现了十分吸引人的研究生奖学金和研究员职位。而在另一方面,生物控制研究却从来没有收到如此之多的捐助——原因很简单:生物控制不可能向任何人承诺那种在化学工业中将会出现的财富。州和联邦机构承担了生物控制的研究工作,只不过在那些地方的工资要少得多。

这也解释了为什么某些著名的昆虫学家都在领头大力鼓吹化学控制。假如对这些人的背景进行调查,就会发现他们全部的研究计划都是收到来自化学工业的资助。他们的职业声望、甚至全部的工作本身都要依靠着化学控制方法。毫不夸张地说,难道我们能指望他们去咬那只喂给他们食物的手吗?但是,清楚了他们的倾向之后,我们还能够相信他们认为杀虫剂毫无害处的观点吗?

在大多数人为化学物质成为控制昆虫的基本方法欢呼的时候,由少数昆虫学家提出了一些研究报告。这些昆虫学家没有忘记这一事实——他们既不是化学家,也不是工程师,而是生物学家。

英国的雅各布认为:"许多所谓的经济昆虫学家的活动可能会让人们相信,他们这么干就是因为他们相信拯救世界只能依靠喷洒化学药物……假如问题出现了反复,或者出现了昆虫具备抗药性,哺乳动物中毒等问题，化学家将会再发明出另外一种合适的药物。但是真相并不是这样，人们现在还认识不到只有生物学家才能为根治害虫问题找到最佳答案。"新斯科舍省的皮克特写道："经济昆虫学家必须要意识到，他们是在和活物打交道。他们的任务绝不仅仅是对杀虫剂进行简单试验或是寻找破坏性更强的化学物质。"皮克特博士本人是确立合理的控制昆虫方法领域中的一位先驱。他提出的方法充分地利用了各种捕食性和寄生性昆虫。现在，他和同事们提出的方法已经成为很少有人能够超越的典范。我们只能在加州的一些昆虫学家提出的综合性控制计划中，才能发现美国也有这样的成就。

大约在35年前，在新斯科舍省的安纳波利斯山谷的苹果园中，皮克特博士开始了自己的研究，那里曾经是加拿大最集中的果树种植地区。那个时候的人们认为杀虫剂(当时使用的只有无机化学药物)能够解决昆虫的控制问题，因为唯一要做的就是向种植水果的农民们介绍如何遵照使用建议喷洒药物。但是，这个美好的愿望并没有得到实现。昆虫的问题仍然存在。于是，他们又使用了更新的化学物质，发明了更好的喷药设备，对喷药的热情也与日俱增，但是昆虫问题依然没有得到任何缓解。后来，人们又说DDT能够"终结"苹果卷叶蛾肆虐的"噩梦"。但是因为使用DDT却导致了一场史无前例的螨虫灾害。皮克特博士说："我们只不过是从一场危机走向了另一场危机，用一个问题掩盖了另一个问题而已。"

但是，皮克特博士和他的同事们此时抛弃了其他人还在走的那条老路，闯出了一条崭新的道路。当其他的昆虫学家还在不断追求毒性越来越强的化学物质的时候，皮克特博士和同事们已经意识到了他们在自然界存在着一个强大的盟友，他们设计了一个最大限度地利用自然控制作用，把杀虫剂的剂量压缩到最低限度的计划。即使在必须使用杀虫剂的时候，也要把剂量降到最小，使其既能够控制害虫又不会危害别的有益的种类。计划还包括如何选择适当的喷洒时机。比如，假如在苹果树的花朵变成粉红色之前，而不是之后去喷洒硫酸烟碱，那么一种重要的捕食性昆虫就能幸免于难，因为在苹果花转为粉红色之前它还在没有孵化的卵中。

皮克特博士在挑选那些对寄生虫和捕食性昆虫危害极小的化学药物时十分审慎。他说："如果我们像过去使用无机化学药物时那样，将DDT、对硫磷、氯丹和其他新型杀虫剂作为采取的日常措施，那么对生物控制感兴趣的昆虫学家们也会选择放弃。"他并不使用那些毒性非常强、影响范围广的杀虫剂，而是依靠"鱼尼丁"（来自一种热带植物的地下茎干）、硫酸烟碱和砷酸铅。在某些情况下也会用到浓度非常低的DDT和马拉硫磷（每100加仑中添加1到2盎司——而非过去通常的100加仑中添加1到2磅）。虽然这两种杀虫剂都是现代杀虫剂中毒性最低的，但皮克特博士仍希望通过深入的研究，找到更安全、更有选择性的物质来代替它们。

那么，他们那个计划的效果怎么样呢？在新斯科舍省，采用了皮克特博士改良过的喷药计划的果园种植者们收获的优质水果与使用毒性强烈的化学药物的种植者一样多。而且，他们获得这样的成绩实际花费的成本却要少得多。在新斯科舍省的苹果园中，用于杀虫剂所耗费的成本只相当于其他苹果种植区总数的10%到20%。

比这些让人感到喜悦的成果更重要的是，新斯科舍省的昆虫学家们所执行的这个改良过的喷药计划没有对大自然的平衡造成什么破坏。情况正在向着十年前由加拿大昆虫学家乌里耶特所描述的那个方向前进：

"我们必须改变自己的观点,放弃我们认为人类优于其他物种的态度,我们应当承认在大自然实际情况中寻找一些限制生物种群的方法,比我们自己搞出来的控制方法更为经济。"

第十六章 雪崩的隆隆声

如果达尔文今天还活着，他一定会为适者生存理论在昆虫界得到的令人印象深刻的验证而感到高兴和惊讶。在大规模喷洒化学药物的重压之下，一些较弱的昆虫种群都被消灭掉了。现在，在许多地区，只有健壮的和适应能力强的昆虫才在化学控制中存活下来。

在将近半个世纪以前，华盛顿州立大学的昆虫学教授梅兰德提出了一个现在看来纯粹属于修辞学的问题："昆虫是否会对喷洒的化学药物产生抵抗力？"如果当时梅兰德不知道答案，或者回答得太迟，那只是因为他的问题提出的时间太早了。（他在1914年就提出了这个问题，而不是在40年之后。）在DDT时代到来之前，以现在的标准看来，当时使用无机化学药物的规模是十分节制的，但已经出现了那些经过喷药后变得更为适应的昆虫。梅兰德本人曾经遇到梨圆蚧的问题。在几年的时间内，这种虫子被他用喷洒硫化石灰的方法控制得很好；但是后来，在华盛顿的克拉克森地区，这种昆虫开始变得很难处理——比在韦纳奇果园和雅吉马谷山谷的果园中时更难被消灭。

突然之间，在美国其他地区的介壳虫仿佛都明白了这样一个道理：在果园种植者们勤奋地喷洒了大量的硫化石灰之后，它们再也不愿就这样死去了。美国中西部地区，成千上万英亩的果园无不被这种产生了极强抗药性的昆虫毁灭了。

在加利福尼亚州，人们长期以来推崇这样一个方法：用帆布把树罩起来，再用氢氰酸蒸气熏这些树。这种方法开始在某些地区产生了令人失望的结果。1915年，加利福尼亚柑橘实验中心开始对这个问题进行研究，整个过程一直持续了25年。虽然在过去的40年中，砷酸铅成功地控制着苹果卷叶蛾，但在20世纪20年代，这种卷叶蛾也具有了抗药性。

但是，只有在DDT和那些与它同属一类的化学品出现之后，世界才真正进入了抗药性的时代。大约在几年之内，一个危险的问题就已经显现出来了：只要对最简单的昆虫知识或动物种群动力学知识略微有些认识的人，就不会对其感到惊奇无比。但是，人们对昆虫具有抗药性能力的认识还是有些缓慢。目前看来，只有那些关注带病昆虫的人们才能懂得这一情况的严重性。虽然就是因为这种似是而非的推理造成了现在的困境，但大部分农学家们还在期盼着能够发明出毒性更强的新型化学药物。

人们对昆虫抗药性的认识速度较为缓慢，但昆虫抗药性本身的发展却迅速得多。在1945年以前，只有大约十几种昆虫对DDT出现前的杀虫剂具备抗药性。随着新的有机化学物质以及大规模喷洒化学药物的新方法的出现，抗药性开始迅速增长。到1960年，已经有137种昆虫具备了抗药性。人们都知道这件事情不会到此结束。现在，关于这个问题已经有至少1000篇技术论文发表。世界卫生组织召集了世界各地约

300名的科学家，宣布"抗药性是对目前带菌昆虫进行控制的计划面临的一个最重要问题"。英国的一名著名动物种群研究者查尔斯·埃尔顿博士曾说："我们的耳中传来了未来大雪崩来临之前的隆隆声"。

抗药性发展的速度之迅速，甚至有时在一篇宣告某些化学药物成功地控制了一种昆虫控制的报告墨迹未干的时候，又被迫再发出另一篇修正版的报告。例如，在南非，牧场主们长期受到蓝扁虱的困扰。仅仅在一个大牧场中每年就有600头牛死于蓝扁虱。多年来，这种蓝扁虱已经对砷喷剂具备了抗药性。然后，人们又试用了六氯化苯，在一个很短的期间内取得了令人较为满意的成果。在1949年年初发表的报告宣称新型的化学物质能够轻易地控制住抗砷的扁虱。但是在第二年晚些时候，又不得不出版了一份通告，宣布扁虱对新型化学品又产生了抗药性。1950年，这一情况让一位作家在《皮革贸易评论》杂志中评论道："如果人们能够对这件事的重要性有着彻底的认识，那么类似这样一些透过科学圈交流泄露出来的消息和只在国外媒体报道中占一个小角落的新闻是完全可以像原子弹诞生的消息那样登上头条。"

虽然昆虫抗药性与农业和林业都有着十分密切的联系，但在公共卫生领域中也出现了更为严重的恐慌。自古以来，各种昆虫和人类许多疾病之间的关系问题就存在。疟蚊可以向人体血液注射单细胞的疟疾生物。有些蚊子可以传播黄热病。还有些蚊子可以传染脑炎。家蝇虽然并不叮人，但是却可以通过接触让人类的食物受到痢疾杆菌的污染，并且在世界上的许多地方传播眼疾。疾病及带菌昆虫的名单中还应该包括传染斑疹伤寒的虱子，传染鼠疫的鼠蚤，传染非洲睡眠病的采采蝇，传染各种发烧的扁虱等等。

对于我们而言，这些问题都是非常重要的，必须尽快处理。任何一个负责任的人都不会说可以对这些通过昆虫传播的疾病不闻不问。现在我们面临的最迫切的问题是：当一种方法使得情况恶化的时候，仍然坚持使用这种方法是否明智，是否负责呢？人们只听到过许多通过控制带菌昆虫来战胜疾病的胜利消息，但是我们却几乎没有听到这个故事的另外一面——失败的一面。这个短暂的胜利有力地证明了我们的昆虫敌人正是因为我们的努力变得更加强大了。更糟糕的是，我们甚至可能破坏了我们自己的作战手段。

加拿大的一位著名昆虫学家布朗博士受雇于世界卫生组织，参加了一个关于昆虫抗药性问题的全面调查。1958年，布朗博士在其出版的专题论文中总结道："在公共卫生计划中引入毒性很强的人造杀虫剂之后还不到十年，主要的技术问题就是昆虫对曾经用来控制它们的杀虫剂具有了抗药性。"在他已发表的专论中，世界卫生组织提出了警告："目前针对因为昆虫而引起的疾病，如霍乱、斑疹伤寒、鼠疫的积极进攻已经面临着遭受挫败的危险，除非新问题能够在很短的时间内得到解决。"

这一挫败的程度如何？现在，具有抗药性的昆虫的名单实际上已包括了全部具有医学意义的昆虫。显然，黑蝇、沙蝇和采采蝇还没有对化学物质产生抗药性。另一方面，全球范围内的家蝇和虱子都已经产生了抗药性。蚊子的抗药性威胁到了治理疟疾的计划。作为鼠疫的主要传播者，东方鼠蚤目前对DDT也产生了抗药性，这是一个最严重的问题。每个大陆和大多数岛屿都传出了报告称当地的许多种昆虫都产生了抗药性。

在医学上第一次使用现代杀虫剂是在1943年的意大利。当时盟军政府在很多人身上洒了DDT粉剂，成功地消灭了斑疹伤寒。两年之后，为了控制疟蚊，政府又进行了一次大规模的喷洒。仅仅过去一年，问题就出现了。家蝇和库蚊开始对喷洒的药物具备了抗药性。1948年，作为对 DDT 的补充，人们开始使用一种新型化学物质。这一次，控制的效果保持了 1 年。但是到了 1950 年 8 月，对氯丹具有抗药性的苍蝇就出现了。到了 1950 年年底，所有家蝇如库蚊都对氯丹有了抗药性。一旦新的化学药物被投入使用，抗药性发展的速度就变得飞快。到了 1951 年年底，DDT、甲氧七氯、氯丹、七氯和六氯化苯都失效了。同时，苍蝇的数量却变得出奇的多。

在 20 世纪 40 年代后期，撒丁岛出现了一连串相同的事情。1944 年，在丹麦首次使用了含有 DDT 的药品，到了 1947 年，对苍蝇的控制在许多地方都已经宣告失败。在埃及的一些地区，苍蝇在 1948 年就对 DDT 产生了抗药性，之后用 BHC 作为代替物，有效期也不过维持了短短一年。一个埃及村庄就明显地表现出了这一问题。1950 年，杀虫剂有效地控制住了苍蝇，同一年中，婴儿死亡率就下降了将近 50%。第二年，苍蝇对 DDT 和氯丹产生了抗药性，苍蝇的数量也恢复到以往的水平，死亡率也随之回到了原先的水平。1948 年，在美国田纳西河谷的苍蝇已经对 DDT 具有了抗药性。其他地区也陆续出现了这样的情况。用狄氏剂恢复控制效果的努力也失败了。在一些地方，苍蝇仅仅花了两个月就具备了对这种药物的抗药性。在广泛使用了有效的氯化烃类化学物之后，人们又将有机磷类作为新的控制药物。但结果是抗药性的故事又再次上演了一遍。现在，专家们得出了结论：“杀虫剂技术已经不能解决家蝇的控制问题了，必须从一般的卫生措施重新开始。”

那不勒斯的虱子得到控制是 DDT 最早的、最著名的成绩之一。后来，1945－1946 年的冬天，DDT 在日本和朝鲜成功地控制了对约二百万人口造成危害的虱子。1948 年，西班牙防治斑疹伤寒的失败，让我们知道其后工作必将十分艰难。尽管这次计划失败，但在卓有成效的室内实验仍然让昆虫学家们相信虱子不一定会产生抗药性。但是，1950—1951年的冬天在朝鲜发生的事件令他们大吃一惊。当DDT粉剂被洒到一批朝鲜士兵身上后，虱子的数量反而更多了。当他们把虱子收集起来进行研究时，发现5%的DDT粉剂不能增加虱子的自然死亡率。经过对从东京流浪汉、板桥区收容所，叙利亚、约旦和埃及东部的难民营中收集来的虱子进行研究之后也得出了同样的结果。这些结果证明了DDT已经无法有效地控制虱子和斑疹伤寒。到了1957年，对DDT产生抗药性的虱子所在国家名单已经增加了伊朗、土耳其、埃塞俄比亚、西非（指非洲西部地区的国家）、南非、秘鲁、智利、法国、南斯拉夫（1992年解体，后分裂为塞尔维亚等7个国家）、阿富汗、乌干达、墨西哥和坦噶尼喀（今坦桑尼亚的大陆部分）。看起来，在意大利曾经出现的那种胜利已经不可能再现了。

对DDT产生抗药性的第一种疟蚊是萨氏按蚊。1946年，开始喷洒化学药品取得了不错的效果。然而到了1949年，观察者注意到喷过药的房间和马厩里没有了蚊子，但是在道路桥梁的下面出现了大批成年蚊子。很快，蚊子活动的地方扩展到了洞穴、外屋、阴沟里和柑橘树的叶子和树干上。显然，成年蚊子已经对DDT具有了足够的耐药性，能够从喷过药的建筑物逃出来并在外面得到休息和恢复。几个月之后，人们又发现它们出现在家里喷过药的墙壁上。

这是现在已经发生的严重情况的一个前兆。疟蚊对杀虫剂的抗药性增长的速度极快，这完全是以消灭疟疾为目的的房屋喷药计划所导致的。1956年，只有5种疟蚊表现出抗药性；而到了1960年初，这个数字已经从5种增加到了28种。其中包括在西非、中东、中美洲、印度尼西亚和东欧地区的极度危险的传播疟疾的蚊子。

这一情况同样存在于传播其他疾病的蚊子中。一种热带蚊子携带着能够引起类似橡皮病这样的疾病的寄生虫，在全世界很多地区都产生出很强的抗药性。在美国的一些地区，传播马脑炎的蚊子也具备了抗药性。传播黄热病的蚊子的情况更为严重。几个世纪以来，这种病一直是世界上的主要灾难。但是，具备抗药性的传播黄热病的蚊子已经出现在东南亚，而且成为加勒比海地区的普遍现象。

世界许多地方发来的报告都证明了昆虫具备抗药性对疟疾和其他疾病的影响。1954年，特立尼达岛上的黄热病大爆发就是因为蚊子产生了抗药性，导致对其进行控制的计划失败。在印度尼西亚和伊朗，疟疾的疫情再度恶化。在希腊、尼日利亚和利比亚，蚊子仍然在继续传播疟原虫。在佐治亚州，对苍蝇实行控制的计划减少了腹泻病发病的频率，但是仅仅用了一年的时间，之前取得的成绩就一无所有了。在埃及，通过对苍蝇进行暂时控制，降低了急性结膜炎的发病率，其效果只维持到1950年就再也不复存在了。

佛罗里达州的盐沼中的蚊子也产生了抗药性，虽然对人类健康来说，不是特别严重，但是从经济价值的角度来看，却很令人头疼。虽然这些蚊子不会传播疾病，但它们会成群结队地出来吸人血，从而导致佛罗里达州大片的沿海区域无人居住。在执行了一个艰难的暂时性控制计划之后，这一情况才有所改善，但是，当地的情况很快就恢复了原来的样子。

很多地方的普通家蚊都出现了抗药性，所以很多正在进行定期大规模喷洒化学药物的社区应该立刻停止这种做法。在意大利、以色列、日本、法国以及包括加利福尼亚州、俄亥俄州、新泽西州和马萨诸塞州在内的美国部分地区，这种蚊子现在已经对好几种杀虫剂产生了抗药性，其中包括了使用最普遍的杀虫剂 DDT。

另一个问题是扁虱。最近，能够传播脑脊髓炎的木虱已经产生了抗药性，褐色狗虱早已彻底地确立了抵抗化学药物的能力。无论对于人类还是狗来说，这都是一个问题。褐色狗虱是一种生活在亚热带的昆虫。而在新泽西州这样典型的北方地区，它想要过冬就必须生活在比室外温暖得多的屋子里。1959 年夏天，美国自然历史博物馆的约翰·帕利斯特在报告中称，他们接到了许多来自中央公园西路住户打来的电话。帕利斯特博士说："每隔一段时间，整栋房屋就会染上扁虱，并且很难清除。一只狗偶然在中央公园染上扁虱，然后这些扁虱开始产卵，并在房屋里孵化。它们好像对 DDT、氯丹或我们现在使用的大部分现代药剂拥有免疫力。过去扁虱很少出现在纽约市，而它们现在已经遍布整个纽约市、长岛、韦斯切斯特县，并蔓延到了康涅狄格州。在过去的五六年时间，我们都注意到了这种情况。"

在北美绝大部分地区，德国蟑螂已经对氯丹产生了抗药性。灭虫专家一度将氯丹当成是最得意的武器。不过现在，他们只好改用有机磷了。然而，因为蟑螂对有机磷逐渐产生了抗药性，这也给灭虫专家们出了一道难题：下一步该怎么办呢？

随着昆虫具备的抗药性不断提高，负责防治虫媒疾病的机构现在不得不不断地用一种杀虫剂代替另一种杀虫剂来处理他们所面临的问题。尽管化学家们能够一直提供新的化学物质，但这种办法是不能长期继续下去的。布朗博士指出：我们正在"一条单行道"上行进。没有人知道这条路究竟有多长。如果在我们走到这条路的终点之前还没有控制住携带疾病的昆虫，我们的处境就真的危险了。

同样的情况也存在于危害农作物的昆虫中。一开始对无机化学药物具有抗药性的农业昆虫大约有 12 种，现在又出现了其他很多种对 DDT、BHC、林丹、毒杀芬、狄氏剂、艾氏剂以及曾被人们寄予厚望的磷产生了抗药性的昆虫。1960 年，破坏农作物的昆虫中已经有 65 种具备了抗药性。

1951 年，大约是在首次使用 DDT 六年之后，农业昆虫对 DDT 产生抗药性的第一个例子出现在美国。最难以控制的问题可能是苹果树卷叶蛾。事实上，在全世界种植苹果的地区，这种苹果树卷叶蛾现在已经对 DDT 产生了抗药性。卷心菜昆虫所具备的抗药性又是另一个严重的问题。美国很多地区的马铃薯昆虫也正在从化学控制中逃离出来。现在，农民喷洒的化学药物对 6 种棉花昆虫、蓟马、水果蛾、叶蝉、毛虫、螨虫、蚜虫、铁线虫等其他许多种虫子都再也没有威胁了。

化学工业部门可能现在不愿意面对昆虫产生出抗药性这一令人不快的事实。甚至到了 1959 年，已经有 100 多种主要昆虫对化学药物产生了明显的抗药性。这时，一家农业化学领域的主要刊物还在询问昆虫的抗药性"是真的，还是想象出来的"。但是，即使化学工业部门转过身去不再关注，这个昆虫抗药性问题仍然存在，而且还导致了一些经济方面的问题。使用化学物质对昆虫进行控制的成本正在不断增长。因为这种事实的存在——今天看来还是最佳的杀虫化学物质到了明天可能就已经被淘汰了，所以提前贮备大量的杀虫药剂已经丧失了意义。这些昆虫用抗药性再一次证明了人类用暴力手段对待自然绝非明智之举，用于支持和推广杀虫剂的大量资金可能都会白白浪费了。尽管，飞速发展的技术会给人们不断地提供新式的杀虫剂和新型的使用方法，但人们会发现昆虫总是能化险为夷。

达尔文可能不会发现一个比抗药性机制更好地证明自然选择的例子了。在一个原始的种群中，许多昆虫在身体结构、活动和生理机能上都存在着很大的差异。只有"顽强的"昆虫才能在化学药物的攻击中存活下来。

弱小的昆虫在喷药中死去，而幸存者的体内具有某些能使它们在毒害中幸存下来的天性。通过简单的遗传，它们繁殖出的下一代也会获得一种天生的"顽强性"。使用毒性强烈的化学药物进行大规模喷洒反而只能让原来的问题变得更加糟糕。几代之后，就会出现一个顽强的具有抗药性的昆虫群体代替了原先的那种由强者和弱者混合在一起的种群。

昆虫抵抗化学物质的方法可能是多种多样的，而且人们直到现在也没有完全了解。据说，有人认为一些昆虫之所以不受化学喷药的影响，是凭借其有利的身体构造，但是在这方面几乎没有什么实际的证据。布列吉博士所做的那些观察中已经明显地证明了一些昆虫种类产生了免疫性。他在报告中称，自己在丹麦佛比泉虫害控制研究所中观察到大量苍蝇"在DDT的环境中嬉戏，仿佛从前的男巫在烧红的炭火上跳舞一样。"

类似的报告从世界其他地方传来。在马来西亚的吉隆坡，蚊子面对DDT的第一次反应是从喷药的房间逃了出来。随着抗药性的不断增强，人们又会发现蚊子的踪迹，借助手电筒可以看到DDT的踪迹。另外，在台湾南部的一个兵营里被发现具有抗药性的臭虫身上竟然带有DDT的粉末。在实验室中，人们将这些臭虫包到一块浸满了DDT的布里，它们仍然在那里存活了一个月之久。它们还产了卵，孵化出来的幼虫还顺利地成长了起来。

尽管如此，但昆虫的抗药性并不一定依赖于其特殊的身体构造。对

DDT 有抗药性的苍蝇体内存在一种酶，它可以把 DDT 削弱为毒性更弱的 DDE。这种酶只会在那些具有 DDT 抗药性遗传因素的苍蝇身上才会存在。当然，这种抗药性因素是世代相传的。但是，关于苍蝇和其他昆虫如何能够削弱有机磷类化学物质的问题还不大清楚。

一些活动习性也可以让昆虫避免直接接触化学药物。许多工作人员发现，具有抗药性的苍蝇更多地停歇在那些没有喷药的地面上，而不喜欢停在喷过药的墙上。产生了抗药性的家蝇总是习惯停留在同一个地点，这样就大大减少了与有毒的残留物接触的次数。一些疟蚊的一些习性可以使它们不会暴露于 DDT 中，这样就意味着它们实际上已经具备了抗药性。在喷药的刺激下，它们就会离开室内，在外面生存下去。

一般而言，昆虫产生抗药性需要两到三年的时间，虽然有时候仅仅需要一个季度，甚至更少的时间。在另外一种极端情况下，也可能需要六年时间。一种昆虫在一年中繁殖的后代数量是很重要的，根据种类和气候的不同，繁殖数量也不同。例如，加拿大苍蝇产生抗药性的速度比美国南部的苍蝇要慢一些，因为美国南部漫长、炎热的夏天为昆虫的快速繁殖创造了一个十分有利的环境。

有时人们会满怀希望地问："如果昆虫对有毒的化学药物产生了抗药性，人类也可以吗？"这种观点从理论上讲当然是可以的，然而可能需要几百年，甚至几千年才会产生这种抗药性。所以，活在现在的人们就不要对人类的抗药性抱什么希望了。抗药性根本不是在个体生物中产生的东西。如果一个人生下来的时候，就具备一些特性使他对毒性有着更强的抵抗力。那么他就更容易活下来，繁衍后代。因此，抗药性是一个群体经过很多代人的时间才能产生的东西。人类的繁衍速度大概是每世纪三代，而昆虫繁殖下一代却只需几天或几个星期。

布列吉博士在荷兰担任植物保护署主管的时候提出了建议:"对于昆虫给我们造成短时间的损害,我们还可以忍受,而为了暂时免受伤害,却要付出长期的代价就是非常不明智的了。我根据实践所能给出的忠告是尽可能少地喷药,而不是尽可能多地喷药。施加给害虫种群的喷药压力应当尽可能减少。"

不幸的是,这样的观点在美国农业部并不是主流。1952年,农业部专门讨论昆虫问题的年鉴承认了昆虫产生抗药性的事实,但是,它宣称:"为了对昆虫实现充分全面的控制,仍需要更频繁地使用大量的杀虫剂。"农业部并没有提起,那些不仅能够消灭世界上的昆虫,还能够消灭世界上的所有生命的化学药物并没有经过试用,那么将会发生什么事情。1959年,也就是农业部提出这个忠告十年之后,一位康涅狄格州的昆虫学家在《农业和食物化学》杂志中谈到了至少对一两种害虫使用了最后一种可用的新型化学药品。

布列吉博士说:"很明显,我们正走在一条危险的道路上……我们不得不准备大力加强其他控制方法的研究。这些新方法必须是生物学意义上的控制,而不是化学控制。我们的目标应该是尽可能地小心地把自然变化的过程引向我们想要的方向,而不是使用暴力……我们需要的是更加理性的方针和更深远的洞察力。但是,我们在许多研究者身上都没有看到这些。生命是一个奇迹,远远超越了我们的理解能力。甚至在我们被迫与它进行斗争的时候,我们仍然需要心存敬畏……使用杀虫剂这样的武器来消灭昆虫充分证明了我们知识匮乏,能力不足。即使使用暴力也不能控制自然发展的过程。在这里,我们没有任何理由自满,需要的是谦卑的品质。"

第十七章 另一条道路

今天,我们正站在两条道路的交叉口上。但是这两条道路完全不同,更与人们熟悉的诗人罗伯特·弗罗斯特的诗歌中所描述的道路相异。长期以来,我们一直行驶的那条道路会让人产生错觉:那是一条舒适的、平坦的高速公路,我们可以尽情地飞驰。但在这条路的终点却有灾难在等待着我们。而另一条"很少有人走的"路为我们提供了保护地球的最后唯一的机会。

归根结底,走哪一条路要靠我们自己做出决定。如果在经历了这么多之后,我们认识到自己有"知情权",并明白我们正在别人的要求下去冒无谓的风险,那么我们就永远不应该听信那些用有毒的化学物质充满我们的世界的建议。我们应当在四周找一找,看看还有什么可供我们通行的道路。

确实,除了使用化学药物来控制昆虫之外,还有很多不一样的替代方法可以利用。在这些办法中,有的已经付诸实践并取得了显著的成绩,有的还在实验室进行试验,还有的只不过是富于想象力的科学家的头脑中的一个想法，在等待机会投入试验中。所有这些办法都具有一个共同点：它们都是生物学的处理方法。这些办法对昆虫进行控制的基础是人们对目标生物体的了解及其所在的整个生命世界结构的了解。在生物学的各个领域中的生物学专家都在做着贡献——昆虫学家、病理学家、遗传学家、生理学家、生物化学家、生态学家。所有人都在将他们的知识和灵感注入一门新兴科学——生物防治学。

约翰·霍普金斯大学的一位生物学家卡尔·斯旺森教授说："世界上的任何一门科学都像是一条河。它的源头总是朦胧不清、不被人察觉；有时候水势平缓，有时候流速湍急，它既有干涸的时候，也有涨水的时候。许多研究者辛勤劳动的成果或是其他思想与其交汇都会让它的势头更为猛烈，逐渐产生的新概念和理论又不断让整条河流加深、加宽。"

现在正在发展的生物控制科学的情况也符合卡尔·斯旺森的观点。一个世纪之前，生物控制学就在美国朦朦胧胧地开始了：为了控制让农民饱受困扰的有害昆虫，第一次引进了这种昆虫的天敌。这门科学有时候进展的速度很缓慢，甚至会完全停滞下来；但它不时地在取得的成功的促进下更为快速地前进。20世纪40年代，应用昆虫学领域的研究人们被当时的各种新式杀虫剂弄得眼花缭乱的时候，他们放弃了生物控制的方法，走上了"化学控制"的道路。由此，生物控制科学的河流就进入了干涸期。我们距离把昆虫从世界上完全清除掉的目标也是越来越远了。现在，人们终于幡然醒悟，因为对化学药物随心所欲地使用，让我们自己遭受了比昆虫更大的危害的时候，生物控制科学的河流得到了其他思想河流的支援，才重新流淌起来。

有的新方法非常特别，它们试图利用昆虫的力量来对付昆虫自己。

这些方法中最令人赞叹的就是那种"雄性绝育"的技术。美国农业部昆虫研究所的负责人爱德华·尼普林博士和他的同事们一起研发出了这种技术。

大概在 25 年以前，尼普林博士提出了一种令同事们震惊不已的控制昆虫的方法。他提出一个理论：如果能够让数量足够多的雄性昆虫绝育，然后再把它们释放出去。这些绝育的雄性昆虫在特定情况下与正常的野生雄性昆虫竞争并获得胜利，那么，反复地释放几次，就可能会产出无法孵化的卵。久而久之，这个种群就绝灭了。

这个建议违背了官方主流的观点，也遭到了一些科学家的怀疑。但尼普林博士并没有放弃自己的想法。在将其付诸实践之前，还需要解决的一个主要问题是要找到一个切实可行的使昆虫绝育的办法。从理论上讲，1916 年，人们就已经知道了使用 X 射线照射昆虫就可以使其不育的事实。当时，一位名叫朗纳的昆虫学家就曾经提到了发生在烟草甲虫身上的不育现象。20 世纪 20 年代末，赫尔曼·穆勒在 X 射线导致昆虫突变方面的开创性研究上开启了一个全新的世界；到了 20 世纪中期，许多研究人员都报道了至少存在 12 种昆虫在 X 射线或伽马射线的照射下出现了不育的情况。

不过，这些仍处于实验阶段，距离应用在实际中还很遥远。大概在 1950 年，尼普林博士开始大力推动让昆虫不育的技术作为一种武器来消灭美国南部家畜的主要害虫——螺旋蝇。这种蝇会在所有动物流血受伤后的伤口上产卵。孵出的幼虫寄生在宿主身上，依靠其血肉存活下来。一头成熟的小公牛会因为严重感染在 10 天内死去。每年美国的牲畜因此而遭到 4000 万美元的损失。我们很难估算出野生动物损失的数字，不过它肯定是惊人的。这种螺旋蝇导致得克萨斯州某些区域的鹿变得稀少。它是一种生活在热带或亚热带的昆虫,主要栖息于中南美洲、墨西哥以及美国西南部。但是,大约在 1933 年,螺旋蝇意外地进入了佛罗里达州,那里的气候允许它们度过严冬,繁衍后代,后来甚至蔓延到亚拉巴马州南部和佐治亚州。很快,美国东南部各州的家畜业每年的损失就增加到 2000 万美元。

在那几年,得克萨斯州农业部的科学家们收集了大量关于螺旋蝇的生物学资料。到了 1954 年,在佛罗里达岛上进行了一些前期实验之后,尼普林博士准备进行更大规模的试验以证明自己的理论。他与荷兰政府达成协议,到了与大陆至少距离 50 海里的加勒比海中的库拉索岛上。

从 1954 年 8 月开始,佛罗里达州农业部实验室培养和进行过绝育处理的螺旋蝇被空运到库拉索岛,并以每周 400 平方英里的速度从空中投放到那里。实验公羊身上的卵团数量几乎是立刻就减少了,速度就像它们增多时一样迅速。这种撒虫行动进行后七个星期内,所有的卵都不能孵化了。很快,无论不育与否,任何卵团都找不到了。螺旋蝇已经彻底从库拉索岛上被清除出去了。

库拉索岛实验的成功刺激了佛罗里达州的养殖者们,他们也想利用这种技术来消灭当地泛滥成灾的螺旋蝇。因为佛罗里达州的面积是小小的库拉索岛的 300 倍,所以在那里复制这一实验有着巨大的难度。1957 年,美国农业部和佛罗里达州联合在一起,为清除螺旋蝇的行动提供资金。这个计划包括:在一个专门建造的"苍蝇工厂"中每周生产大约 5000 万只螺旋蝇,然后利用二十架轻型飞机按照之前制定好的飞行航线,每天飞五六个小时,每架飞机携带着 1000 个纸盒,每个纸盒里放 200 到 400 个用 X 射线进行过绝育处理的螺旋蝇。

1957 — 1958 年的冬天异常寒冷,佛罗里达州北部地区更是一片冰天雪地。此时的螺旋蝇被限制在了一个小区域内,这为开始此项计划提供了意想不到的有利条件。17个月之后,这项计划完成,一共有35亿只人工培育的不能生育的螺旋蝇被撒到了佛罗里达州及佐治亚州和亚拉巴马州的部分地区。最后一例因为螺旋蝇造成的动物伤口传染可能是发生在1959年1月。此后的几个星期内,螺旋蝇完全掉入了圈套。其后,人们再也没有发现螺旋蝇。清除螺旋蝇任务在美国东南部地区的完成证明了科学创造力的价值。这是细致的基础研究、毅力和决心共同起作用的结果。

现在,密西西比州设立了一个隔离屏障以阻止螺旋蝇从西南部再次进入。螺旋蝇问题在西南地区已经根深蒂固了。那里地域广阔,还有从墨西哥重新入侵的螺旋蝇可能导致想要彻底消灭它们的计划将会是十分艰难的。虽然情况如此,但因为意义重大,农业部看起来是希望至少将螺旋蝇的数量控制在一个较低的水平上,打算很快在得克萨斯州和西南部等螺旋蝇猖獗的地区实行一些计划。

成功消灭螺旋蝇的胜利极大地激发了人们将这种方法应用于其他昆虫的兴趣。当然,并非所有昆虫都适合这种技术。这种技术在很大程度上要依靠昆虫生活周期的详情情况、种群数量和对辐射的反应。

英国人正在进行试验,希望将这种方法应用于消灭罗德西亚的采采蝇。这种昆虫的灾害波及了非洲三分之一的土地,对人类健康构成了巨大的威胁,同时妨碍了450万平方英里饲养在树木茂盛的草地上的牲畜。采采蝇的生活习性与螺旋蝇截然不同,虽然辐射能够使得采采蝇变得不能生育,但要使用这种方法时还要先解决一些技术性难题。

英国人已经检测了很多其他昆虫对辐射的敏感性。美国科学家通过在夏威夷的室内实验以及在遥远的罗塔岛进行的野外实验中,在瓜蝇以及东方和地中海果蝇身上发现了一些令人欢欣鼓舞的成果。玉米螟和蔗螟也都进行了实验。具有医学重要性的昆虫也可能通过绝育技术得到控制。一位智利科学家已经指出，尽管使用了杀虫剂，但是传播疟疾的蚊子仍然在智利存活了下来。这时，只有投放绝育的雄性蚊子才能彻底地消灭掉这种蚊子。

用辐射实现昆虫绝育的方法的困难让人们开始寻找研究其他能取得同样效果的方法。由此，人们开始对化学不育剂越来越关注。

佛罗里达州奥兰多市农业部实验室的科学家们正在实验室和野外实验中使用混入了化学药物的食物使家蝇绝育。1961年，在佛罗里达群岛的一座岛屿上进行的试验中，只用了短短五周时间就彻底消灭了一个家蝇群落。虽然来自邻近岛屿的家蝇后来又在该岛屿上繁殖起来，但作为一个先导性的计划，这个试验还是成功的。很容易理解农业部为何会对这种方法感到十分激动。正如我们所看到的，杀虫剂几乎已经无法控制家蝇了。毫无疑问，我们需要一种全新方法对昆虫实现控制。用辐射来使得昆虫绝育的问题之一是，这不仅需要人工培养，而且投放到野外的绝育雄性昆虫数量要远远超过野生雄性昆虫的数量才可以。螺旋蝇可以很容易地做到这一点，因为它其实并不是一种数量十分庞大的昆虫。但是，对家蝇而言，想要放出至少是原有家蝇数量两倍的绝育家蝇一定会遭到激烈反对，尽管这一家蝇数量只不过是得到了短时间的增加而已。与之相反，在昆虫的饵料中混入化学不育剂，再被投放到家蝇的自然环境中，使得家蝇吃了这种药就会变得不能生育。最后，这种绝育的家蝇成为大多数，这种昆虫就再也无法通过产卵而繁衍后代了。

进行化学不育剂的实验要比做毒性强烈化学药物的实验困难得多。虽然我们可以同时进行很多种实验，但是评估一种化学物质仍然至少需要 30 天时间。在 1958 年 4 月和 1961 年 12 月之间，在奥兰多实验室对几百种化学物质的绝育效果进行了筛选。农业部很高兴地在众多化学品中发现了一些有潜质成为绝育剂的化学物质。

现在，农业部的其他实验室也在继续研究这一问题，实验化学物质在消灭螫蝇、蚊子、棉籽象鼻虫和各种果蝇时的效果。这一切目前都还处于实验阶段，但是在化学不育剂研究开始以后的短短几年中，这一研究工作已经取得了很大进展。它在理论上具有不少吸引人的特性。尼普林博士指出，有效的化学昆虫不育剂的效果"可能会很轻易地超过现有最好的杀虫剂"。可以试想一下，一个昆虫的群落拥有一百万只昆虫，每过一代就增加五倍。如果一种杀虫剂可以杀死每一代昆虫的 90%，那么三代之后还留下了 125000 只昆虫。与之相比，一种能够引起 90% 昆虫不育的化学物质在三代之后只留下 125 只昆虫。

当然，这个方法也存在有害的一面，化学不育剂中包含了一些毒性很强的化学物质。但值得庆幸的是，至少在早期阶段中，大部分化学不育剂的研究人员都会特别注意去选择安全的化学药物和安全的使用方法。尽管如此，我们还是能够听到从各处传来的建议：有人要求从空中喷洒这些导致不育的化学药物。（例如，要求给被舞毒蛾幼虫毁坏的叶子喷上一层这样的药）在没有提前对这种做法的危险后果进行彻底调查之前，就进行这样的尝试是极度不负责任的。如果我们没有在心中时刻谨记化学不育剂的潜在危害，我们很快就会发现自己会很容易陷入比现在杀虫剂所造成的问题更为严重的危局中。

目前正进行实验的不育剂一般可分为两类，这两类在其作用方式方面都是极为有趣的。第一类与细胞的生活过程或新陈代谢密切相关，即它们的性质与细胞或组织所需要的物质是极其相似的，以致有机体"错认"它们为真的代谢物,并在自己的正常生长过程中努力去结合它们。不过,这种相似性在一些细节上就不对头了,于是就使细胞过程停顿了。这种化学物质被称为抗代谢物。

第二类包括那些作用于染色体的化学物质,它们可能对基因化学物质起作用并引起染色体的分裂。这一类化学不育剂是烃化剂,它是极为厉害的化学物质,能够导致细胞被强烈破坏,危害染色体,并造成突变。伦敦的彻斯特·彼蒂研究所的皮特·亚历山大博士的观点是,"任何对昆虫不育产生效力的烃化剂也会是一种致变物或致癌物。"亚历山大博士感到像这样的化学物质在昆虫控制方面的任何应用都将是"极可非议"的。于是,人们希望现在的这些实验将不是为了直接将这些特殊的化学药物付诸实用,而是由此引导出其他一些发现,这些发现将是安全的,同时在它作用的昆虫靶子上具有高度的专一性。

在当前研究中还有一些很有意义的尝试,即利用昆虫本身的生活特征来创造消灭昆虫的武器。昆虫自己能产生各种各样的毒液、引诱剂和驱斥剂。这些分泌物的化学本质是什么呢?我们能否将它们作为有选择性的杀虫剂来使用呢?考涅尔大学和其他地方的科学家们正在试图发现这些问题的答案,他们正在研究许多昆虫保护自己免遭捕食动物袭击所凭借的防护机制,并正在努力解决昆虫分泌物的化学结构。另有一些科学家正在从事被称为"青春激素"的研究,这是一种很有效力的物质,它能阻止昆虫幼虫在生长到一定阶段之前发生突变。

也许,在开拓昆虫分泌物领域中最立即有用的结果是发明了引诱剂,或叫吸引剂。在这里,大自然又一次指出了前进的道路。吉卜赛蛾是一个特别引人入胜的例子。这类雌蛾由于身体太重而飞不起来,她生活在地面上或近地面的地方,她只能在低矮的植物之间扑动翅膀或者爬上树干。相反，雄蛾则很善于飞翔，它可以在由雌蛾体内一种特殊腺体释放出的气味吸引之下从很远的地方飞来。昆虫学家们利用这一现象已很多年了，他们辛辛苦苦地从雌蛾体内提取了这种性引诱剂。当时它被用于在沿着昆虫分布地区边沿地带进行昆虫数量的调查时诱捕雄蛾。不过，这是一种花费极大的办法。且不管在东北各州大量公布的虫害蔓延情况如何，实际上，并没有足够多的吉卜赛蛾来供人们制取这种物质，于是还不得不从欧洲进口雌蛹，有时每只蛹的价钱高达半美元。然而，在努力多年之后，农业部的化学家们最近成功地分离出了这种性引诱剂，这是一个巨大的突破。随着这一发现而来的是成功地从海狐油组分中制备出了一种十分相似的合成物质，这种物质不仅骗过了雄蛾，而且它和天然的性引诱剂具有差不多同样的引诱能力。在捕虫器中放置 1 毫克 (1/1000 克) 此种物质就足以成为一个有效的诱饵。

这一切远远超出了科学研究的意义，因为这种新的、经济的"吉卜赛蛾诱饵"不仅可能会应用在昆虫调查工作中，而且又可应用于昆虫控制工作。一些可能具有更强引诱能力的物质现在正在试验之中。在这种可能被叫作心理战实验的工作中，这种引诱剂被做成微粒状物质，并用飞机散布。这样做的目的是为了迷惑雄蛾，从而改变它的正常行为，在这种具有引诱力的气味纷扰之下，雄蛾就无法找到能导向雌蛾的真正气味的踪迹。对昆虫这种袭击正在开展进一步的实验，其目的是欺骗雄蛾，让它去努力与一个假的雌蛾结成配偶。在实验室中，雄性吉卜赛蛾已经企图与木片的、虫形物的和其他小的、无生命的物体交配，只要这些物体适合于灌入吉卜赛蛾引诱剂就行。利用昆虫的求偶本能使其不能繁殖的办法实际可用来减少被试验的种群。这是一个很有趣的可能性。

吉卜赛蛾饵药是一种人工合成的昆虫性引诱剂，不过可能很快会有其他的出现。现在正在对一定数量的农业昆虫受人工仿制的引诱剂的影响情况进行研究。在海森蝇和烟草鹿角虫的研究中已取得了令人鼓舞的结果。

现在人们正在试着用引诱剂和毒物的混合物去治理一些种类的昆虫。政府科学家曾经发明了一种被称为甲基丁子香酚的引诱剂，并发现它对东方果蝇和西瓜蝇是所向无敌的。在日本南部450英里的波宁岛上的实验中，这种引诱剂被与一种毒物结合起来。将许多小片纤维板浸透这两种化学物质，然后由空中散布到整个岛群上去引诱和杀死那些雄性的飞蝇。这一"扑灭雄性"计划开始于1960年，一年之后，农业部估算有99%以上的飞蝇被消灭了。像在这里应用的这一方法看来已压倒了杀虫剂的老调宣传而显示出了自己的优越性。在这种方法中所用的有机磷毒物只局限存在于纤维板块上，这种纤维板块是不可能被其他野生物吃进去的；况且它的残留物会很快消逝，因而不会对土壤和水造成潜在的污染。

但是，昆虫世界中的交流并不是全靠产生吸引或排斥的气味来实现的。声音也可以起到报警或吸引的作用。有些蝙蝠在飞行中不断发出的超声波（就像雷达系统一样地指引它在夜间飞行）可被某些飞蛾听到，从而使它们能够避免被蝙蝠捕食。锯齿蝇的幼虫将寄生蝇振动翅膀的声音当成是召集聚集在一保护自己的警告。另一方面，钻木昆虫拍动翅膀的声音也会让寄生在它们身上的昆虫有察觉；对于雄性蚊子来说，雌蚊翅膀的振动声宛如塞壬的歌声般具有诱惑力。

昆虫具有的这种能够分辨声音和做出反应的能力可以用在什么方面呢？通过反复播放雌蚊拍动翅膀的声音的录音成功地将雄蚊引诱到一张

电网上电死的实验虽然尚处于实验阶段，但是已经取得了一些有趣的成果。在加拿大进行的实验中，人们利用超声波的驱赶效果来对付玉米螟和糖蛾。夏威夷大学的两位研究动物声音的权威学者休伯特·弗林斯和马博·弗令斯教授坚信，只要找到能够打开现有的大量关于昆虫声音的产生与接收的知识宝库的钥匙，就可以利用声音在野外对昆虫行为施加影响。他们发现燕八哥在听到它们同类的尖叫声的录音的时候，就会在惊慌之下四散奔逃。他们也因为这个发现收获了极为广泛的知名度。也许，在这一事实中隐藏着可以应用于昆虫的奥秘。对于在这个工业中摸爬滚打很多年的实干家来说，这种可能性看起来十分真实。现在，至少有一家大型的电子公司正准备建立一个实验室进行昆虫实验。

人们在进行实验的过程中，也将声音作为一种可以直接杀死昆虫的存在。超声波可以杀死整个实验池塘中的所有蚊子幼虫，同时还会杀死其他水生生物。在另一个实验中，空气中产生的超声波会在几秒钟之内直接杀死绿头苍蝇、粉虱以及黄热病蚊子。所有这些实验都只是迈向控制昆虫的全新方法的第一步。有一天，电子学的奇迹会把这些方法都变成现实。

新的生物控制方法并不只与电子学、伽马射线和人类发明的其他事物有关。这样的方法有着十分悠久的历史，其根据的原理是：昆虫像人一样也会患病。就像古代的鼠疫对人的影响一样，细菌的传染能够毁灭整个昆虫种群；在病毒的攻击下，大量的昆虫患病、死亡。在亚里士多德的时代之前，人们就知道在昆虫中也存在着疾病。中世纪的诗歌中就曾经描绘过桑蚕疾病的情况。巴斯德正是通过对桑蚕疾病的研究，第一次发现了传染病的原理。

昆虫不仅受到病毒和细菌的侵扰，同时也受到了真菌、原生动物、微型蠕虫和其他肉眼不可见的算得上是人类伙伴的微生物的侵袭。因为这些微生物不只是病原体，而且也包括那些处理废料、让土壤更为肥沃、并像发酵和消化作用一样的生化过程。为什么它们不能帮助我们控制昆虫呢？

19世纪的一个动物学家艾利·梅契尼科夫是第一个设想将微生物应用于这方面的人。在19世纪的最后10年和20世纪的前半叶的时间内，利用微生物进行控制的观点在逐步成形。20世纪30年代出现了第一个证据，证明将一种疾病引入一种昆虫生存的环境中可以使得这种昆虫得到控制。当时，研究人员在日本甲虫中发现并利用了乳白病。这种病是由一种芽孢杆菌属所引起的。我在第七章中提到过，这一细菌控制的经典案例在美国东部有着十分悠久的使用历史。

现在，人们对另一种细菌——苏云金杆菌寄托了很大的希望。1911年，人们在德国图林根省首先发现了这种细菌导致粉蛾幼虫患上致命的败血症。这种细菌之所以具有如此强大的威力其实是依靠毒性，而不是疾病。这种细菌植物性的枝芽与孢子一起生成了一种由蛋白质构成的，对某些昆虫，特别是蛾这样的鳞翅类昆虫具有强烈毒性的特别晶体。幼虫吃了携带这种毒物的草叶之后，很快就出现了麻痹的症状，停止吃食，并很快死亡。从实际应用的效果来看，立即停止进食当然是有利的，因为只要在土地里施用了病菌，对农作物的破坏也马上就停止了。现在，美国的一些公司正在生产含有苏云金杆菌芽孢的化合物。几个国家正在进行野外的实地试验：德国和法国进行的是对付菜粉蝶幼虫的实验，在南斯拉夫进行的是对付美国白蛾的实验，在苏联（1991年解体，后分裂为俄罗斯等15个国家）进行的是黄褐天幕毛虫的实验。1961年，实验在巴拿马开始了。香蕉种植者所面临的严重问题有可能被这种细菌杀虫剂所解决。那里的香蕉树面对的最大危害是根蛀虫。它们大肆破坏香蕉树的根部，让香蕉树非常容易被风吹倒。曾经，对付根蛀虫唯一有效的化学药物是狄氏剂，但是现在它已经引起了一系列的灾难发生。根蛀虫已经产生了抗药性。狄氏剂同时也消灭了一些重要的捕食性昆虫，因此使得卷叶蛾的数量暴增——一种体形很小的、外壳坚硬的蛾，它的幼虫会啃坏香蕉的表面。人们有理由希望这种全新的微生物杀虫剂能够在不破坏自然平衡的前提下，消灭掉卷叶蛾和根蛀虫。

在加拿大和美国东部的林区中，细菌杀虫剂可能是解决诸如蚜虫和舞毒蛾等这类森林昆虫问题的一个重要办法。1960年，这两个国家都开始在野外实地实验中使用商业性质的苏云金杆菌试剂。初期取得的一些不错的结果让人们备受鼓舞。例如，在佛蒙特州，细菌控制的效果与使用DDT所取得的结果一样好。现在，主要的技术问题是需要发明一种溶液，将芽孢粘到常绿树的针叶上。而对农作物来说，这个问题就不存在了——即使是药粉也可以使用。尤其是在加利福尼亚州，细菌杀虫剂已经被用于以各种蔬菜为对象的实验中。

同时，另外一个也许不那么引人注意的是进行的关于病毒的研究。在加利福尼亚州，遍布幼小苜蓿的原野上，人们在这里广泛地喷洒一种物质，其在杀死苜蓿毛虫方面具备与杀虫剂一样的效果。这种物质是一种取自毛虫体内的病毒溶液，毛虫是因为感染了这种毒性极强的疾病才死亡的。清除一英亩的苜蓿所需要的病毒只要五条患病的毛虫就可以了。在加拿大的一些森林中，一种病毒在对松树锯蝇进行控制方面极为有效，目前已经成为杀虫剂的替代品。

捷克斯洛伐克的科学家们正在进行实验，用原生动物来对付结网毛虫和其他虫灾。在美国，人们发现一种原生生物寄生虫可以用来降低玉米螟的产卵能力。

有些人会把微生物杀虫剂和会给其他形式生命带来极大危害的细菌战争联系在一起。但实际情况并不是这样。与化学药品不同,昆虫病原体只会对目标对象起作用,而不会影响其他生物。一位昆虫病理学权威爱德华·斯坦豪斯博士强调:"不管是在实验室中,还是在自然界中,从来没有出现什么昆虫病原体被证实能引起脊椎动物患上传染病。"昆虫病原体影响的高度专一性使得它们只会对一小部分昆虫,甚至是一种昆虫才有传染能力。正如斯坦豪斯博士所说的那样,自然界中的昆虫疾病始终只会影响某些昆虫,它不会对宿主植物和以它们为食的动物造成任何危险。

昆虫有许多天敌,既包括不同种类的微生物,还有其他昆虫。大约在1800年,伊拉斯莫斯·达尔文第一个提出了一种控制昆虫的生物控制方法,即可以刺激一种昆虫的天敌而有效地控制它。生物控制方法最早的经过实践检验的方法就是用一种昆虫控制另一种昆虫。所以,人们常常会错误地认为它是化学药物唯一的代替方法。

1888年,昆虫学家探险者的先驱艾伯特·科贝利前往澳大利亚寻找当时几乎毁灭了加利福尼亚州柑橘业的吹绵蚧的天敌,这就是在美国把生物控制的方法作为常规手段的开始。正如我们在第十五章中提到的,这个计划已经获得了巨大的成功。在随后到来的20世纪中,人们都在满世界寻找那些进入国家海岸的不速之客的天敌,想以此实现控制。总共约有100种重要的捕食性昆虫和寄生性昆虫被引入。除了科贝利引进的澳洲瓢虫之外,其他的昆虫进口也都取得了不错的效果。一种从日本进口的黄蜂已经完全控制了一种对东部苹果园造成危害的昆虫。人们无意间从中东引进了斑点苜蓿蚜虫的天敌,拯救了加利福尼亚州的苜蓿业。就如同细腰黄蜂对日本甲虫的控制一样，舞毒蛾的捕食者和寄生者也具有很好的控制作用。根据估算，对介壳虫和粉蚧的生物学控制每年将为加利福尼亚州挽回几百万美元的损失。该州的一位著名的昆虫学家保罗·德巴赫博士估计加利福尼亚州在生物学控制工作中投入400万美元，将获得1亿美元的回报。

全世界范围内已经有40个国家通过引进昆虫的天敌，成功地实现了对害虫的生物学控制。与化学方法相比，这种控制方法占据了绝对的优势：它比较便宜，效果是永久性的，不会残留有毒物质。但一直以来，生物学控制方法得到的支持还是较少。加利福尼亚州是唯一一个确立了正规的生物学控制计划的州，而其他州甚至连一位致力于该领域研究的昆虫学家都没有。这也许是因为用昆虫的敌人来实现生物控制的方法在科学上还缺少严密性。现在，几乎还没有研究生物控制对目标昆虫种类造成的影响，且投放昆虫天敌的工作也并不精确，而这种精确性可能就是决定成败的关键。

捕食性昆虫和被捕食昆虫从来都是一起出现的，它们都是作为巨大的生命之网的组成部分而存在，因此，我们应该将一切因素都纳入考虑的范畴内。也许传统的生物控制方法最为有效的施用地区是森林。现代农业的人工化程度极高，与我们想象中的大自然早已截然不同。但是，森林是一个完全不同的世界，它更接近于自然环境。在那里，只需要人类进行些许的介入，尽可能地减少干扰，大自然就可以按照自己的规律尽情发展，创造出一个奇妙而又错综复杂的制衡系统，保护森林免受昆虫的过度危害。

在美国，我们的林务官看上去只考虑到了通过引进捕食性昆虫和寄生性昆虫来进行生物控制的方法。而加拿大人的眼界则更为开阔，欧洲人在这个方面走在最前面。他们发展的"森林卫生学"已经到了令人啧啧称奇的地步。在欧洲的林务官看来，鸟、蚂蚁、森林蜘蛛和土壤中的细菌都是森林的一部分。因此，他们在栽种新森林的时候，会考虑引入这些保护性的因素。帮助鸟类在森林安家就是计划的第一步。在当今这个森林集中管理程度极高的时代，老的空心树已经消失了，啄木鸟和其他在树上筑巢的鸟类因此失去了它们的家。他们使用巢箱来解决这个问题，吸引鸟儿们回到森林中。此外，还有专门为猫头鹰、蝙蝠设计的巢箱，这样，它们就可以接替那些在白天捕食昆虫的鸟儿，在夜晚继续这项工作。

不过，这只是个开始。在欧洲森林中最成功的控制工作是利用一种森林红蚁作为捕食昆虫——很可惜，这个种类已经在北美消失了。大约25年前，维尔茨堡大学的卡尔·格斯瓦尔德教授找到了一种培养红蚁并建立群落的方法。在他的指导下，一万多个红蚁群落被投放到德国的九十个试验地区。意大利以及其他国家也都纷纷采用了格斯瓦尔德教授的这种方法。他们建立蚂蚁农场，以供给投放在林区中的蚁群使用。例如，在亚平宁山区建立了数以百计的蚁群来保护新造的林区。

德国默尔恩市的林务官海因茨·鲁佩兹舍芬博士说："假如一片森林中有鸟类、蚂蚁的保护，还生活着一些蝙蝠和猫头鹰，那么就说明生物学的平衡已经得到了显著的改善。"他相信，为树木引入各种各样的"天然的伴侣"的作用，总要比单独引进一种捕食昆虫或寄生昆虫的效果大得多。

新近投放在默尔恩市林区中的蚁群被铁丝网保护起来以免被啄木鸟吃掉。因为在试验地区，啄木鸟的数量在10年间增加了400%，所以需要使用这样的方法避免蚁群受到严重的危害，同时也迫使啄木鸟只能从树上啄食对森林有害的毛虫，补偿部分它们之前造成的损失。照料这些蚁群（还有鸟巢箱）的工作大部分都是由当地学校 10-14 岁的孩子来承担的。成本很低，却很好地实现了对这些森林的永久性保护。

在鲁佩兹舍芬博士所进行的研究中，一个十分有趣的方面就是他对蜘蛛的利用——他是这方面的先驱。虽然现在关于蜘蛛分类学和自然史方面的文献可以说是卷帙浩繁，但它们都是零散的不完整的，也完全没有考虑到蜘蛛在生物学控制方面所体现出的价值。在已知的 22000 种蜘蛛中，760 种是在德国土生土长的（美国生长的大约有 2000 种）。还有 29 种蜘蛛生活在德国的森林中。

对于一个林业工作者来说，蜘蛛的最重要的武器就是它们所编织的网，其中尤以蛛网形状好像车轮的蜘蛛最为重要，因为它们所织网的网孔极其细密，可以捕捉所有飞行的昆虫。十字蛛的一张大网（直径达 16 英寸）上大概有 120000 个黏性网结。一只蜘蛛在它 18 个月的一生中平均可以消灭 2000 只昆虫。一片在生物学意义上被评为健康的森林每平方米林地应该生活的蜘蛛数量为 50 到 150 只。在数量较少的地方，可以通过收集和投放蜘蛛卵囊来弥补。鲁佩兹舍芬博士说："三只横纹金蛛（美国也有这种蜘蛛）的卵囊可以孵化出一千只蜘蛛，它们一共可以捕捉 20 万个飞虫。"他说，在春天出现的轮网蛛幼虫非常重要，"因为它们会同时吐丝，在树木的顶端织成一个网盖，保护了枝头的嫩芽不会受到昆虫的危害。"当这些蜘蛛蜕皮和长大时，这个网也随之变大了。

虽然北美地区的情况与欧洲不同，例如北美地区的森林更多是天然的，而不是人工栽种的，能在保护森林方面起作用的昆虫种类也不一样，但是加拿大的生物学家也曾采取了与之类似的研究路线。加拿大人将关注的焦点放在小型哺乳动物身上，它们具备很强的能力，可以有效地控制某些昆虫，尤其是生活在森林松软土壤中的昆虫。其中有一种昆虫被人们称为锯蝇。雌性的锯蝇长着一个锯齿状的产卵管，它会用这个产卵管切开常青植被的针叶，并将卵产在里面。孵化出的幼虫就落在落叶松的腐殖土层中，或是云杉与松树下面的枯枝败叶中形成蝇茧。在森林地面以下的土地中是一个形似蜂巢的世界，遍布着小型哺乳动物——白足鼠、鼹鼠以及各种挖掘的隧道。这些小动物中有白脚鼠、鼹鼠和各种鼩鼱。贪吃的鼩鼱能发现并吃掉大量的锯蝇的茧。它们吃的时候，会把一只前脚搭在茧上，先咬一个口子，这样就能准确地判断出茧是空的还是实的。这些鼩鼱有着十分惊人的贪婪的胃口。一只鼹鼠一天可以吃掉 200 个茧，而一只鼩鼱每天能至少吃掉 800 个。从实验结果来看，它们能够消灭 75%-98% 的锯蝇的茧。

　　由此，没有鼩鼱的纽芬兰岛饱受锯蝇之苦也就可以理解了。他们十分迫切想要引进这样一些能够扼制锯蝇的小型哺乳动物。1958 年，他们尝试引进了一种假面鼩鼱——堪称是最有效的锯齿蝇捕食者。1962 年，加拿大官方宣布称这一试验已经获得了成功。这种鼩鼱已经在当地成功地繁殖起来，并在岛上迅速地蔓延开来。人们在距离投放点 10 英里的地方发现了一些带有标记的鼩鼱。

　　为了永久保护并加强森林内部的天然联系，现在种类繁多的武器可供森林人员使用。用化学药物来控制害虫的做法顶多算是个权宜之计，对真正解决问题毫无裨益，反而会杀死林间溪流中的鱼儿，危害林中的昆虫，破坏大自然的控制作用以及那些我们耗费大量精力引进的生物控制因素。鲁佩兹舍芬博士说："这种粗暴手段会彻底毁掉森林中生命之间合作互利的关系，并导致寄生虫灾害出现的频率越来越高……因而，我们必须停止这种被强加到我们仅剩下的极为重要的自然生存空间中的违背自然规律的行为。"

为了让人类能够与其他生物共享我们的地球,我们提出了许多新的、富于想象力和创造力的方法。无论情况怎样发展,这些方法都体现了一个共同的不变的主题:我们要清醒认识到在我们面前的是活生生的生命,是由它们组成的族群、是它们承受的压力和反压力、是它们的兴盛与衰亡。只有认真地对待这种生命的力量,并谨慎地把这种力量引导到对人类有利的方向上,我们才有希望与昆虫达成一种合理的平衡。

现在,人们使用有毒的化学药剂时并没有考虑到这些最基本的问题。作为一种低级的武器,化学药物就像是远古穴居人手中的大棒一样,被喷洒出来杀害生命组织。一方面,这种生命组织看起来是纤弱的、非常容易受到破坏的,另一方面它又具有惊人的坚韧性和恢复能力,可以通过一些意料不到的方式进行反抗。但是,使用化学药物的人一直对生命所具有的卓越能力熟视无睹。他们没有极富理性的计划,也缺少人道精神,任这一巨大的生命力量在自己手中被胡乱地摆弄着。

"控制自然"就是一个妄自尊大的词语,是生物学和哲学还处于初级阶段时的产物,当时人们认为大自然就是为了人类便利而存在。应用昆虫学上的观念和做法在很大程度上都是科学蒙昧时代的遗毒。但是,如此原始的科学却装备起了最可怕的新型武器,这些武器在被用来对付昆虫的同时已经对整个地球造成了巨大的威胁,这真是我们巨大的不幸!

© 民主与建设出版社，2019

图书在版编目（CIP）数据

寂静的春天 /（美）蕾切尔·卡逊著；亦谐译 . -- 北京：民主与建设出版社，2019.12（2024.3）
　ISBN 978-7-5139-2782-6

　Ⅰ.①寂… Ⅱ.①蕾… ②亦… Ⅲ.①环境保护 - 普及读物 Ⅳ.① X-49

中国版本图书馆 CIP 数据核字 (2019) 第 247843 号

寂静的春天
JIJING DE CHUNTIAN

著　　者：［美］蕾切尔·卡逊
译　　者：亦　谐
责任编辑：王　颂　郝　平
封面设计：冬　凡
出版发行：民主与建设出版社有限责任公司
电　　话：（010）59417747　59419778
社　　址：北京市海淀区西三环中路 10 号望海楼 E 座 7 层
邮　　编：100142
印　　刷：三河市众誉天成印务有限公司
版　　次：2019 年 12 月第 1 版
印　　次：2024 年 3 月第 8 次印刷
开　　本：880mm×1230mm　1/32
印　　张：8
字　　数：190 千字
书　　号：ISBN 978-7-5139-2782-6
定　　价：36.00 元

注：如有印、装质量问题，请与出版社联系。